A física
da alma

A explicação científica para a reencarnação, a imortalidade e as experiências de quase morte

AMIT GOSWAMI

A física da alma

TRADUÇÃO:
MARCELLO BORGES

4ª EDIÇÃO

goya

A FÍSICA DA ALMA

TÍTULO ORIGINAL:
Physics of the Soul

PREPARAÇÃO DE TEXTO:
Tânia Rejane A. Gonçalves

REVISÃO:
Hebe Ester Lucas

REVISÃO TÉCNICA:
Adilson Silva Ramachandra

EDITORAÇÃO:
Join Bureau

CAPA:
Giovanna Cianelli
Gabriel Rolim

MONTAGEM DE CAPA:
Pedro Fracchetta

PROJETO GRÁFICO:
Neide Siqueira
Desenho Editorial

ADAPTAÇÃO DE MIOLO:
Desenho Editorial

DIREÇÃO EXECUTIVA:
Betty Fromer

DIREÇÃO EDITORIAL:
Adriano Fromer Piazzi

EDITORIAL:
Daniel Lameira
Andréa Bergamaschi
Débora Dutra Vieira
Luiza Araujo
Juliana Brandt

COMUNICAÇÃO:
Maria Clara Villas
Júlia Forbes

COMERCIAL:
Giovani das Graças
Lidiana Pessoa
Roberta Saraiva
Gustavo Mendonça

FINANCEIRO:
Helena Telesca
Roberta Martins
Sandro Hannes

COPYRIGHT © AMIT GOSWAMI, 2001
COPYRIGHT © EDITORA ALEPH, 2005
(EDIÇÃO EM LÍNGUA PORTUGUESA PARA O BRASIL)

TODOS OS DIREITOS RESERVADOS.
PROIBIDA A REPRODUÇÃO, NO TODO OU EM PARTE, ATRAVÉS DE QUAISQUER MEIOS.

DADOS INTERNACIONAIS DE CATALOGAÇÃO NA PUBLICAÇÃO (CIP) DE ACORDO COM ISBD

G682f
Goswami, Amit
A física da alma: a explicação científica para a reencarnação, a imortalidade e as experiências de quase morte / Amit Goswami ; traduzido por Marcello Borges. - 4. ed. - São Paulo : Goya, 2021.
320 p. ; 16cm x 23cm.

Tradução de: Physics of the soul
Inclui índice e bibliografia.
ISBN: 978-65-86064-44-5

1. Teoria quântica. 2. Física – Aspectos psicológicos. 3. Morte. 4. Reencarnação. 5. Vida futura. I. Borges, Marcello. II. Título.

2021-771　　　　　　　　　　　　　　　　CDD 530.12
　　　　　　　　　　　　　　　　　　　　CDU 530.145

ELABORADO POR VAGNER RODOLFO DA SILVA - CRB-8/9410

ÍNDICES PARA CATÁLOGO SISTEMÁTICO:
1. Teoria quântica 530.12
2. Teoria quântica 530.145

goya
É UM SELO DA EDITORA ALEPH LTDA.

Rua Tabapuã, 81, cj. 134
04533-010 – São Paulo – SP – Brasil
Tel.: [55 11] 3743-3202
www.editoraaleph.com.br

Para meu amigo Hugh Harrison, que foi providencial no
início das pesquisas que levaram a este livro,
e para minha mulher,
Uma, sem cuja sabedoria e *insights* este livro
não teria chegado à sua forma atual.

sumário

Prefácio 9

1. Da morte à imortalidade 13
2. O *Livro tibetano dos mortos* está certo — cabe a nós comprová-lo! 35
3. Não localidade e reencarnação: uma conversa jovial com minha mulher 65
4. A janela não local: o *Livro tibetano dos mortos* em linguagem moderna 75
5. Será que essa história de reencarnação é mais do que uma não localidade quântica? 87
6. Temos mais do que um corpo? 113
7. A mônada quântica 141
8. A história completa do *Livro tibetano dos mortos* 167
9. Do ego à mônada quântica em evolução: desenvolvendo um novo contexto para a vida 183
10. Yoga da morte: a morte criativa 209
11. Perguntas e respostas 227

12. A física da imortalidade 247
13. Ufologia, imortalidade e evolução 269
Epílogo – As nove vidas da alma 281

Glossário 287
Bibliografia 297
Índice remissivo 307

prefácio

O difícil problema da ideia de reencarnação foi resolvido. Alguém interessado?

Os filósofos sempre tropeçaram na hipótese da reencarnação porque não conseguiam perceber como responderiam à pergunta crítica: o que transmigra de um corpo encarnado para outro, de tal modo que se pode dizer que formam ambos uma continuidade, e como isso acontece? A resposta popular de uma alma que transmigra não é astuta, do ponto de vista filosófico, por causa da dualidade envolvida: como a alma não material interage com o corpo físico?

A resposta dada a tais questões por este livro – baseada na física quântica – é científica e filosoficamente satisfatória. Talvez o leitor esteja se perguntando se a reencarnação pode ser científica. A resposta é positiva, como demonstrarei nesta obra. Com um esquema reencarnatório alinhado com nossa ciência, também podemos lidar inteligentemente com a importante busca da imortalidade, que a tantas pessoas excita. Mesmo o fenômeno OVNI começa a fazer sentido desde um prisma científico, conforme poderá ser visto.

A ciência convencional está fundamentada no conceito de que a matéria é o tijolo constitutivo de todas as coisas. A vida, a mente e a consciência, portanto, seriam meros epifenômenos (fenômenos secundários) da matéria. Sob essa ótica, a morte põe fim a todos os epifenômenos que, de algum modo, manifestam-se nos seres vivos. (No entanto, é revelador saber que nenhum dos paradigmas materialistas conseguiu desenvolver modelos satisfatórios para o surgimento da vida, muito menos para a mente ou para a consciência.) Obviamente, a questão da reencarnação não faz sentido sob esse prisma.

Mesmo assim, metade da população mundial crê em religiões que incluem a reencarnação. É ainda mais interessante saber que excelentes dados científicos, em áreas distintas, parecem estar sustentando os modelos reencarnatórios dessas religiões. Em muitas culturas, há livros dos mortos descrevendo a jornada pós-morte da alma. Entre tais livros, um dos mais famosos é o da cultura tibetana, chamado *Livro tibetano dos mortos*. Pessoas que voltaram do limiar da morte descrevem suas experiências de quase morte em termos claramente similares aos empregados no *Livro tibetano dos mortos*. Além disso, há muitos dados, com suficiente corroboração, confirmando a evocação da memória reencarnatória. O popular – mas controvertido – fenômeno das comunicações mediúnicas ("canalização" ou *channeling*, em inglês) recebeu considerável apoio científico. O fenômeno dos anjos e guias espirituais vivenciado por muitas pessoas, mesmo nesta cultura científica, foi tema de livros e programas de televisão de grande audiência.

Embora os cientistas convencionais digam que boa parte desses novos dados é subjetiva ou, mesmo, fraudulenta, na verdade eles representam anomalias para o paradigma materialista, pois, se essas coisas são reais, então a alegação materialista de que "nada existe além da matéria" é diretamente falseada. Com efeito, a reencarnação e experiências de quase morte não são os únicos fenômenos anômalos para a ciência materialista. Seus limites estão sendo postos em xeque em diversas frentes. Há problemas de "sinais de pontuação" na evolução biológica, que Steven Gould popularizou; há problemas de morfogênese biológica, que Rupert Sheldrake trouxe à nossa atenção; há problemas de cura mente-corpo, sobre os quais luminares como Deepak Chopra e Larry Dossey escreveram copiosamente. Há anomalias de percepção extrassensorial e, até, de percepção normal. Nossa criatividade e nossa espiritualidade devem ser consideradas fenômenos anômalos para o paradigma materialista. Mais notável ainda: anomalias e paradoxos da própria física, da física quântica, foram tema de muitos livros recentes.

A nova ciência da reencarnação é um desdobramento de um novo paradigma da ciência, dentro da primazia da consciência que tem se desenvolvido há algum tempo. Meu livro, *O universo autoconsciente: como a consciência cria o mundo material*, (Aleph, 2007) sugere que todos os paradoxos e anomalias da física quântica podem ser resolvidos se basearmos a ciência na premissa metafísica de que a consciência, e não a matéria, é a base de toda a existência. Em meu livro seguinte, *The physicist's view of nature, vol. II: the quantum revolution* [*A natureza segundo o físico, vol. II: a revolução quântica*], mostrei que o novo paradigma da ciência (ao qual dou o nome de "ciência dentro da consciência", ou "ciência idealista") pode ser estendido para explicar não só as anomalias da psicologia – normal e paranormal – como também da biologia, da ciência cognitiva e da medicina do corpo e da mente. Esse novo paradigma também integra ciência e espiritualidade, que é o tema do meu livro *A janela visionária: um guia de iluminação por um físico quântico*. Na presente obra, exploro e amplio ainda mais a nova ciência, incorporando a vida após a morte, a reencarnação e a imortalidade.

Na verdade, comecei a pesquisa para *A física da alma* quase que imediatamente após a publicação de *Universo autoconsciente*, e todos os aspectos maravilhosos informados nos livros que mencionei acima nasceram dessa pesquisa. Este livro foi quase publicado de forma prematura em 1997, mas fico contente, analisando tudo hoje, por não ter feito isso. Subseqüentemente, o que deteve a publicação de *A física da alma* foi a intrigante questão da ressurreição e da imortalidade. Só depois que o *insight* sobre a física da imortalidade me ocorreu é que me senti preparado para publicar o livro que o leitor tem em mãos agora. Seja como for, vou repartir com cada um todas as histórias que me conduziram a meus diversos *insights*.

Existe mesmo uma alma que sobreviva à morte e transmigre de um corpo para outro? Vou mostrar que, quando as ideias quânticas são incluídas em nosso modelo de consciência, no contexto da ciência idealista, há uma entidade semelhante à alma — que chamo de "mônada quântica" —, agindo como mediador da reencarnação. Será que a reencarnação é científica, como é viver e morrer? Examino as conseqüências da nova ciência da reencarnação sobre nossa cosmovisão, sobre a forma de morrer e de viver, e sobre como deveríamos entender nossa busca pela imortalidade. É possível desenvolver uma física da imortalidade? Sim, é, embora aspectos dessa física possam levar décadas, talvez séculos, para ser confirmados e manifestados evolutivamente. Mesmo assim, sugiro que encontremos ânimo para tal empreendimento em alguns dados controvertidos que têm estado conosco há várias décadas — os dados sobre OVNIs.

Trabalhei neste livro desde 1994. Muitas pessoas contribuíram para o seu desenvolvimento. As diversas discussões com meu amigo teósofo, Hugh Harrison, foram fundamentais, assim como as conversas com os filósofos Robert Tompkins e Kirsten Larsen. Durante certo tempo, Hugh, Kirsten, Robert e eu mantivemos um grupo de discussão para esses problemas, o que me ajudou de forma considerável. Também tiveram muito valor os debates com luminares da área, como Stan Grof, Satwant Pasricha e Kenneth Ring. Mais recentemente, beneficiei-me de longas discussões com a psiquiatra Uma Goswami e o místico e filósofo Swami Swaroopananda. Agradeço a todos.

Agradeço, também, à Infinity Foundation, a Rajiv Malhotra e Bárbara Stewart, pelo apoio durante parte do período em que escrevi este livro. Finalmente, quero agradecer à equipe editorial da Hampton Roads, por cuidar tão bem de todos os detalhes da atual publicação.

capítulo 1

da morte à imortalidade

O que é a morte? A resposta, a princípio, parece fácil: morte é o fim da vida, a cessação da existência. Mas... sabemos o que é a vida? Sabemos o que significa sua cessação? Não é muito fácil responder a essas perguntas, pelo menos não através da ciência.

A maioria das pessoas tem pouco interesse pelas definições que a ciência atribui à vida e à morte. Em 1993, após a publicação de meu livro*, em que proponho um novo paradigma científico para a natureza da realidade, uma ciência baseada na primazia da consciência, participei de um programa de rádio ao vivo. A primeira pergunta que me fizeram não foi sobre a natureza da realidade ou da consciência, e sim se existia vida após a morte. De imediato, fiquei surpreso; depois, dei-me conta de que, para muita gente, esta é a principal indagação acerca da realidade.

Até as crianças querem saber a respeito. Em uma carta dirigida a Deus, uma criança escreveu: "Querido Deus, o que acontece quando a gente morre? Não quero morrer. Só quero saber o que acontece".

O que ocorre após a morte? No passado, essa pergunta deve ter sido feita a sacerdotes, ministros, gurus, mulás, rabi-

---
* *O universo autoconsciente*. São Paulo: Aleph, 2007. [N. de T.]

nos, mestres zen ou xamãs. Uma questão que não era, nem de longe, considerada científica. Naqueles tempos, a ciência lidava com aspectos mundanos da vida, enquanto a religião era fonte de respostas para questionamentos que tocavam mais de perto as pessoas: como viver, o que acontece após a morte, como conhecer Deus, e outros tantos.

Nem sempre se recebia uma resposta. Um aspirante zen procurou um mestre e perguntou-lhe: "O que acontece após a morte?" O mestre zen respondeu: "Eu não sei". "Mas você é um mestre", protestou o aspirante. "Mas não um mestre morto", foi a resposta.

Contudo, muitos gurus de diversas religiões titubearam menos ao dar explicações. E as respostas, em sua maioria, eram simples (pelo menos, aquelas dadas pelas religiões organizadas). Deus é o imperador supremo do mundo, que está dividido entre bem e mal. Se a pessoa é "do bem", depois da morte irá para o Céu, um lugar de paz e beatitude, muito aprazível. Se, porém, ela segue o mal, a morte a lançará ao Inferno, que a envolverá em chamas, gases sulfúreos e sofrimentos. A mensagem da religião era: "seja bom". E se ser bom não é algo que mereça recompensas aqui, na Terra, trará compensações após a morte. Ora, nesta sofisticada era científica em que vivemos, esse tipo de resposta não satisfaz.

E você leitor, será que vai encontrar explicações sofisticadas e satisfatórias neste livro? Espero que sim. As respostas encontram-se baseadas em uma nova física, chamada física quântica, que, fundamentada na filosofia da primazia da consciência, dá-nos uma janela visionária pela qual passam ventos frescos, trazendo novos esclarecimentos para velhíssimas indagações. As perguntas e respostas relativas àquilo que acontece após a morte são apenas as mais recentes das descobertas desta nova ciência. Continue a ler.

O que sobrevive?

Após a morte, quem somos nós? É claro que o lado pós-morte do indivíduo não pode ser uma entidade física ou corpórea. Assim, a ideia de uma alma incorpórea é popular. É a sua alma que sobrevive à morte de seu corpo, foi o que lhe disseram. E, após a morte, a alma vai para o Céu ou para o Inferno, dependendo da maneira como cada pessoa se sair no dia do seu julgamento.

As imagens que muitos fazem do Céu sugerem que, mesmo lá, alguns seres humanos esperam que seus egos se mantenham intactos, tal como nos filmes de Hollywood. Para essas pessoas, o ego é a alma. No entanto, podemos apresentar objeções a essa crença.

Como obtemos nosso ego-identidade? Naturalmente, as experiências que temos ao longo da vida modelam o ego. É bem provável que a memória dessas vivências seja preservada no cérebro físico. Além disso, as experiências em si (faculdades adquiridas) não constituem a totalidade do desenvolvimento do ego; parece lógico que nossa dotação genética (as inatas) tenha seu papel. Mas tanto a memória genética como a cerebral são físicas. Com o desaparecimento do corpo e a subsequente desintegração dessas memórias físicas, será que o ego pode funcionar?

Outro argumento contra a alma como ego foi apresentado pelo psicólogo Charles Tart (1990), que apontou serem o corpo e o cérebro influências estabilizadoras de nossa identidade. Nos sonhos, por exemplo, perdemos a percepção-consciente[*] do corpo físico, e veja o que acontece: nossa identidade pode vagar de um corpo

---

[*] No original, *awareness*. Não há uma tradução exata em português. O termo é comumente traduzido como "consciência", "percepção" ou "atenção". Em muitas publicações, *awareness* é mantido em inglês, pois tem um sentido mais amplo que o de "consciência": refere-se a um "estado de alerta" que compreende, inclusive, a consciência da própria consciência. É também um conceito-chave da gestalt-terapia. Segundo Clarkson e Mackewn, *awareness* é "a habilidade de o indivíduo estar em contato com a totalidade de seu campo perceptual. É a capacidade de estar em contato com sua própria existência, dando-se conta do que acontece ao seu redor e dentro de si mesmo" (CLARKSON; MACKEWN. *Fritz Perls*. Londres: Sage, 1993, pp. 44-45). Neste livro optou-se por traduzir *awareness* pela palavra composta "percepção-consciente", no intuito de aproximá-la de seu sentido pleno, deixar bem marcadas todas as ocorrências no texto e facilitar a compreensão do leitor de língua portuguesa. [N. de E.]

onírico para outro muitas vezes, durante um sonho. Nossa identificação, pois, não é estável. Coisas semelhantes acontecem com a privação sensorial e o uso de drogas psicodélicas. A ego-identidade normal e estável que vivenciamos em nossa percepção-consciente de vigília desaparece nesses estados alterados de consciência. Tart acredita que isso pode indicar como é o estado alterado de consciência que atingimos após a morte, a menos que haja outros processos de estabilização que ainda nos sejam desconhecidos.

Portanto, a natureza da alma, a natureza daquilo que sobrevive à morte, é uma questão difícil e controversa. Fica ainda mais controvertida, ainda mais intrigante, quando analisamos as imagens do *continuum* — a vida e a morte como uma continuidade — de muitas culturas. Não só algo sobrevive à morte, como esse algo retorna em outro corpo após outro nascimento, e assim por diante, dando continuidade ao processo.

Reencarnação

A imagem da alma que sobrevive no Céu ou no Inferno, após a morte, é mais ou menos a imagem apregoada pelas culturas judaico-cristãs. Outras culturas apresentam-na com diferenças. Às vezes — no Islã, por exemplo — as diferenças são pequenas. Outras tantas, porém, as divergências quanto à realidade pós-morte são radicais. Os hindus da Índia, os budistas do Tibete e de outras regiões (embora o conceito de alma no budismo seja bastante sutil), e muitos povos da China e do Japão, mesmo não sendo adeptos do budismo, acreditam em alma, céu e inferno, mas, para eles, a passagem pelo Céu ou pelo Inferno é apenas o começo da viagem. Céu e Inferno, nessas culturas, são residências temporárias, após o que a alma deve retornar à Terra. O tempo de permanência no Céu ou Inferno, que é transitório, depende do karma de cada um, um conceito de causa e efeito que compreende um registro de boas e más ações, mas com uma grande diferença.

Fazer o bem gera um saldo de karma positivo, e más ações aumentam o karma negativo em seu registro cármico — assim como no cristianismo. O karma negativo não é bem-vindo, obviamente; muitos chineses, por exemplo, supõem que, se suas ações terrenas forem realmente ruins, eles poderão voltar como ratos ou, até, como minhocas na próxima vida. Entretanto, mesmo o karma positivo não impede a roda de girar. Por maior que seja o saldo de karma positivo de cada um, a pessoa não pode permanecer para sempre na perfeição celestial; ela acaba voltando à imperfeição material. Deste modo, entra em jogo a sutil ideia de que nem o karma positivo é suficientemente bom. Mesmo assim, todos se mantêm atados à roda do karma, o ciclo de reencarnações recorrentes. E diz-se que a roda cármica é o que conduz ao veículo do sofrimento.

O que pode ser melhor para o homem do que acumular karma positivo, fazendo o bem em todas as suas ações e experiências terrenas? Os conceitos hindu e budista dizem que existe um modo supremo e perfeito de viver, cuja descoberta nos retira da roda do karma. Os hindus dão-lhe o nome de *moksha*, que significa, literalmente, "libertação"; os budistas chamam-no de *nirvana*, traduzido, também de forma literal, como a extinção da chama do desejo.

Podemos usar a filosofia para explicar as diferenças entre os pontos de vista judaico-cristão e hindu/budista sobre aquilo que acontece após a morte. Em uma filosofia, o modelo específico de realidade pós-morte desenvolvido por uma cultura depende da condição material dessa cultura, se rica ou pobre. O propósito da religião é levar os indivíduos a viverem conforme o bem, e não segundo o mal. Se a cultura é materialmente pobre, as pessoas vivem na esperança de desfrutar uma vida boa após a morte. Se conhecessem a reencarnação, não hesitariam em ser más, de vez em quando, correndo o risco de um Inferno transitório. Haveria sempre uma próxima vida para serem boas. Por isso, a ideia de um Inferno eterno é importante, pois mantém os fiéis na linha; já conhecem o Inferno, não o desejam para a eternidade. Nas sociedades ricas, por outro lado, o conceito de reencarnação pode ser revelado.

Nas sociedades ricas, as pessoas vivem segundo um sistema de classes, no qual a maioria pertence a uma classe média. Se o indivíduo advém da classe média, então o pior que lhe pode acontecer é tornar-se pobre. Nesse caso, a ameaça da reencarnação funciona, pois o karma negativo não só acarreta o Inferno como também gera uma forma de vida inferior (uma classe inferior à atual, por exemplo) na encarnação seguinte. Foi o que aconteceu no sistema de castas hindu da antiga e opulenta Índia, onde floresceu o conceito de reencarnação. Hoje, as coisas na Índia estão mudando; a maioria das pessoas é pobre, e a ideia de reencarnação não é mais tão popular. Por outro lado, as sociedades ocidentais, com sua crescente riqueza, têm se tornado mais estratificadas. Não é à toa que a ideia de reencarnação tem conquistado espaço nessas sociedades.

Faz sentido. Em Pós-Morte 100, aprendem-se os conceitos básicos, Deus, bem e mal, alma, céu e inferno. Em Pós-Morte 300, estudam-se a reencarnação, a roda do karma. Nesse estágio, são feitas perguntas que não teriam ocorrido no curso básico. Se existe vida após a morte, por que não vida antes da vida? Por que coisas ruins acontecem com pessoas boas? E a melhor de todas: como um Deus verdadeiramente justo e benevolente não dá a todos a boa vida no Céu?

Comparada a esses cursos, a ideia da libertação deve ser ministrada no nível 500. Só se entra nele após ter-se lidado com um monte de "karma-cola"*. Passa-se para ele quando se fazem perguntas sobre a própria natureza da realidade e a relação do indivíduo com ela; quando se intui que o homem, o mundo e Deus não são separados e independentes um do outro. Alcança-se esse nível quando todo o mundo de seres sencientes torna-se uma família, e cada um deseja servir sua família de novas maneiras.

O filósofo Michael Grosso chamou o recente reaquecimento do interesse pela reencarnação nos Estados Unidos de "formação espontânea de um mito da reencarnação". Todavia, trata-se de algo além da formação de um mito. Creio que passamos maciçamente do curso Pós-Morte 100 para o Pós-Morte 300. E alguns de nós já estão pensando seriamente no curso final.

---

* Neologismo que designa conhecimento espiritual sem profundidade, conhecimento pseudo-religioso ou superstição. [N. de E.]

Quando ocorre a transição para o curso seguinte? O filósofo Alan Watts explicou isso muito bem. Para Watts (1962), a roda do karma se assemelha a um parque de diversões. Inicialmente, como alma, o indivíduo se arrisca pouco; ele se apega à boa vida quando reencarna. Só depois é que percebe que terá mais oportunidades de aprendizado se passar pelos brinquedos mais arriscados – nascendo pobre (mas virtuoso) ou vivendo uma vida de percalços, mas criativa. Mesmo assim, o sofrimento supremo do tédio acaba intervindo; a ideia da ligação eterna com a roda do karma aterrorizará todos nós, mais cedo ou mais tarde. O cineasta Woody Allen, em *Hannah e suas irmãs*, capta perfeitamente esse sentimento:

> [...] Nietzsche e sua teoria do eterno retorno. Ele disse que a vida que vivemos será vivida repetidas vezes, do mesmo modo, até a eternidade. Que ótimo. Isso significa que terei de suportar o *Holiday on Ice* novamente. Não vale a pena.
> (Mencionado em Fischer, 1993.)

Quando nos sentimos assim, então podemos nos voltar para a ideia da libertação.

Perceba que tanto a ideia cristã da eternidade no Céu como a ideia oriental de libertação se referem essencialmente ao estágio que podemos verdadeiramente chamar de imortalidade da alma – nada de novos nascimentos ou mortes. Aquele conceito (céu) é apenas uma versão meio simplificada da forma como chegamos lá – e omite os estágios intermediários.

Por isso, não se pense que a reencarnação é um conceito totalmente oriental, importado apenas recentemente para o Ocidente. A reencarnação era uma parte aceita do judaísmo, sob o qual Jesus nasceu. Muitos estudiosos dizem que, antes de 553 d.C., o cristianismo também aceitava a ideia da reencarnação. Afirmam, ainda, que, naquele ano, foi baixado um decreto pelo Quinto Concílio Ecumênico contra a ideia de que as almas reencarnam, embora outros especialistas no assunto digam que o referido concílio nunca chegou a promulgar oficialmente tal decreto. (Uma boa discussão sobre o tema pode ser encontrada em Bache, 1991, e MacGregor, 1978.)

Um bom número de estudiosos pensa também que a divisão acerca da reencarnação no Ocidente não reflete uma separação entre Ocidente e Oriente, mas uma seção entre as correntes esotéricas e exotéricas das religiões ocidentais. A reencarnação é aceita pelos sufis, o ramo esotérico do Islã. O judaísmo hassídico inclui a reencarnação, assim como os gnósticos e outras tradições místicas do cristianismo (Bache, 1991; Cranston e Williams, 1984).

A ideia da reencarnação ocorre frequentemente no pensamento ocidental, fora de qualquer contexto religioso. Começando com Pitágoras e Platão, pessoas como David Hume, Ralph Waldo Emerson, Henry Thoreau, Benjamin Franklin e J. W. von Goethe acreditavam na reencarnação. Escreveu Goethe:

> A alma do homem é como água;
> Vem do Céu
> Ao Céu volta
> E depois retorna à Terra,
> Em eterna alternância.
> (Em *Song of the Spirits over the Waters*, citado em Viney, 1993.)[*]

E Franklin redigiu seu próprio epitáfio quando tinha apenas 22 anos:

> O Corpo de B. Franklin,
> Impressor,
> Como a Capa de um Velho Livro
> Ao qual Tivessem Arrancado as Páginas
> E
> Tirado as Letras e a Douração,

---

[*] No original: *The soul of man is like to water; / From Heaven it cometh / To Heaven it riseth / And then returneth to Earth, / Forever alternating* [N. de E.]

Jaz Aqui,
Comida para os Vermes.
Mas a Obra não terá sido Perdida,
Pois aparecerá Novamente, segundo Crê,
Numa Nova e Mais Elegante Edição,
Revisada e Corrigida
Pelo Autor.
(Citado em Cranston e Williams, 1984.)*

O movimento teosófico, do qual a reencarnação é uma doutrina básica, ganhou ímpeto no Ocidente durante o século 19 porque a semente para a aceitação da reencarnação já estava presente. Em tempos mais recentes, pesquisas de opinião pública indicam que um número substancial de ocidentais, talvez da ordem de 25%, acreditam na reencarnação (Gallup, 1982). O filósofo C. J. Ducass disse que "a crença na continuidade da vida origina-se [em crianças] de forma espontânea". Os dados de que dispomos sobre memória reencarnatória espontânea mostram que, hoje, há muitos casos desse tipo no mundo ocidental (Stevenson, 1974). Se a reencarnação não é um tema limitado pela cultura, se é universal, então é natural perguntar se a ideia é científica.

As ideias de reencarnação e de sobrevivência à morte são científicas?

Será que essas discussões fazem sentido sob a análise científica de nossa época? Décadas atrás, a resposta teria sido obrigatoriamente um sonoro "não", mas, hoje, não é bem assim. Um dos principais motivos é a existência de bons dados. Referi-me antes a dados relativos a memórias reencarnatórias es-

---

* No original: *The Body of B. Franklin / Printer, / Like the Cover of an Old Book, / Its Contentes Torn Out / And / Stripped of its Lettering and Guilding, / Lies Here / Food for Worms, / But the Work shall not be Lost, / For it Will as He Believed / Appear Once More / In a New and More Elegant Edition / Revised and Corrected / By the Author.* [N. de E.]

pontâneas. Muitos desses dados, com alguns de seus aspectos já estudados, tratam de crianças que se recordam de vidas passadas. Foram obtidos muitos outros dados nas chamadas regressões a vidas passadas: sob hipnose, trauma, drogas ou técnicas especiais, as pessoas parecem recordar incidentes de outras vidas. (Para uma análise sucinta, leia Cranston e Williams, 1984.) E muitas das lembranças trazidas à tona foram corroboradas. Em muitos casos, a possibilidade de fraude foi eliminada.

Mais importante ainda: as lembranças de outras vidas não são os únicos dados. Experiências de quase morte – de pessoas que foram trazidas de volta de um estado de morte clínica – corroboram muito bem as descrições da realidade do pós-morte, pelo menos algumas de suas fases, encontradas nos "livros dos mortos" das antigas culturas. (Um resumo desses livros pode ser encontrado em Grof, 1994.) Aqueles que passam por essas experiências de quase morte dizem que ficaram fora de seus corpos, passaram por um túnel que leva a outro mundo, viram parentes falecidos há muito, seres espirituais luminosos etc.

Nas últimas décadas, a ciência deu início a uma necessária, mas inesperada reavaliação da sabedoria antiga. Enquanto a tendência geral da ciência, desde o século 17, consistiu em manter um foco material, nas últimas décadas do século 20, a ciência começou a explorar a arena espiritual, antes marginalizada. Neste livro, vou demonstrar que o recém-nascido paradigma da ciência é bem harmônico com ideias como Deus, alma, céu, inferno, karma e reencarnação – todo o "pacote", enfim.

Tais ideias são extremamente sutis quando formuladas e compreendidas de maneira adequada. Nossa tendência condicionada é pensar nelas de modo tosco, materialista.[1] Por exemplo, a maioria das pessoas pensa no Céu como um lugar modelado segundo a Terra (como se pode ver nos filmes de Hollywood). As religiões populares costumam retratá-lo dessa

---

1. Uso a palavra "materialista" para denotar pessoas que acreditam na primazia da matéria – que só a matéria é real; pessoas assim também são chamadas de realistas materiais.

maneira e, desde a infância, nós nos tornamos vítimas desse modo de pensar. Mas fica claro que o "outro mundo", caso exista, deve ser radicalmente diferente deste aqui.

A ciência moderna tem dado bastante apoio a uma visão monista de mundo – a de que existe apenas uma substância a formar a realidade. Caso existisse um mundo duplo de substância anímica, como ele poderia interagir com o mundo material? O que pode mediar tal interação? Evidentemente, nem a substância anímica nem a material podem agir como mediadoras. Além disso, será que essa mediação não envolveria a troca de energias entre os dois mundos? Sendo assim, a carga energética do mundo material acabaria mostrando excessos ou deficiências ocasionais, mas a verdade é que isso não ocorre. Que a energia do mundo material é uma constante é uma lei da física – a lei da conservação da energia. Portanto, a sabedoria científica, com razão, consiste em evitar o dualismo da interação (um legado do filósofo René Descartes) em nosso modo de ver a realidade; dualismo e ciência são como óleo e água, não se misturam.

Assim, a velha ciência destes três últimos séculos nos ensinou que todos os fenômenos são fenômenos de coisas formadas por matéria. É um monismo baseado na ideia de que a matéria está na base de tudo o que existe. Em lugar disso, o novo paradigma postula um monismo baseado na primazia da consciência – que a consciência (chamada de Espírito, Deus, Divindade, *Ain Sof*, *Tao*, *Brahman* etc., nas tradições populares e espirituais), e não a matéria, é a base de tudo o que existe; um monismo baseado em uma consciência unitiva e transcendente, mas que se torna muitas em seres sencientes como nós. Nós somos essa consciência. Todo o mundo da experiência, inclusive a matéria, é a manifestação material de formas transcendentes de consciência.

A alegoria da caverna de Platão deixa a situação clara. Platão imaginou que a experiência humana era um espetáculo de sombras: estamos em uma caverna e atados a cadeiras, por isso enxergamos sempre uma parede, sobre a qual a luz de fora projeta as sombras de formas arquetípicas ideais. Achamos que as sombras são a realidade, mas sua fonte está atrás de nós, nos arquétipos. No final das contas, a luz é a única realidade, pois tudo o que vemos é luz. No monismo baseado na primazia da consciência, a consciência é a luz da caverna de Platão, os arquétipos constituem a realidade transcendente e o espetáculo das sombras é a realidade imanente.

Essa visão monista da realidade, à qual dou o nome de idealismo monista, é bastante antiga e constitui a base das grandes tradições espirituais do mundo, motivo pelo qual às vezes é chamada de filosofia perene. No cristianismo esotérico, a base da existência é chamada de Divindade, o mundo arquetípico transcendente é o Céu e o mundo da experiência, a Terra. No passado, era limitada a aceitação científica desta visão, pois os idealistas não podiam explicar conceitos como transcendência e autorreferência (como o Uno pode se dividir em um sujeito/*self* que pode se referir a si mesmo e a objeto[s] separado[s] de si mesmo), em termos cientificamente acessíveis. O novo paradigma de uma ciência dentro da consciência, às vezes chamada ciência idealista, começou quando esses conceitos ganharam credibilidade científica. Isso já foi tema de vários livros recentes, inclusive o meu (Goswami, 1993; Herbert, 1993).

É um verdadeiro progresso. Materialismo é metafísica pura; não há outro modo de constatar objetivamente que tudo, inclusive a mente e a consciência, surge da matéria. A filosofia perene dos antigos era o que podemos chamar de metafísica experimental, pois grandes mestres espirituais de todas as tradições sempre afirmaram ter constatado, de forma direta, que a existência se baseia em uma consciência ilimitada, transcendente e unitiva. Por outro lado, o idealismo monista – a filosofia perene do novo contexto da ciência dentro da consciência – não só é uma metafísica vivencial como experimental, pois, pelo menos em parte, suas ideias metafísicas podem ser comprovadas não apenas por experiências individuais e particulares, como por experimentos aos olhos do público.[2]

---

2. A expressão "metafísica experimental" foi criada pelo filósofo Abner Shimony.

Se o indivíduo foi criado na cultura ocidental, ainda bastante materialista, é provável que sua cosmovisão seja um estranho e confuso amálgama de materialismo (a supremacia da matéria) e dualismo interativo cartesiano (o mundo espiritual existe como um mundo separado e independente, feito de uma substância não material que, de certo modo, interage com o mundo material). Não faz muito tempo, as pessoas tentavam provar a existência da alma demonstrando (de maneira pouco convincente) que um corpo perde peso no momento da morte e violando, assim, o princípio da conservação de energia.

Mesmo idealistas monistas confessos mostram-se vítimas da conversa dualista *a la* Descartes, quando discutem a morte e a reencarnação. Falam de se estabelecer a validade de fantasmas, de aparições, como objetos da mesma realidade física que uma cadeira ou uma árvore. Vejo uma cadeira porque ela reflete a luz para meus olhos. Será que um fantasma, na qualidade de ser não material e de outro mundo, emite um sinal ou reflete a luz, permitindo a meus olhos captá-la? Obviamente, não. Um desafio importante para nossa ciência dentro da consciência é remodelar a discussão dos fenômenos relacionados com a morte e a reencarnação, do ponto de vista monista. Este é o desafio que aceitei enfrentar neste livro. Se quisermos usar conceitos dualistas, será preciso encontrar explicações que não violem as leis da ciência; devemos conciliar esses conceitos em uma visão monista global. Foi isto que consegui fazer.

A alma e o *quantum*

O que sobrevive? Será que aquilo que sobrevive reencarna de um modo que podemos chamar de verdadeiro *continuum* – nascimento-morte-renascimento, e assim por diante? Durante um período intenso de pesquisas, que durou aproximadamente um ano, encontrei minha resposta. Existe uma "alma" que sobrevive à morte do corpo físico e que, efetivamente, reencarna em outro corpo, formando um *continuum*. Ora, essa conversa faz sentido para uma ciência baseada na consciência, mas só se pensarmos na alma em termos do *quantum*.

A situação é similar àquela que aconteceu no final do século 19. Os físicos descobriram que pensar em matéria e luz, da velha maneira newtoniana — ou seja, que a matéria está sempre localizada, viajando segundo trajetórias bem definidas, e a luz é sempre semelhante a uma onda, dispersa, capaz de estar em mais de um lugar ao mesmo instante —, trouxe-lhes anomalias e paradoxos. Eles descobriram um novo modo de pensar — o modo do *quantum*.

A palavra *quantum* significa "uma quantidade discreta". Por exemplo, um *quantum* de luz, chamado de fóton, é uma quantidade discreta e indivisível de energia, um feixe de energia localizada. Admitir que a luz tem uma natureza de partícula além da natureza de onda, mais familiar, e que a matéria tem uma natureza de onda além de sua natureza mais familiar, de partícula localizada, eliminou as anomalias e paradoxos que mencionei antes.

Assim, a importância da palavra *quantum* vai bem além do discreto. A dinâmica quântica confere um poder inesperado, quase mágico, a objetos do domínio submicroscópico.

- O que significa dizer que a matéria tem natureza de onda e, por isso, pode estar em mais de um lugar ao mesmo tempo? Se isso parece paradoxal, o paradoxo se resolve quando se percebe que as ondas da matéria são ondas de possibilidades (tecnicamente representadas por funções matemáticas chamadas "funções de onda"); elas estão em dois lugares (ou mais) ao mesmo tempo apenas em possibilidade, apenas como a superposição das duas (ou mais) possibilidades.
- Objetos quânticos existem como superposição de possibilidades até que nossa observação cause a experiência manifestada da potencialidade, gerando um evento manifestado e localizado dentre os diversos eventos possíveis. Se uma possibilidade em particular tem uma grande chance de se manifestar, graças à observação, então a onda de possibilidade também é forte; quando a onda é fraca, é pequena a probabilidade de que sua possibilidade correspondente se concretize.

Um exemplo ajuda a esclarecer a questão. Suponha que liberamos um elétron dentro de um recinto. Em instantes, a onda do elétron se espalha pelo lugar. Agora, suponha que montamos uma rede de detectores de elétrons, chamados contadores Geiger, nesse recinto. Será que todos os contadores acusam alguma coisa? Não. Só um dos contadores detecta o evento. Conclusão? Antes da observação, o elétron efetivamente se espalhou pelo cômodo, mas apenas como uma onda de possibilidade. E a observação fez com que a onda de possibilidade se tornasse um evento manifestado.

- A mecânica quântica é um cálculo de probabilidades que nos permite analisar a probabilidade de cada possibilidade em dada situação dinâmica. A probabilidade gera a incerteza. Não podemos mais conhecer o paradeiro de um objeto com certeza. O movimento de objetos quânticos está sempre envolvido pela incerteza.
- Antes de a física quântica ser compreendida adequadamente, uma metafísica materialista dominava a ciência — partículas elementares formam átomos, átomos formam moléculas, moléculas formam células, inclusive os neurônios, neurônios formam o cérebro e o cérebro forma a consciência. Essa teoria da causação é chamada de teoria da causação ascendente: a causa vai das partículas elementares, ou micro, até a consciência e o cérebro, macro. Não existe poder causal em qualquer entidade do mundo, exceto nas interações entre partículas elementares. Mas, se nós mesmos nada somos senão possibilidades materiais, como nossa observação pode reduzir ondas de possibilidade? A interação de possibilidade com possibilidade só gera possibilidades mais complexas, nunca uma experiência manifestada. Assim, se só existisse a causação ascendente no mundo, o colapso quântico seria um paradoxo. Na interpretação correta e livre de paradoxos da física quântica, a causação ascendente só é capaz de produzir ondas materiais de possibilidade para a escolha da consciência (não material), e a consciência tem o poder supremo, chamado de causação descendente, de criar a realidade manifestada por meio da livre escolha dentre as possibilidades oferecidas. A consciência não é mais vista como um epifenômeno do cérebro, mas como a base da existência, na qual todas as possibilidades materiais, inclusive o cérebro, estão incrustadas.
- Objetos quânticos podem dar um salto descontínuo — agora ele está aqui, depois ali; esse salto é chamado de salto quântico. Um átomo emite luz quando um elétron dá esse salto quântico

de um estado energético atômico superior para um inferior. É possível observar a natureza radical desse salto quântico se o visualizarmos como o elétron que pula de uma órbita superior, em torno do núcleo atômico, para outra inferior, sem viajar pelo espaço entre as órbitas.

De modo análogo, a causação descendente é descontínua sob todos os aspectos possíveis: causalmente (não podemos atribuir a ela uma causa precisa), mecanicamente (não podemos criar um modelo matemático para ela), algoritmicamente (a matemática não se aplica a ela) e logicamente (sua lógica é circular: o observador é essencial para que ocorra o colapso, mas tal observador é apenas possibilidade antes da ocorrência do colapso).[3]

- Sabe-se, experimentalmente, que objetos quânticos, quando correlacionados de modo adequado, influenciam-se mutuamente de forma não local, ou seja, sem sinais pelo espaço e sem que decorra um tempo finito. Portanto, objetos quânticos correlacionados devem estar interligados em um domínio que transcende o tempo e o espaço. Não localidade implica transcendência. Decorre disso que todas as ondas quânticas de possibilidade situem-se em um domínio que transcende tempo e espaço, ao qual vamos chamar de domínio da *potentia* transcendente (significado de potencialidade), usando uma expressão de Aristóteles, adaptada por Werner Heisenberg.

E não se pense que a possibilidade seja menos verdadeira que a experiência manifestada; pelo contrário. O que é *potentia* pode ser mais real do que aquilo que é manifestado, pois a *potentia* existe em um domínio atemporal, enquanto qualquer experiência manifestada é meramente efêmera: ela existe no tempo. É assim que pensam os orientais, é assim que pensam místicos do mundo todo, e é assim que pensam físicos que ouviram a mensagem da física quântica.

---

[3]. Se o leitor tem dificuldade para visualizar uma onda no cérebro, embora seja uma onda de possibilidade, "porque as ondas viajam", saiba que estas, em um espaço confinado, são ondas estacionárias; elas "ondulam", ainda que permaneçam no mesmo lugar, como em um instrumento musical.

Será que a "magia" quântica — estar em dois lugares ao mesmo tempo, causação descendente, saltos quânticos e conexões não locais —, que é tão poderosa e clara no âmbito submicroscópico, estende-se ao nosso macromundo de experiências? A ideia revolucionária mais recente é que nosso cérebro envolve processamento quântico em todos os casos de observação em que esta seja uma mensuração quântica. O cérebro responde a um estímulo, apresentando um conjunto de possibilidades quânticas macroscopicamente distinguíveis (uma onda de possibilidades), e uma delas precipita como o evento experimentado quando a consciência assim o decide.[4]

Aqui, já se pode ver parte da metáfora certa para a física quântica da alma. Enquanto o corpo físico, vivo, representa possibilidades que sempre precisam se manifestar como uma estrutura localizada, com início finito e término finito, a alma representa possibilidades, *potentia*, sem uma estrutura localizada na manifestação. Como *potentia* transcendente sem a fixação de manifestação local no tempo e no espaço, ela transmigra (ou seja, é experimentada não localmente) de uma encarnação, em uma localidade e algum momento, para outra, em um ponto distinto do tempo e do espaço.

O conceito de alma despe-se de seus paradoxos cartesianos e dualistas, quando a imbuímos da dinâmica quântica e da causação descendente, como poderá ser visto; e a dinâmica quântica também lhe confere uma potencialidade inesperada, que nos permite perceber a validade dos ensinamentos esotéricos e explicar dados anômalos. É claro que há a importante questão de como a alma, vista como possibilidades quânticas sem estrutura, se recorda cumulativamente de cada uma de suas experiências encarnadas, mas não devemos nos preocupar. Esta é a questão que consegui resolver, e a resposta é uma das mais importantes partes deste livro.

---

4. A presença do *quantum* no cérebro foi investigada por muitos autores, entre os quais Walker (1970), Bass (1975), Stuart, Takahasgy e Umezawa (1978), Stapp (1982, 1993), Wolf (1984), Goswami (1989, 1990 e 1993), Herbert (1993) e Eccles (1994).

No *Bhagavad Gita*, Krishna diz a Arjuna: "Tanto você como eu reencarnamos várias vezes antes. Eu me lembro, você, não". Na Índia, os sábios dizem que a libertação traz à tona a memória de encarnações passadas e elimina o medo da morte. Todavia, este modo de lidar com o medo da morte é árduo, e acessível a apenas alguns indivíduos em cada era.

Creio que uma ciência da reencarnação, firmemente implantada e baseada na ideia de uma alma que transmigra, no contexto de uma nova dinâmica quântica tão convincente quanto satisfatória (como o leitor verá!), vai diminuir o medo que temos da morte. Assim, a morte será aceita como parte da vida, e não tentaremos negá-la freneticamente. A descoberta de um profundo significado no fenômeno da morte também trará significância para nossa exploração da vida. Podendo viver na plenitude, veremos a morte como moldura para uma oportunidade criativa, como um passo necessário para a renovação da vida.

Criatividade no ciclo vida-morte-renascimento

O que acontece após a morte? O filósofo chinês Confúcio disse:

> Quer saber da Morte?
> Bem, pouparei meu fôlego.
> Quando você conhecer a Vida, e só então,
> Tornaremos a falar da Morte.*

Sobre um aspecto, Confúcio está certo. Enquanto não morrermos, não teremos praticamente nenhuma chance para confirmar empiricamente aquilo que acontece após a morte. Hoje, muitas pessoas relatam experiências de quase morte em situações nas quais "morreram" brevemente, de certo modo, mas foram revividas com a restauração dos batimentos cardíacos ou algum

---

* No original: *You want to know of Death? / Well, I shall save my breath. / When you know Life, why then, / We'll talk of Death again.* [N. de E.]

outro método. Contudo, essas propaladas experiências não ocorrem propriamente no estado de pós-morte.

Entretanto, será que devemos depender do empirismo estrito para formar uma ciência? É lógico que quaisquer conclusões que tirarmos acerca da sobrevivência após a morte e da reencarnação vão depender, em grande parte, da teoria, da intuição ou de lampejos vivenciais, e de nossa própria criatividade. Dados empíricos vão ajudar, mas, na melhor das hipóteses, de maneira secundária. Mesmo assim, ainda será ciência, caso possamos comprovar experimentalmente algumas de suas importantes hipóteses, caso seja ela útil, caso possa ser usada para determinar um procedimento para a arte de se descobrir a natureza da morte e daquilo que acontece na morte.

Existe uma arte de morrer que pode ser investigada com uma ciência? Parece-nos que existe, sim. O mestre espiritual tibetano Sogyal Rinpoche (1993) lembra uma história da infância. Durante uma viagem, um lama ficou à morte. Como era costume, um ajudante quis chamar Rinpoche, que era o guru espiritual do sacerdote. Mas o lama disse que não seria preciso, que ele sabia o que fazer. Dizendo isso, fechou os olhos e morreu. O ajudante, porém, acabou chamando Rinpoche. Este deu uma olhadela no lama "morto" e disse carinhosamente: "Velho lama, não fique nesse estado... às vezes, podem surgir obstáculos". Então, diante dos olhos de um atônito Sogyal, o lama voltou à vida. E, assim, Rinpoche orientou o lama no processo da morte consciente.

O famoso *Livro tibetano dos mortos* foi escrito exatamente para orientar os moribundos.[5] Podemos desenvolver uma ciência para compreendê-lo? O próprio Dalai Lama, ninguém menos, escreveu:

> A morte proporciona um ponto de encontro entre o budismo tibetano e as modernas tradições científicas. Acredito que ambos terão muito a contribuir mutuamente quanto ao nível de compreensão e de benefícios práticos.

---

5. Todas as referências ao *Livro tibetano dos mortos* foram tiradas da tradução de Evans-Wentz, 1960.

Eu concordo com ele. Este livro apresenta a integração da arte milenar e da ciência moderna, especificamente das ideias do *Livro tibetano dos mortos* e da física quântica.

Lidar com a morte envolve tanto ciência quanto arte, mas nenhuma delas é completamente objetiva. A literatura e os dados que podemos apresentar dão ideias para que se comece a pensar, mas o indivíduo é que determina o rumo do pensamento. A verdadeira importância desta análise é permitir que cada um descubra a verdade acerca da morte.

Se a intuição de tantas pessoas (e provavelmente a sua também, leitor, uma vez que está em contato com este livro) estiver correta e, de fato, reencarnamos, então a morte é o maior rito de passagem pelo qual chegaremos a passar. É por isso que algumas pessoas dizem que toda a vida é uma preparação para a morte. "A resposta à vida humana não pode ser encontrada dentro dos limites de [uma] vida", disse o psicólogo Carl Jung. Quando compreendemos isso em nossos corações, vemos que a morte faz parte do maior de todos os processos criativos.

O processo criativo tem quatro estágios: preparação, incubação, *insight* e manifestação. A preparação consiste em rever o que é conhecido, organizando o trabalho de base para o *insight* criativo. A incubação é o processamento inconsciente — o processamento sem percepção-consciente. Enquanto a preparação envolve esforço, o processamento inconsciente ocorre sem esforço consciente, mas não é sono. Esses dois estágios se entrecruzam, alternando esforço e relaxamento — alternando o fazer e o não-fazer, se o leitor preferir. *Insight* é o surgimento da nova ideia, a mudança de contexto. É um salto quântico de pensamento — uma transição descontínua do pensamento, sem a passagem pelos estágios intermediários (Goswami, 1996 e 1999). A manifestação consiste em produzir a transformação exigida pelo *insight*.

Será que a vida, pois, é a preparação para a morte? Seria mais correto dizer que a vida compreende dois estágios iniciais — preparação e incubação — da descoberta criativa da natureza da realidade pós-morte. O momento da morte detém a possibilidade de *insights* acerca da realidade, bem como da manifestação do *insight*. Deve-se pensar em tal possibilidade: com este *insight*, dependendo de sua profundidade, podemos escolher aquilo que acontece conosco após a morte – a manifestação de nosso *insight*. E, se não surgir o *insight* desta vez, então deverá se buscar mais processamento inconsciente, mais preparação etc., até que se consiga.

Logo, ao escolhermos como morrer, decidimos individualmente, caso a caso, aquilo que acontece após a morte. Esse cenário altera toda a nossa orientação para a morte, não é mesmo?

As pessoas dizem, com certa razão, que a morte é como o sono, que é um grande sono. Afirmo que há uma possibilidade maior. Algumas pessoas, de espiritualidade mais elevada, vivenciam estados semelhantes ao sono chamados *nirvikalpa samadhi*, nos quais, embora como o sono, não existe a experiência da divisão sujeito-objeto; há um processamento inconsciente, que dá origem a *insights* criativos a respeito do "despertar". Por isso, a escolha é sua. Você quer morrer e entrar em um grande sono, para que, ao "acordar" na próxima encarnação, você seja virtualmente como era antes? Ou prefere morrer e entrar em um grande *samadhi* para que, na próxima encarnação, haja um novo você – o resultado de um *insight* criativo?

Da morte à imortalidade

As pessoas costumam questionar o significado da vida, especialmente o significado de suas próprias vidas. No esquema reencarnatório, começamos a ter um vislumbre das respostas às indagações sobre o significado. Essas questões dizem respeito a nós mesmos, à nossa natureza pessoal e, de modo geral, à natureza de nossa consciência. Primeiro, exploramos tais questões no cenário exterior; isso constitui nossa fase materialista. Após muitas encarnações, quando as respostas não saem dessa maneira, voltamo-nos para dentro. No começo, a jornada interior se dá de maneira hesitante, sendo muito influenciada pelos padrões e hábitos adquiridos na jornada exterior. Gradualmente, porém, a compreensão começa a despontar. Então, subitamente, a compreensão final: não temos mais dúvidas, estamos libertados. Agora, estamos fora do ciclo nascimento-morte-renascimento; somos imortais. Se a compreensão final acontece durante a vida, após morrermos, nessa vez, não voltaremos mais. Se a compreensão ocorrer no momento da morte, também não voltaremos; será nossa morte final.

Em um dos *Upanishads* da Índia, há um hino:

Leve-me do irreal ao real
Leve-me das trevas à luz
Leve-me da morte à imortalidade.*

Libertação é a imortalidade a que este hino se refere. Ao desenvolvermos uma teoria científica da reencarnação, será este o tipo de imortalidade que deveremos explorar.

Mas muitas pessoas, hoje e no passado, pensam na imortalidade de forma bem diferente — a imortalidade no corpo físico, a obtenção de um corpo físico que não morra jamais. Há, ainda, um dos principais aspectos fundamentais do cristianismo — a ressurreição de Jesus. Como interpretar a ressurreição? Obviamente, a interpretação mais objetiva seria a ressurreição em um corpo físico (imortal?). A ciência pode embasar a ideia da imortalidade física ou da ressurreição após a morte em um corpo físico imortal? A ciência chegará a se preocupar com esse tipo de questão?

A resposta deste autor é "sim", embora o embasamento lógico beire a especulação. Todavia, pensemos a que distância a ciência chegou. Não faz muito tempo, até a consciência era vista como a questão "difícil" da ciência. Mas, quando fazemos ciência sob a primazia da consciência, a ciência encontra nova clareza e poder (o poder da causação descendente) e, com este novo poder, novas respostas podem ser procuradas e encontradas. O leitor verá.

---

* No original: *Take me from the unreal to the real / Take me from darkness to the light / Take me from death to immortality.* [N. de E.]

capítulo 2

o *livro tibetano dos mortos* está certo – cabe a nós comprová-lo!

De todos os livros dos mortos, o *Livro tibetano dos mortos* é notável como um retrato da vida e da morte humanas, formando um *continuum* de experiências de aprendizado. Neste retrato, há passagens que os tibetanos chamam de *bardos* e que conduzem a pessoa a estados da vida, enquanto outras correspondem a portais para estados do pós-morte. Este modelo vê a vida e a morte como uma série contínua de transições ("há morte na vida, há vida na morte"). Havia uma história em quadrinhos, nos jornais, chamada *B.C.*, na qual uma quiromante, analisando a palma da mão de um cliente, exclamou: "Espantoso! Nunca vi uma linha da vida que formasse um círculo completo!" E o cliente respondeu: "Acredito em reencarnação". Ele também poderia ter dito: "Acredito no *Livro tibetano dos mortos*".

Antes de entrarmos na descrição dos *bardos*, seria útil falar um pouco da metafísica budista. Na verdade, a metafísica é a mesma do idealismo monista, sobre a qual já falamos, mas com nomes diferentes. Assim, a consciência como base da existência é chamada, no budismo, de *dharmakaya;* o reino transcendente dos arquétipos é chamado de *sambhogakaya;* finalmente, o reino manifestado da experiência, de *nirmanakaya*.

O primeiro *bardo* é o nascimento; o segundo é a existência, entre a infância e a vida adulta, até o instante antes da morte, que é o terceiro *bardo*. No quarto *bardo*, principia-se a jornada pela morte; é o início de uma série de oportunidades para a alma (o *self* sobrevivente) que sai do corpo.[1] No quarto *bardo*, a clara luz de consciência pura (*dharmakaya*) aparece. Se a alma percebe a clara luz, liberta-se da roda do karma e não precisa mais reencarnar. O quinto *bardo* da morte estabelece um paralelo com o segundo *bardo* da vida; nele, a alma encontra primeiro os deuses pacíficos e, depois, os deuses irados – demônios ou *asuras* – que são formas do mundo arquetípico (*sambhogakaya*). A clara luz agora fica embaçada, e a percepção não leva mais à libertação total da roda cármica do *samsara* (mundo manifestado), mas a um caminho nirvânico que conduz à libertação, na forma (não material) do *sambhogakaya*; deixar de perceber a luz leva ao sexto *bardo*, o caminho do *samsara*.

O sexto *bardo* é o da reencarnação; o espírito perdeu as oportunidades que lhe foram dadas para se identificar com a consciência pura ou o mundo arquetípico transcendente de *sambhogakaya*. Tudo o que lhe resta é o caminho material do renascimento. Dependendo do karma, ele agora renasce em um de seis *lokas* (lugares), que incluem o Céu, o Inferno e a Terra, até que sua dívida cármica seja paga ou seus créditos se acumulem.

Por coincidência, a descrição da transição pós-morte dos dois últimos *bardos* é bem parecida com a do hinduísmo, no qual as duas possibilidades do quinto *bardo* são chamadas de *devayana*, o caminho que leva aos deuses (retratado como uma estrada que leva ao Céu), e *pitriyana*, o caminho que leva ao Pai (retratado como uma estrada que se curva como um arco na direção da Terra).

---

1. Temos um problema. O *Livro tibetano dos mortos* foi redigido na segunda pessoa; destina-se à pessoa que está morrendo. Assim, estritamente falando, não há referência a uma alma. Entretanto, o contexto deixa claro que, em uma tradução da mensagem do livro para a terceira pessoa, o uso da imagem da alma (como *self* que sobrevive) é apropriado.

Naturalmente, cresci ouvindo essas ideias, embora no contexto hindu, tendo encontrado o *Livro tibetano dos mortos* em uma época bem mais tardia da vida. Essas descrições pitorescas sempre provocaram reações negativas em meu *self* científico e racional, mesmo quando jovem. A própria imagem dualista de uma alma sem um corpo vagando (onde?) por diversos caminhos de lugar algum não fazia sentido para mim. O fato de que alguém só poderia comprovar essas experiências caso encontrasse quem voltasse da morte para a vida causava ainda mais desconforto.

É interessante observar que a ciência moderna tem um conceito chamado de "buraco negro" — estado de uma estrela gigantesca que entrou em colapso sob sua própria gravidade, deixando no espaço um buraco singular —, que tem um "horizonte", além do qual tudo pode cair e nada consegue escapar. Assim, não é possível alguém voltar de um buraco negro para nos dizer como é lá dentro, mas tampouco é verdade que não possamos saber o que acontece com alguma coisa dentro desse horizonte. Sabemos disso porque temos uma teoria muito confiável, a teoria geral da relatividade, de Einstein, para nos informar.

Menciono tal aspecto porque o poder da teoria costuma ser subestimado em nossa cultura, mas, na moderna física teórica, "coisas" que não podemos constatar diretamente dão-nos previsões confiáveis, e sobre estas são elaboradas tecnologias bem-sucedidas. (É possível ver isto no caso da mecânica quântica: a ideia teórica de ondas de possibilidade transcendentes em *potentia* levou à tecnologia dos transistores.) Damos credibilidade também a essas teorias porque foram descobertas por meio de nossa criatividade.

Voltando ao meu preconceito contra livros dos mortos, minha inquietude durou até maio de 1994, mais de um ano depois que meu amigo Hugh Harrison se dispôs a estudar comigo a nova física. Eu sabia que, no começo da década de 1980, Hugh e sua falecida esposa, Ruth, fizeram uma exposição chamada *Continuum Center*, em Bandon, Oregon, que basicamente promulgou a ideia da morte e da vida como uma viagem contínua. De vez em quando, Hugh falava disso e de suas ideias sobre a reencarnação; ele dizia que, se existe vida após a morte, como no cristianismo, então, por simetria, deve existir vida antes da vida. Hugh era simpatizante do movimento da Teosofia no Ocidente, que Madame Helena Blavatsky fundou há mais de 125 anos. Os teosofistas consideram a reencarnação um dos princípios básicos da realidade (Blavatsky, 1968; Judge, 1973). Mesmo assim, eu era bastante evasivo quanto a essas ideias.

Na primeira semana de maio de 1994, porém, aconteceu algo inesperado. Inesperado e inesquecível. Fui inundado por trabalhos que, na maioria, consistiam em dar acabamento a velhas ideias para publicação, em escrever réplicas etc. A criatividade não estava presente em minha vida, e a vida parecia ter perdido o rumo novamente. Isso me deixou, certa noite, em um estado de rara sonolência. Estava assistindo a um programa de tevê chamado *Picket Fences*, um episódio que tratava dos problemas éticos da morte. Fui dormir com um peso no coração, algo que quase esquecera. Mas, pela manhã, em um estado de devaneio, semi-acordado, senti-me muito leve, e o primeiro vislumbre de que o *Livro tibetano dos mortos* estava certo e era útil começou a se formar no céu de minha mente onírica. Na verdade, era mais do que um vislumbre: era um aviso que dizia claramente: "O *Livro tibetano dos mortos* está correto; cabe a você provar isso". Como era sábado, pude me manter em um estado criativo durante quase todo o dia, e, nesse período, algumas novas ideias sobre a morte e a reencarnação como uma teoria científica começaram a ganhar forma. O que proporcionou a luz para poder enxergá-las foi a física quântica. A ideia fundamental que me chamou a atenção foi, em grande parte, a não localidade quântica.

Possibilidades quânticas e sua mensuração

Objetos, segundo a física quântica, são ondas de possibilidade, tecnicamente chamadas de funções de onda. Se alguém inserir no caminho de um elétron uma tela com duas fendas, como no famoso experimento da fenda dupla (Figura 2.1), por qual delas o elétron vai passar? Pelas duas, simultaneamente.

O leitor tem dificuldade para visualizar isso? Relaxe. Isso acontece antes da experiência manifestada, apenas como possibilidade. O elétron passa 50% por uma fenda e 50% pela outra, ao mesmo tempo, mas como possibilidade.

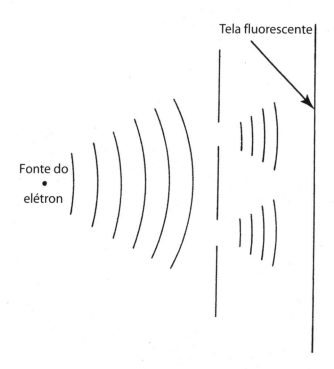

Figura 2.1   O experimento da fenda dupla

Como sabemos disso? Porque as duas ondas de possibilidade das duas fendas se espalham e interferem mutuamente. Elas se acrescentam reciprocamente, de tal modo que reforçam a onda em alguns lugares e destroem-na entre esses lugares (Figura 2.2). De fato, isso permite aos elétrons chegarem a muitos lugares, além da tela com duas fendas, que não poderiam atingir caso passassem por uma única fenda, como se fossem bolas de gude. Se forem arremessadas bolas de gude na direção de uma tela com duas fendas, tais bolas só chegarão a lugares além das fendas. Mas, quando um feixe de elétrons passa por uma tela com duas fendas, antes de atingir uma tela fluorescente, ele forma um padrão de faixas de luz e sombra (Figura 2.3), não apenas duas manchas por trás das duas fendas. As faixas de luz são os lugares onde a onda é reforçada, ou seja, onde a probabilidade de impacto dos elétrons é grande. Entre essas faixas brilhantes, a probabilidade de impacto é pequena, e não temos elétrons; por isso, a faixa é escura.

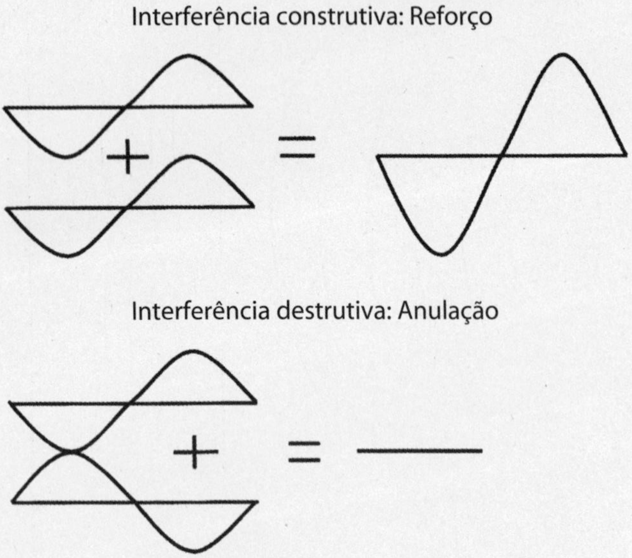

Interferência construtiva: Reforço

Interferência destrutiva: Anulação

Figura 2.2 Ondas que chegam em fase à tela fluorescente se reforçam mutuamente (interferência construtiva); ondas que chegam a um ponto fora de fase anulam-se mutuamente.

Padrão de interferência de lampejos sobre uma tela

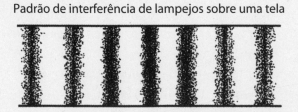

Figura 2.3 O padrão de interferência resultante, com franjas brilhantes e escuras alternadas.

Se é assim, se os elétrons viajam como ondas de possibilidade, o que faz com que a experiência manifestada surja das possibilidades? Inegavelmente, sempre que observamos, sempre que medimos, vemos uma única experiência manifestada. Afinal, quando observamos a placa fluorescente no experimento da fenda dupla mencionada antes, cada elétron atingiu um único ponto; ele não se espalhou. A resposta sucinta que tem aparecido nos últimos anos é que o ato de o observador contemplar o fenômeno cria uma única experiência manifestada para a onda de possibilidades – ou seja, a observação consciente faz com que o evento se manifeste, dentre todos os possíveis eventos.[2]

Certa vez, um comediante de Calcutá foi até uma doceira. Viu algumas *rasagullas* (bolas de coalho e açúcar) na vitrine e pediu uma porção. Quando o confeiteiro começou a pegar as *rasagullas* da vitrine, o comediante reclamou: "Não quero estas daqui. Pegue lá no seu estoque". O confeiteiro ficou surpreso. "Mas estas são da mesma fornada que fiz de manhã", disse. "Mas as pessoas ficaram olhando para essas da vitrine", objetou o comediante.

É discutível se o ato de olhar muda as coisas que estão em uma vitrine, mas o efeito da observação no mundo da física quântica é inegável e drástico – ele faz com que a possibilidade entre em colapso e se torne experiência manifestada. Note o emprego especial da palavra "colapso". Os físicos têm apego por essa palavra, usando-a para indicar mensurações quânticas, por causa da imagem das ondas espalhadas que, subitamente, entram em colapso e se tornam uma partícula localizada, que é a imagem apropriada quando estamos medindo elétrons (Figura 2.4). Por isso, usamos essa palavra, mesmo quando falamos de possibilidades quânticas no cérebro, dentre as quais a consciência escolhe a experiência manifestada que vivenciamos.

---

2. Para ser mais rigoroso, isso é uma questão de interpretação. Contudo, como mostrado em Goswami (1993), esta é a única interpretação livre de paradoxos.

Figura 2.4 Quando olhamos, fazemos com que a onda do elétron entre em colapso e se localize em um único lugar. Entre nossas observações, porém, o elétron se espalha como uma onda de possibilidades em *potentia* transcendente.

Perceba, porém, que as ondas de possibilidade não viajam no tempo e no espaço, pois, se o fizessem, elas não teriam se reduzido instantaneamente a uma partícula. (No espaço e no tempo, todas as coisas levam um tempo finito para se mover. O limite máximo de velocidade foi descoberto por Einstein: é a velocidade da luz.) As ondas quânticas são ondas de possibilidade em *potentia* transcendente, e é preciso a consciência para colapsar a possibilidade em experiência manifestada, o que é feito exercendo sua liberdade de escolha, o poder — já mencionado — da causação descendente.

Medições quânticas e a natureza da consciência

Essa solução do colapso quântico por força da consciência, originalmente sugerida pelo matemático John von Neumann (1955), contudo, é rejeitada por muitos cientistas quânticos, pois eles retratam a consciência como um mundo separado e duplo, interagindo com este mundo material da maneira como Descartes asseverou há muitos anos, e essa imagem está coberta de questões difíceis. O que mediaria a interação entre consciência e mundo material? Como a consciência interagiria com o mundo material sem violar a lei da física que diz que a energia é conservada no mundo físico?

A fim de encontrar sentido na ideia da consciência transformando a possibilidade quântica em experiência manifestada, este legado cartesiano do pensamento dualista acerca da consciência deve ceder lugar a um pensamento monista idealista. No pensamento monista idealista, só existe a consciência; ela é a base de toda existência, a única realidade suprema. A consciência pode transformar as possibilidades materiais porque ela transcende o universo material; fica além da jurisdição da mecânica quântica. Todas as possibilidades estão dentro da consciência. Quando ela decide, simplesmente identifica uma das possibilidades, sem qualquer mediação por uma terceira substância, sem troca dualista de energia.

Deve-se estudar a figura *gestalt* (Figura 2.5), na qual as mesmas linhas representam duas imagens superpostas, uma mostrando uma jovem; a outra, uma mulher idosa. O artista chamou o retrato de "Minha mulher e minha sogra". Quando vemos a jovem (ou a velha), não estamos "fazendo" nada com a imagem; estamos apenas identificando e escolhendo entre as possibilidades que já estão presentes. O processo de colapso consciente é assim.

Figura 2.5 Um retrato *gestalt*, "Minha mulher e minha sogra", feito por W. E. Hill. Se o leitor está vendo a sogra, para ver a mulher não será preciso fazer nada no retrato; basta alterar sua perspectiva, seu olhar. As possibilidades da mulher e da sogra estão dentro da consciência de quem vê; tudo o que se tem a fazer é identificar uma possibilidade ou a outra.

Os convencionalistas também apresentam objeções à consciência capaz de converter as possibilidades quânticas em determinada experiência manifestada, com base no fato de que as pessoas podem escolher de forma diferente, a partir de sua consciência individual. O que acontece se duas pessoas estiverem escolhendo simultaneamente o mesmo evento? Se escolherem experiências manifestadas diferentes, contraditórias, isso não acarretaria o pandemônio? Se apenas uma escolha prevalecer, quem terá feito essa escolha? Por exemplo, suponha que o leitor e eu chegamos a um semáforo, operado por um sistema quântico, vindos de direções perpendiculares, e que ambos desejamos um sinal verde. Quem passa primeiro, qual escolha prevalecerá? A resposta do idealismo monista é que há apenas um a escolher, que a consciência é uma só. O leitor e eu temos pensamentos, sentimentos, sonhos etc. individuais, mas não "temos" consciência, muito menos consciências separadas; nós "somos" a consciência. E é a mesma consciência, para todos nós (Goswami, 1993). (Ver também Blood, 1993.)[3]

Logo, nós escolhemos, mas, no estado não ordinário de consciência no qual o leitor e eu somos um, nossas escolhas não conflitam. A interpretação do idealismo monista da mensuração quântica tem outra faceta importante (Goswami, 1993). A consciência é a base da existência; não podemos desligá-la. Portanto, será que a consciência faz uma escolha sempre que surge uma ambiguidade? Ora, nesse caso, não haveria padrão de interferência de fenda dupla, pois a consciência já teria escolhido a fenda pela qual o elétron passaria, antes que este tivesse a chance de interferir com seu *alter* ego.

A resposta a este enigma está em perceber que cada mensuração quântica precisa de um observador senciente. Perceba ainda que, quando observamos um objeto externo, em resposta ao estímulo, o cérebro produz diversas possibilidades macroscopicamente distinguíveis: é a onda de possibilidades do cérebro.

---

3. O físico australiano Ludwig Bass (1971) tinha chegado à mesma conclusão bem antes, e de modo independente.

Por conseguinte, em um ato de observação, uma mensuração quântica, a consciência não apenas transforma a onda de possibilidades do objeto, como a onda de possibilidades do cérebro. A mensuração quântica em nossos cérebros estabelece nossa autorreferência — uma distinção cognitiva entre nós, sujeitos, e o campo da percepção-consciente de objetos que experimentamos (Figura 2.6). Vejamos: o observador pensa em um tapete com padrão de rosas que vê como um único objeto sobre o chão. Em seguida, imagina que vê as rosas e o padrão de folhas do fundo como objetos distintos. Só que isso é uma aparência; há apenas o tecido: as rosas e as folhas não têm existência além do tecido. Do mesmo modo, a distinção entre *self* e objeto, na mensuração quântica, é apenas aparência.

O que torna o cérebro tão especial, a ponto de a autorreferência, a capacidade de referir-se a si mesmo, ter lugar? Analisemos a lógica circular inerente aqui:

Figura 2.6   O colapso da onda quântica de possibilidades no cérebro do observador leva à autorreferência – uma cisão da consciência em sujeito e objeto(s).

45

Não existe colapso sem o cérebro; mas não existe cérebro, apenas possibilidades, a menos que ocorra um colapso.

Essa lógica circular (da qual um exemplo familiar é a história de quem veio primeiro, o ovo ou a galinha) é chamada de hierarquia entrelaçada ou emaranhada. A mensuração quântica no cérebro é uma hierarquia entrelaçada e dá origem à nossa autorreferência – a aparente natureza da divisão sujeito-objeto. (Mais detalhes no Capítulo 7.)

A experiência tem seu preço. As experiências produzem lembranças que condicionam nosso sistema autorreferencial – o cérebro. A influência do condicionamento sobre a mensuração quântica é que dá a impressão de que nossas ações provêm de um ego/eu agindo com base em suas experiências passadas, em seu caráter. Mas é uma identidade que a consciência dotada de livre-arbítrio assume, a fim de ter um ponto de referência. Nossos estados comuns de consciência são obscurecidos por essa identidade do ego. (Mais a respeito disto no Capítulo 7.)

Portanto, para resumir, o que é necessário para que percebamos nosso poder de causação descendente? É preciso o estado não ordinário de consciência, no qual vivenciamos a unidade que há por trás de nossa individualidade e de nossa co-autoria do mundo dividido em sujeito-objeto.

Tudo isso eu já conhecia em meu trabalho anterior (Goswami, 1993). Eu também sabia que, apesar do desenvolvimento do ego, nem tudo está perdido. Algumas experiências envolvem o tipo de estado não ordinário de consciência a que me referi acima e nos ajudam a penetrar nessa nuvem de condicionamento. Quando somos criativos, quando temos experiências extra--sensoriais, quando amamos, nesses momentos erguemo-nos acima do condicionamento e agimos com pleno conhecimento de nossa unidade e de nossa co-autoria, pois colocamos em colapso as possibilidades disponíveis com nossa plena liberdade de escolha. Talvez isso também aconteça quando morremos. Nos momentos que antecedem a morte, unimo-nos à consciência única e, por meio dela, à não localidade.

Não localidade quântica e como ela se aplica ao cérebro humano: um exemplo de metafísica experimental

Para os materialistas, só há o mundo material, só existem coisas que se deslocam no tempo e no espaço; não existe base conceitual para outro mundo. Quando uma pessoa pensa em questões do tipo: "o que acontece comigo depois da morte?", pensa de maneira dualista. Imagina que a parte de si que sobrevive, sua alma, vai para outro mundo, um mundo duplo. Mas a lógica do cientista a perturba. Como o mundo duplo interage com este, situado no espaço e no tempo? Caso isso não ocorra, não faz sentido preocupar-se com tal questão, porque a pessoa não vai saber mesmo. A física quântica oferece uma alternativa – a consciência pode intermediar a interação de dois corpos díspares. Explico.

Na mecânica quântica, podemos correlacionar objetos, de tal modo que eles permanecem interconectados (fase entrelaçada), mesmo se separados por grandes distâncias (Figura 2.7). Quando observamos, os objetos quânticos correlacionados se colapsam em experiências manifestadas, separam-se, mas a natureza entrelaçada de seu colapso mostra, sem dúvida, que eles estavam interligados. Como a interligação pôde ser preservada apesar da distância, manifestando-se sem o transcorrer do tempo, sem uma troca de sinais? É claro que a correlação e seu colapso são não locais, envolvendo um domínio de interconexão que transcende o domínio imanente do tempo e do espaço reais, onde as coisas são vistas como independentes e separadas.

A compreensão e a aceitação de um reino transcendente da interconexão deram um salto quântico em função de um experimento de física quântica, realizado em 1982, por um grupo de físicos franceses liderado por Alain Aspect (Aspect, Dalibard e Roger, 1982). Nesse experimento, dois fótons correlacionados influenciam-se mutuamente a distância, sem trocarem sinais. É como se alguém estivesse dançando em Los Angeles e seu parceiro, em Nova York, mas ambos coordenados nos mesmos passos de dança, sem o auxílio de televisão ou de qualquer outro aparelho de processamento de sinais.

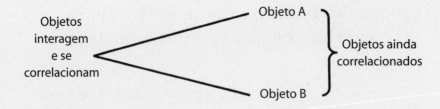

Figura 2.7   Quando dois objetos se correlacionam por meio de interação, a correlação permanece, mesmo se os objetos estiverem separados por grandes distâncias.

Um pequeno detalhe vai ajudar a esclarecer melhor a não localidade do processo de mensuração quântica. É preciso lembrar que, na física quântica, os objetos são ondas de possibilidades antes de os observarmos. Logo, um *quantum* de luz (fóton) não tem atributos antes que façamos alguma mensuração com ele. O experimento de Aspect concentrou-se em um atributo de duplo aspecto do fóton, chamado polarização ao longo de um eixo ou perpendicular a ele (algo que é medido por óculos de sol polarizados: o duplo aspecto fica claro quando se observa que nenhum fóton de luz consegue passar por dois óculos polarizados cruzados perpendicularmente, um no eixo vertical, outro no horizontal; veja a Figura 2.8).

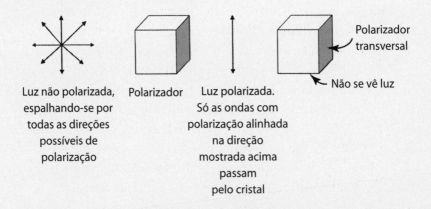

Figura 2.8   O aspecto duplo da polarização é revelado quando se observa a luz por *polaroids* cruzados: não se enxerga nada.

No experimento de Aspect, um átomo emite um par de fótons correlacionados, de tal modo que, se um deles estiver polarizado ao longo de certo eixo, o outro deve estar polarizado ao longo do mesmo eixo. Mas objetos quânticos são apenas possibilidades e, assim, os fótons começam sem eixo de polarização; só a nossa observação pode fixar um eixo de observação para eles. E, se observarmos um fóton correlacionado, dando-lhe, desse modo, certa polarização, a polarização do outro fóton também será designada imediatamente, não importa a que distância esteja do primeiro fóton. Se os dois fótons estiverem tão distantes um do outro que, ao medirmos um, nem mesmo a luz (que viaja à mais alta velocidade em toda a natureza) possa mediar sua influência sobre o outro, devemos concluir que a influência é não local, e ocorre sem a intermediação de sinais locais. Foi isso que Aspect e seus colaboradores descobriram experimentalmente.

Como os dois fótons podem estar conectados, a não ser por sinais que viajam pelo espaço, valendo-se do tempo? Eles estão conectados por meio de um domínio não local da consciência que transcende espaço e tempo. Segue ainda que a consciência, agindo não localmente, provoca o colapso simultâneo de dois objetos quânticos correlacionados.

Traduzindo isso em termos de pessoas, se dois indivíduos estiverem correlacionados e, depois, se deslocarem para extremos opostos da Terra, se um deles vir um lampejo de luz, o outro também poderá ver o lampejo, mesmo que não tenha um estímulo efetivo (Figura 2.9). Parece ridículo? Na verdade, essa influência e comunicação mútua não local entre seres humanos é conhecida há milênios no domínio do pensamento. É chamada de telepatia.

Recentemente, a telepatia foi demonstrada em experimentos cientificamente controlados. Em experiências chamadas de visão distante ou remota, um sensitivo vê um objeto escolhido arbitrariamente por um computador, enquanto seu parceiro, em um laboratório, desenha o objeto visto, sob a supervisão do pesquisador. Depois, a imagem é comparada pelo computador com o objeto visto (Jahn, 1982).

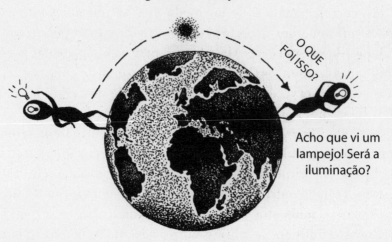

Figura 2.9   O milagre das correlações não locais. Quando estão correlacionados em alguma origem, se um sujeito vê um lampejo luminoso, o outro também o vê. Será apenas uma metáfora?

Em outro tipo de experimento, mostrando a interconexão não local, um sujeito é observado a distância por meio de circuito fechado de tevê, sem o seu conhecimento. Mesmo assim, seu comportamento é afetado pelo fato de estar sendo observado (Andrews, 1990 e 1994).

O experimento realizado (1994) por Jacobo Grinberg-Zylberbaum, neurofisiologista da Universidade do México, e seus colaboradores, confere peso à ideia da não localidade nos cérebros humanos de forma ainda mais objetiva — esse experimento com cérebros é equivalente ao experimento objetivo de Aspect com fótons. Dois sujeitos são instruídos a meditar juntos durante 20 minutos, a fim de se estabelecer uma "comunicação direta"; depois, eles entram em gaiolas de Faraday (compartimentos metálicos que bloqueiam qualquer sinal eletromagnético), mantendo a comunicação direta pelo restante da experiência. Em seguida, um dos sujeitos é submetido a uma série de lampejos luminosos que produzem um potencial evocado, uma singular reação eletrofisiológica do cérebro ao estímulo sensorial, medida por um eletroencefalógrafo (Figura 2.10, ao lado).

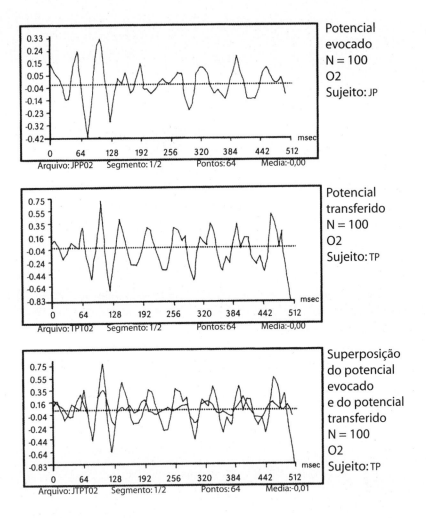

Figura 2.10 No experimento de Grinberg-Zylberbaum, se dois sujeitos estão correlacionados e um deles observa um lampejo que produz um potencial evocado distinto no EEG ligado a seu couro cabeludo, um potencial transferido de intensidade e fase comparáveis (70% de superposição) aparece no EEG do parceiro não estimulado. Perceba a diferença de escala no eixo das ordenadas (vertical) entre os dois gráficos. (Cortesia Grinberg-Zylberbaum.)

De modo espantoso, em um de cada quatro casos, aproximadamente, o cérebro não estimulado também mostra uma atividade elétrica, um potencial "transferido" bem similar, em forma e força, ao potencial evocado (Figura 2.10, centro e abaixo). Sujeitos de controle que não são sujeitos correlacionados e experimentais, e que, segundo seus próprios relatos, não conseguem ou não mantêm comunicação direta, nunca mostram um potencial transferido (Figura 2.11). A explicação objetiva é a não localidade quântica — os dois cérebros agem como um sistema quântico correlacionado não localmente. Em resposta a um estímulo sobre apenas um dos cérebros correlacionados, a consciência produz estados similares nos dois cérebros, o que explica a similaridade dos potenciais cerebrais. Os resultados e conclusões experimentais de Grinberg-Zylberbaum já foram replicados (com relação a estímulos auditivos) em Londres, pelo neuropsiquiatra Peter Fenwick (1999).

Deve-se admitir que, nesses experimentos, o sujeito correlacionado não-estimulado não vivencia, na verdade, o estímulo experimentado pelo parceiro; provavelmente, para isso, será necessário outro salto na pureza de intenções. Contudo, é realmente notável que as ondas cerebrais de um sujeito possam ser comunicadas a outro sujeito sem transferências locais de sinal.

A grande semelhança entre os cérebros correlacionados e os fótons correlacionados está clara, mas há uma grande diferença. A semelhança entre os casos é que, em ambos, a correlação inicial foi produzida por alguma "interação". No caso dos fótons, a interação é puramente física. Mas, no caso dos cérebros correlacionados, há o envolvimento da consciência. Assim que a onda de possibilidades de um dos fótons correlacionados é medida, ela entra em colapso e os objetos tornam-se não correlacionados. Em relação aos cérebros correlacionados, a consciência não apenas estabelece inicialmente a correlação, como também a mantém ao longo da experiência, graças à intencionalidade.

Para conseguir um claro potencial evocado, os pesquisadores costumam utilizar a média ao longo de cem lampejos, eliminando com isso o "ruído". Entretanto, os cérebros não perdem

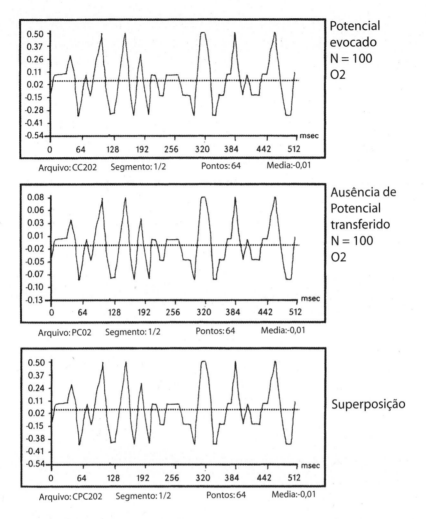

Figura 2.11 Um sujeito de controle sem correlação, mesmo quando há um potencial evocado distinto no eletroencefalograma do sujeito estimulado, não mostra potencial transferido. Perceba a escala. (Cortesia Jacobo Grinberg-Zylberbaum.)

a correlação quando o observador vê o lampejo. A única conclusão é que a consciência restabelece a correlação todas as vezes em que esta é rompida. Por isso, é vital que os sujeitos mantenham a intenção meditativa da comunicação direta ao longo de todo experimento.

Essa diferença entre fótons e cérebros correlacionados e conectados não localmente é muito importante. Embora seja notável para demonstrar a natureza radical da física quântica, a não localidade dos fótons correlacionados não pode ser usada para transferir informações, segundo um teorema atribuído ao físico Philippe Eberhard. Mas, no caso dos cérebros correlacionados, como a consciência está envolvida no estabelecimento e manutenção da correlação, o teorema de Eberhard não se aplica, e a transferência de mensagens não é proibida. Quando um sujeito vê um lampejo, a consciência causa um colapso em um evento similar dentre as possibilidades no cérebro do outro sujeito (Figura 2.12).

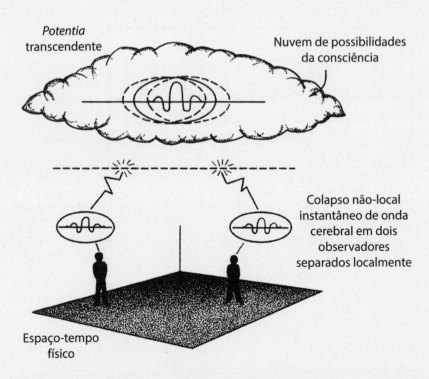

Figura 2.12 A consciência faz a mediação da transferência de potencial elétrico de um cérebro correlacionado para outro.

Foi esta última percepção que me levou a pensar que talvez fosse possível criar um modelo realista da reencarnação e, até, do *Livro tibetano dos mortos*. Qual é um dos mais notáveis dados em estudos da reencarnação? Uma criança que tem evocada uma lembrança de uma vida passada ao ver sua casa (ou coisa similar) daquela existência. Suponha-se que a lembrança tenha sido causada pela transferência não local da informação relevante da encarnação prévia da criança! Trato disso nos dois próximos capítulos.

Mais um comentário: a intenção consciente e a concordância dos dois sujeitos são cruciais para o sucesso de qualquer comunicação telepática. No entanto, a intenção não é egoica; o mero ato de pensar e desejar não basta. Trata-se da entrega a um estado de consciência situado além do ego, no qual os dois são um. Jesus sabia disso quando afirmou: "Se dois de vocês na Terra estiverem de acordo sobre qualquer coisa que queiram pedir, isso lhes será concedido por meu Pai, que está no Céu". É importante lembrar que, em grego, o verbo "concordar" é *symphonien*, raiz etimológica da palavra "sinfonia". Concordar é vibrar em fase, em correlação quântica. Não é isso que vemos na coerência dos dados de ondas cerebrais das figuras 2.10 e 2.11?

Às vezes, os cientistas materialistas reclamam que, com frequência, não conseguem replicar experimentos de telepatia, mesmo com paranormais de renome. Creio que eles estão deixando de lado um dos ingredientes básicos dessas experiências: a intenção consciente. A consciência é una. Pode ser que o ceticismo e a mente fechada do pesquisador interfiram na intenção consciente e, por isso, a consciência, na presença dessa hostilidade, nem correlacione os paranormais, nem provoque o colapso de possibilidades (quase) idênticas em seus cérebros.[4]

---

4. Um dos pioneiros dos experimentos controladas de visão a distância, o físico Russell Targ, com quem tenho discutido bastante essa questão, tem a mesma opinião.

O experimento da escolha retardada

É interessante notar que a não localidade quântica estende-se não apenas pelo espaço, como pelo tempo. O leitor está intrigado o suficiente para conhecer o experimento da escolha retardada, que levou a esta conclusão (Wheeler, 1983)?

Um feixe de luz é dividido em dois feixes de igual intensidade, usando-se um espelho M semiprateado; esses dois feixes são, depois, refletidos por dois espelhos comuns, A e B, até um ponto de cruzamento P, à direita (Figura 2.13, na qual podemos

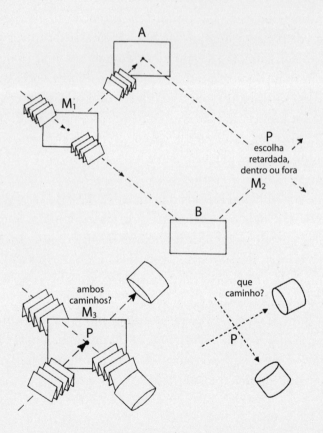

Figura 2.13 O experimento da escolha retardada. Os arranjos para observar a natureza de onda (interferência, o sinal é anulado em um dos detectores) e a natureza de partícula (não há interferência, os dois detectores respondem) da luz são mostrados na parte de baixo da figura, à esquerda e à direita, respectivamente.

ou não colocar outro espelho semiprateado). Originalmente, o experimento visava a demonstrar a complementaridade onda--partícula; em um arranjo experimental: um objeto quântico surge na forma de onda em dois lugares ao mesmo tempo (o arranjo da fenda dupla, que já vimos, também é um desses arranjos); em outro, detectamos a partícula, localizada em um ponto de cada vez (tal como na detecção de emanações radioativas com um contador Geiger). Se escolhermos detectar o modo "partícula" da luz, poremos refletores ou contadores além do ponto de cruzamento P, como mostrado no canto inferior direito da figura 2.13. Um dos dois contadores irá reagir, definindo o caminho localizado do objeto e mostrando o aspecto de partícula.

Para detectar o aspecto de onda do objeto, tiramos proveito do fenômeno da adição das ondas, como no caso da fenda dupla, colocando um segundo espelho semiprateado M_2 em P (Figura 2.13, canto inferior esquerdo). As duas ondas criadas pelo feixe que se divide em M_1 serão forçadas por M_2 a se adicionarem construtivamente em um lado de P, onde o contador responde com um tique, e destrutivamente do outro lado, onde o contador não mostra reação. Contudo, observe que, quando estamos detectando a luz sob forma de onda, cada *quantum* de luz viaja tanto pela rota A como pela B; do contrário, como as ondas poderiam se adicionar?

Mas o aspecto mais sutil desse experimento ainda está por vir. No experimento da escolha retardada, o pesquisador decide no último instante, no último picossegundo (10^{-12}), se irá ou não medir o aspecto de onda (claro que a decisão é manifestada mecanicamente). Assim, os *quanta* de luz já ultrapassaram o ponto de divisão M_1, caso se pense neles como objetos newtonianos comuns. De qualquer forma, se inserirmos o espelho em P, sempre veremos o aspecto de onda; se não o inserirmos, veremos o aspecto de partícula. Cada *quantum* de luz se moveu por um ou dois caminhos? Os *quanta* de luz parecem responder, até, à nossa escolha retardada de maneira instantânea e retroativa. (Por sinal, isso mostra que o próprio fóton não pode causar o colapso de sua própria onda de possibilidades, caso o observador tenha se perguntado, pois, do contrário, como iria reagir à nossa escolha retardada?)

Um objeto quântico percorre um caminho ou ambos, exatamente em harmonia com nossa escolha. Como isso é possível? É que os caminhos dos objetos são apenas caminhos "possíveis", os objetos são apenas ondas de possibilidades antes que nossa observação faça com que se manifestem. Nenhum caminho está efetivamente traçado; as possibilidades tornam-se experiência manifestada de forma aparentemente retroativa, o que parece ser uma causação "à ré".

Um comentário à parte: não existe objeto quântico manifestado enquanto não o "vemos", mesmo que o objeto seja o cosmos. Não existe cosmos manifestado – apenas possibilidades – enquanto o primeiro ser senciente (presumivelmente, a primeira célula viva) não observa o universo. A observação faz com que o universo entre em colapso, juntamente com todo o caminho causal que levou àquela primeira senciência, retroativamente. E a observação é autorreferencial – a senciência da primeira célula viva é co-criada juntamente com o universo.

Logo, se temos objetos correlacionados não apenas pelo espaço, como pelo tempo, a escolha consciente e o colapso do caminho causal em qualquer ponto do tempo vão precipitar todo o caminho. O importante é perceber que, na física quântica, não existe nem tempo nem espaço, "enquanto" a consciência não escolhe o colapso de um evento. O modo convencional de imaginar o tempo precisa acomodar essa estranheza quântica.

Um incidente que tem lugar agora pode estar correlacionado a um incidente passado (ou futuro), o que pode explicar toda sorte de eventos que Carl Jung chamava de exemplos de sincronicidade: coincidências não causais, mas significativas (Jung e Pauli, 1955). Uma de minhas primeiras tentativas para compreender a reencarnação deu-se por meio do conceito de não localidade quântica no tempo (*vide* Capítulos 3 e 4).

Por falar nela, o experimento de escolha retardada foi comprovado em laboratório na década de 1980 (Hellmuth, Zajonc e Walther, 1986). Ela chegou às páginas da *Newsweek*, em sua edição de 19 de junho de 1995.

Ondas de possibilidade não entram em colapso enquanto não as observamos

Por menos intuitivo que isso possa parecer, as possibilidades quânticas não se tornam experiência manifestada enquanto nós, seres sencientes, não as contemplamos e escolhemos – esta é a mensagem do experimento da escolha retardada. Uma experiência recente do parapsicólogo Helmut Schmidt confirmou essa mensagem.

Há muitos anos, Schmidt faz pesquisas pioneiras na área da psicocinese. Em seus experimentos, os paranormais tentam mover um objeto físico ou influenciar diretamente determinado resultado físico por meio da intenção consciente, diferentemente da telepatia mental, na qual o resultado da influência envolve apenas pensamentos internos.

Em uma série de experimentos, os paranormais procuram influenciar a geração de números aleatórios, sequências de números aleatórios positivos e negativos. Os paranormais buscam fazer com que o gerador produza mais números positivos, por exemplo.

Durante um experimento típico, o gerador de números aleatórios produz uma sequência de cem eventos binários (com resultado 0 ou 1), exibidos como uma sequência de cem lampejos de luz vermelha (indicando o *bit* zero) e verde (indicando *bit* um), e instrui-se o paranormal a produzir mentalmente mais lampejos vermelhos do que verdes (ou vice-versa). A sequência de lampejos vermelhos e verdes é registrada e impressa ao final do experimento.

Uma amostra radioativa que produz elétrons, por exemplo, é um ótimo gerador de números aleatórios, pois a desintegração radioativa, sendo um processo quântico e probabilístico, é totalmente aleatória para um grande número de eventos. Mesmo assim, sabe-se que os sujeitos de Schmidt conseguiram influenciar a desintegração radioativa aleatória de forma modesta, mas estatisticamente significativa, o que indica a eficácia da psicocinese (Schmidt, 1976).

Entretanto, o experimento feito por Schmidt, em 1993, é um marco (sujeito, naturalmente, à replicação por parte de outros pesquisadores), pois, nele, o parapsicólogo introduziu um novo elemento. O experimento ainda se vale de geradores radioativos de números aleatórios, só que a desintegração radioativa, o registro da informação em disquetes e a geração computadorizada de sequências de números aleatórios são realizados com dias, até meses, de antecedência, sem que nunca alguém veja a informação. O computador faz a impressão dos resultados e, com o máximo cuidado para que ninguém os veja, as folhas impressas são lacradas e enviadas para observadores independentes.

O observador independente, por sua vez, deixa os lacres intactos e especifica aleatoriamente se o sujeito paranormal deve procurar gerar mais verdes ou mais vermelhos. Na sessão subsequente, o paranormal segue a orientação do observador independente, determinada de modo aleatório, e procura influenciar intencionalmente o resultado (vermelho ou verde), ao olhar para os dados armazenados no computador. A seguir, o observador independente abre o lacre do envelope com as folhas impressas e constata se houve um desvio na direção escolhida no conteúdo das folhas. Constatou-se um efeito estatisticamente significativo — a probabilidade disso ocorrer ao acaso seria de 1 em 8.000 (Schmidt, 1993).

Como devemos interpretar esse experimento? A interpretação objetiva é que a desintegração radioativa, a detecção de seu produto, o registro e a impressão pelo computador, todos permaneceram em *potentia* como possibilidades até que fosse realizada uma observação (por parte do paranormal). Como eram apenas possibilidades quando o paranormal estava olhando os dados, ele conseguiu influenciar o resultado com sua intenção. Nada se tornou experiência manifestada enquanto não ocorreu a observação consciente.

Se essa interpretação for correta, então a inspeção prévia dos dados deve inibir esforços psicocinéticos posteriores. Com efeito, foi o que ocorreu após uma inspeção prévia minuciosa (Schmidt, 1993).

Schmidt repetiu a medição diversas vezes com vários observadores independentes. Embora nem sempre os experimentos tenham tido conclusões sem ambiguidades, eles mostram (com a certeza de três desvios-padrão, que, embora não seja algo notável para os níveis de experiências físicas, certamente é compatível com as experiências psicológicas) que os paranormais conseguem influenciar eventos radioativos aleatórios até quando observam os dados bem depois, e que, portanto, as ondas de possibilidade só entram em colapso após uma observação senciente.

Vamos voltar para outra questão. Por que não parece que estamos criando nossa própria realidade? Na verdade, raramente estamos no estado de consciência dotado de liberdade de escolha. Ele só ocorre quando estamos criativos, por exemplo, quando sentimos profunda compaixão por outro ser, quando temos *insights* morais ou quando estamos em comunhão com a natureza. As tradições espirituais chamam tais experiências pessoais elevadas de *atman* (no hinduísmo), Espírito Santo (no cristianismo), e assim por diante. Chamo-o de *self* quântico por causa de sua conexão com a completa liberdade de escolha nas mensurações quânticas. O *self* nessas experiências é universal, transpessoal, unitivo. Em contraste, nossas experiências comuns são determinadas por nossos egos, muito pessoais e condicionadas (praticamente sem criatividade), e, nelas, a liberdade quântica dá lugar a quase 100% de condicionamento, em virtude de muitas reflexões no espelho da memória de experiências passadas (Mitchell e Goswami, 1992). Com efeito, os neurofisiologistas descobriram que há, nos sujeitos, um lapso temporal de 0,5 segundo entre a recepção de um estímulo e a informação verbal dessa experiência (Libel *et al.*, 1979). Meio segundo é o tempo que usamos para a reflexão múltipla do estímulo no espelho da memória. Com isso, a experiência primária ou mesmo experiências secundárias com certa liberdade de escolha tornam-se pré-conscientes quando as identificamos com nossa memória, nosso ego.

Mas sempre que escapamos da identidade-ego, sempre que conseguimos lidar com o pré-consciente, surge a possibilidade da liberdade. Estou convencido de que existe um estágio do processo da morte no qual o ego-identidade se reduz substancialmente. Logo, a morte dá a todos, caso possamos nos manter conscientes ao morrer, a oportunidade de vermo-nos como o criador do mundo – como Deus.

A mudança na visão de Deus

Eu estava conversando sobre ciência e ética com um grupo de estudantes do ensino médio em Deary, Idaho, e, naturalmente, a questão de Deus veio à tona. Eu sei que não se pode falar de Deus em sala de aula – é um tabu tão sério que até o *The Wall Street Journal* publicou um artigo a respeito. (No meu curso sobre Filosofia da Física, referíamo-nos a Deus como "a palavra D"). Quando perguntei quantos alunos acreditavam na existência de Deus, só um punhado levantou a mão. Mas quando perguntei quantos acreditavam na existência de um princípio organizador, um princípio criativo causalmente poderoso além da matéria, quase todos levantaram as mãos.

Assim, essa é uma das maneiras pelas quais nossa concepção de Deus está mudando. Embora a imagem tradicional de Deus seja a de um imperador sentado em um trono celeste, mandando recompensas e castigos por nossas boas e más ações, hoje esse pensamento é minoritário, pois as hierarquias têm sido atacadas em nome da democracia, de movimentos pela igualdade racial ou de gênero sexual, e assim por diante. De modo geral, pelo menos, a maioria de nós pensa em Deus como o princípio criativo por trás do mundo, e é essa a ideia sustentada pela ciência dentro da consciência.

Todavia, há algumas sutilezas. Por exemplo, veja a consciência. A consciência é um sinônimo de Deus? Não, a consciência é a base da existência; no cristianismo, é chamada de Divindade, no judaísmo, de *Yahweh* (YHWH); no taoísmo, é o *Tao* inefável, absoluto. Deus entra em cena quando a consciência cria o mundo manifestado por meio da mensuração quântica. Deve-se pensar em Deus como o princípio criativo, aquele que escolhe a experiência manifestada dentre as possibilidades quânticas em todos os atos criativos da manifestação.

Em todo ato criativo de que participamos, encontramos o Deus interior, que somos nós. Neste sentido limitado, somos Deus. Mas nós, como indivíduos, não podemos avaliar o movimento da consciência permeado por toda a criação através de todos os seres sencientes. Nesse sentido, não somos Deus. E agora, tudo se reduz a um paradoxo: somos – e ao mesmo tempo não somos – Deus. Como *connoisseur* quântico, isso não surpreendeu o leitor, certo?

Um modo de resolver o paradoxo consiste em dizer que, em um ato criativo, tornamo-nos o *self* quântico, reconhecemos nosso potencial divino por meio da autoidentidade quântica universal. As jornadas criativas e espirituais dos seres humanos podem ser vistas, nas palavras do filósofo Martin Buber, como relacionamentos eu-tu (eu prefiro a palavra "encontro" no lugar de relacionamento), imortalizadas no mural de Michelangelo, no teto da Capela Sistina, onde Adão e Deus buscam um ao outro.

A deificação materialista das coisas surgiu, em parte, como reação ao Deus do Antigo Testamento, o imperador do Céu. Esse Deus não é, de fato, necessário em nossa ciência. Mas Deus é necessário na ciência como princípio criativo, não só para resolver o paradoxo da mensuração quântica, mas como princípio explicativo da criatividade na evolução biológica (Goswami, 1997), na cura mente-corpo (Chopra, 1989), e assim por diante. Logo, a nova visão de Deus é a solução para ambos os dogmas, religioso e científico.

Definições de vida e de morte

Será que o colapso das possibilidades quânticas só acontece em conjunção com o cérebro humano? E animais com cérebro ou, mesmo, sem cérebro? Parece razoável postular que a mensuração quântica autorreferencial começa com a vida – e define-a – em uma única célula viva. A célula viva é autônoma e tem integridade própria; percebe-se como distinta e separada de seu ambiente. Faz sentido afirmar que mensurações quânticas dentro da célula viva criam a distinção entre a vida e seu ambiente (Figura 2.14). Antes da mensuração quântica, há apenas a consciência e suas possibilidades; depois, há separação – vida e ambiente.

Figura 2.14 A autorreferência que provém da mensuração quântica na célula viva leva à distinção que a célula viva faz entre vida e ambiente.

Essa divisão de uma consciência em dois seres distintos vai ficando mais e mais sofisticada, à medida que as células formam conglomerados. Com o tempo, com o desenvolvimento do cérebro, vemos o mundo como sujeitos mentais, separados de objetos significativos.

Uma ciência baseada na consciência, portanto, dá-nos uma definição clara da vida. Naturalmente, vê-se a possibilidade que tal ciência tem para resolver alguns dos mais recalcitrantes problemas de modelos materialistas, que não podem responder à simples questão "o que é a vida?"[5]. Definindo a vida, a ciência dentro da consciência também dá uma definição clara da morte; a morte ocorre quando a consciência retira sua supervenção (intervenção transcendente) autorreferente da matéria viva.

---

5. Com uma exceção. O biólogo Humberto Maturana definiu a vida como a capacidade de cognição (como na divisão sujeito-objeto), mas está longe de ser o consenso entre os biólogos.

capítulo 3

não localidade e reencarnação: uma conversa jovial com minha mulher

Quando contei para minha mulher que estava pensando se seria possível formular uma teoria científica do significado da morte e de ideias como a reencarnação, ela não se entusiasmou. Mesmo assim, seguiu-se uma conversa, e lentamente ela se animou.

"Você não se cansou de teorizar?", provocou-me. Estava se referindo ao fato de eu haver publicado recentemente um livro sobre a natureza da realidade.

"Não quando é divertido!", ri. "Afinal, eu estaria em estimulante companhia." Alan Watts (1962) especulou sobre o significado da reencarnação. Ele disse que escolhemos os cenários da vida antes de virmos à Terra. E Carl Sagan (1973) costumava dizer que o SETI preencheria o significado da vida — como você sabe, SETI, em inglês, quer dizer "Busca por Inteligência Extraterrestre".

Minha mulher meneou a cabeça, intrigada: "Você está escolhendo exemplos radicais de questões acerca do significado da vida. Será um indicador daquilo que vem por aí?"

"É que isso torna o assunto divertido. Bem, minha ideia é a seguinte. Fred Alan Wolf (1984) disse que a criatividade

65

é não local no tempo. Uma ideia criativa hoje pode ser banal amanhã. Será que isso significa que, em uma experiência criativa, tomamos por empréstimo ideias do futuro?"

"Como você se recorda, a não localidade é um desses fenômenos quânticos que representa um papel central em nosso paradigma da realidade. Significa comunicação ou influência sobre a troca de sinais através do espaço-tempo — em outras palavras, uma conexão fora deste mundo."

"Bem", interrompeu-me minha melhor metade, "essa ideia não é particularmente espantosa."

"Mas, agora, prepare-se", prossegui, fazendo uma pausa teatral (nunca perco uma chance de impressioná-la). "Imagine que também podemos nos valer do passado. O que aproveitaríamos de lá?"

"Aprenderíamos com a história. Nós, humanos, temos tentado fazer isso desde que começamos a refletir sobre nossa experiência, embora as grandes lições, como a guerra, pareçam mostrar que demoramos para aprender."

Sua resposta fora previsível (o que me agradou). Respondi, não sem uma boa fanfarra: "Não, não foi isso que eu quis dizer. Imagine que haja padrões de existência nos quais os temas do futuro são inspirados. Quando tomamos por empréstimo um tema pouco familiar, dizemos que ele é criativo; no entanto, aquilo que hoje é pouco familiar será familiar amanhã e, por isso, desde uma perspectiva atemporal, nada é pouco familiar".

Acrescentei, agora acelerando um pouco: "Percebe como os temas residem no domínio não local? Onde não existe tempo e onde coexistem passado, presente e futuro. Assim, tal como podemos pegar emprestado um tema criativo (talvez fosse mais apropriado dizer que um tema nos toma emprestados) antes de sua época, por que não seríamos capazes de tomar emprestado temas do passado que também estão no domínio não local? O conceito de karma".

"Ah!", exclamou minha mulher. "Finalmente, o cientista reconhece os limites de sua ciência e retorna à cosmologia esotérica para buscar o significado da morte. É clássico! Quem precisa da física para fazer isso? E sabe o que mais? Muita gente entende mais essas teorias esotéricas do karma e da reencarnação do que você", disse, com certa ironia.

"Espere um pouco, você está entrando em um cenário competitivo clássico. Preste atenção", respondi. "As ciências gostam de simetria, especialmente a simetria do tempo. Se o tempo é não linear no domínio não local e podem chegar a nós coisas do futuro sem qualquer sinal, então elas também podem vir do passado de forma não local."

"Não vejo falha em sua lógica, por mais especulativa que pareça", admitiu, baixando as defesas. "E como isso nos beneficia?"

Satisfeito com sua atenção e com o uso do "nos", prossegui: "Deixe-me dar um exemplo que me passaram há algum tempo. Uma mulher tinha uma dor no pescoço para a qual os médicos não encontravam causa física; os psiquiatras haviam avaliado sua saúde mental como sendo normal. Então, um terapeuta de vidas passadas fez com que ela regredisse por hipnose até existências anteriores. Ela percorreu a estrada da memória dos séculos até que, de repente, sentiu uma dor sufocante no pescoço, e vivenciou o fim de sua vida em uma masmorra. Quando voltou do transe hipnótico, a dor no pescoço tinha desaparecido e nunca mais voltou".

Minha mulher estava rindo: "Que diferença vinte anos podem fazer! Já se esqueceu de sua própria experiência com regressão a vidas passadas?"

Ela estava se referindo a um incidente em meados da década de 1970, que eu contara antes para ela. Eu tinha saído do campo da física nuclear e estava me dedicando a outro campo da física quando um terapeuta que dizia fazer regressões a vidas passadas me procurou. Fui convencido a fazer uma regressão com essa pessoa, e um dos episódios de que me lembrei era de uma fabulosa e picante aventura sexual de meu suposto passado no século 12. Infelizmente, tive o nítido sentimento de que estava inventando inconscientemente toda a história, de que tudo era fantasia. Essa sensação passou para o resto da experiência, que fazia sentido do ponto de vista psicológico e, por isso, fora útil.

"Isso foi há 25 anos", respondi. "As técnicas de terapia por regressão estão muito mais avançadas. Além disso, temos uma nova cosmovisão e uma nova ciência para explorá-la."

"Eu sei, eu sei", disse minha mulher, ainda sorrindo.

"Além disso, não se esqueça de que o *Livro tibetano dos mortos* está correto." "E que seu trabalho consistirá em provar isso", disse, completando a frase, ainda sorrindo. "Desculpe", riu-se, "mas me ocorreu essa imagem de um cientista solitário galopando para salvar a reencarnação, e eu, como seu fiel escudeiro, cavalgando ao seu lado."

Ri: "A imagem é engraçada, concordo. Mas, se pensarmos que a reencarnação é uma tentativa de explicar experiências reais vivenciadas pelas pessoas, pelo menos temos de respeitar a intenção. Tenho um amigo, que chamarei de Paul, um professor muito inteligente, teimoso, intenso e com todas as credenciais – um Ph.D., diretor de instituto e coisas do gênero. Ele sempre compartilhou da minha opinião, a de que a reencarnação seria um absurdo. Depois, ele teve uma série de experiências de 'vidas passadas', nas quais um par de monges budistas, um do século 11, outro do século 13, pediu-lhe que desenvolvesse sua vida espiritual. O que o pobre acadêmico poderia deduzir dessa experiência? Ao longo da história, foram tantas as pessoas que relataram experiências similares que não podemos dizer que tiveram alucinações, e muitas delas – como meu amigo – eram sujeitos respeitados, de pé no chão. É um enigma que fica me incomodando".

"Então, eu intuí: e se deixarmos de lado algumas das crenças periféricas sobre almas e coisas do gênero, e revisarmos as experiências reencarnatórias em termos de temas não locais do passado que hoje repartimos com alguém do passado – como os fótons de Aspect, só que através do tempo? E então?" Eu estava me referindo ao clássico experimento de Alain Aspect, no qual ele demonstrou que grãos de luz correlacionados chamados fótons de fato se influenciavam mutuamente pelo espaço sem trocarem sinais.

"E então, diga?", respondeu minha querida. "Vou bancar a advogada do diabo para a ciência. Quais as suas provas?"

"Como teórico, não provo coisas empiricamente, mas posso mencionar evidências reunidas pelos outros. O dr. Ian Stevenson, do Centro Médico da Universidade de Virgínia, é um pesquisador da reencarnação sério e respeitado. Ele tem dados muito intrigantes sobre crianças que se recordam de suas vidas passadas, e quaisquer outras explicações, exceto a reencarnação, dificilmente os afetam. E há ainda dados sobre experiências de quase morte que também sugerem a não localidade quântica."

"Suponho que sim, mas, com franqueza, estou tendo certa dificuldade para entender."

"Bem, são intuições minhas, mas faz sentido dizer que, se a criatividade é a recordação de uma ideia do parque temático não local antes de sua época, então pode existir o karma, ou seja, causas que nos afligem desde o passado, através do mesmo intercâmbio de temas não locais."

"Amit, tenho a impressão de que você está cavando sua própria sepultura. Você se esforçou tanto para refutar o determinismo e agora parece estar dizendo que o karma passado determina nossas vidas. É pior do que o determinismo com variáveis ocultas. Não é só um vinho velho em garrafa nova; é vinho estragado."

Minha mulher estava se referindo às tentativas científicas de desprezar a não localidade quântica, postulando que variáveis ocultas (desconhecidas) são "realmente" responsáveis pela estranheza quântica. A existência dessas variáveis, que poderiam salvar as crenças materialistas, foi descartada pelos experimentos de Aspect e outros.

"Meu bem, você não está percebendo que não estou me valendo da interpretação popular do karma. A essência do parque temático não local é como o homem invisível de H. G. Wells. Ele só tem forma quando lhe damos forma, vivenciando-o. O experimentador é que põe roupas no homem invisível."

"Então, por que você não põe roupas nas experiências de seu amigo, como monges budistas?"

"Certo", disse, com certa satisfação. "Vamos fazer compras na loja de roupas do parque temático não local. Digamos que, no passado, houvesse dois aspirantes zen cujo problema não resolvido em sua obra espiritual fosse um tema no parque temático não local; seu problema não fora resolvido porque eles não chegaram a fazer uma representação satisfatória do tema."

"Bem", suspirou minha amada com falsa admiração, "sua imaginação é fantástica."

Inclinei-me, agradecendo, e prossegui: "Agora, suponha que esses caras estivessem tendo uma experiência pré-cognitiva correlacionada não localmente com meu amigo. Esses caras do passado influenciaram não localmente o destino espiritual de Paul. Quando a consciência estava pondo em colapso possibilidades do evento correlacionado nesses caras do passado distante, a experiência de meu amigo no futuro também foi acertada, só que ficaria no limbo por alguns séculos".

"Não entendi", disse minha mulher, franzindo o cenho.

"Lembra-se do experimento de Aspect?", perguntei. Ela fez que sim e continuei: "Se dois fótons são correlacionados e a função de onda de um deles é posta em colapso, o mesmo ocorre com a função de onda do outro; a possibilidade torna-se certeza, independentemente do momento em que um pesquisador observa de fato o estado do segundo fóton. Certo?"

"Tá, agora eu percebi. Quer dizer que, quando seu amigo teve essa experiência, ele estava vivenciando espontaneamente eventos predestinados."

"Exatamente. Claro que o caso de meu amigo é incomum. Creio que o normal é que pessoas agonizantes repartam não localmente as histórias de vida que passam pelo céu de suas mentes com suas encarnações subseqüentes. Isso é mais provável porque a morte e o nascimento são momentos especiais, sem ego. Assim, intenções conscientes que produzem correlações não locais entre as pessoas são bastante fortes. O psiquiatra Stan Grof encontrou muitas evidências para a recordação dessas memórias reencarnatórias, usando uma técnica que ele chama de respiração holotrópica. Como anda seu nível de estranheza, dona advogada do diabo? Já transpus seu limiar de estranheza?"

"Não, eu estou entrando no espírito da coisa. Não ouço uma história de pescador como essas desde a época em que me sentava no colo do meu avô."

Sorri: "Bem, nesse caso, vou lhe contar mais uma coisa. Disse antes que esses sujeitos do passado de Paul estavam influenciando a vida de Paul. Mas não temos como saber se não foi Paul que deu início a toda essa influência recíproca".

Agora, minha mulher pareceu intrigada. Prossegui: "Um filósofo chamado Brier elaborou uma história interessante: suponha que alguém planeja matar um amigo seu, colocando uma bomba-relógio na gaveta da escrivaninha dele durante o horário do almoço. Acontece que você entrou no escritório do seu amigo para pegar um lápis depois que o criminoso deixou a bomba; você abriu a gaveta e viu a bomba armada para explodir em uma hora, mas, subitamente, alguém a chama para tratar de uma emergência. É lógico que você planeja telefonar para o celular do seu amigo para avisá-lo da bomba e para chamar o esquadrão especializado em desarmá-la. Infelizmente, absorta em seu próprio problema, você se esquece de telefonar. É lógico que você espera que seu amigo não tenha voltado para o escritório dele após o almoço e ainda esteja vivo; mas são grandes as chances de que ele tenha voltado e já esteja morto. Você pode fazer alguma coisa?" E continuei: "Se você conhece a não localidade quântica e a causação descendente, então a resposta é sim! Você grita em sua mente o aviso necessário para seu amigo e torce para que ele o capte – 'ouça' seu aviso – a tempo de se salvar da explosão. Mas ele só poderia captar a mensagem de forma criativa ou pré-cognitiva, o que é pouco provável. É bem mais provável, naturalmente, que seu aviso chegue tarde demais e que seu amigo tenha sido reduzido a fragmentos. Logo, embora seja bem mais provável que esses aspirantes zen do passado tenham dado início às experiências de Paul, não podemos descartar a hipótese de que Paul é que tenha chamado o passado, suas vidas passadas".

"Você está dizendo que o futuro pode mudar o passado? Diga-me, meu impetuoso vigilante, você não está reduzindo a cacos a relatividade de Einstein? Você não tem respeito?"

"É claro que tenho. Einstein é praticamente o arquétipo de Deus dos físicos. Provavelmente você não sabe disso, mas Einstein tinha ideias sobre a existência bem parecidas com as que estou propondo."

"Verdade? Você está sempre me surpreendendo", disse a mulher que amo. Só não soube dizer se ela estava fingindo ou não.

"Verdade. Einstein tinha uma concepção interessante sobre a morte. Ele afirmava que passado, presente e futuro existem, em algum nível, simultaneamente, embora a viagem no tempo ao passado seja proibida para as pessoas de diferentes quadros temporais. Quando seu estimado amigo Michelangelo Besso morreu, Einstein consolou a viúva de Besso, dizendo exatamente que 'para nós, físicos convictos, a diferença entre passado, presente e futuro é apenas uma ilusão, por mais persistente que seja'. Talvez Einstein tenha intuído que as pessoas vivem em seus respectivos quadros temporais; só estou acrescentando substrato científico a essa intuição. As pessoas vivem, mas em diferentes encarnações há possibilidades correlacionadas através dos quadros temporais. *Capisci?*"

"Estou tentando, estou tentando", disse minha querida esposa, com o típico franzir de cenho da concentração.

"Mas, lembre-se, minha cética adorada, de que todos os incidentes correlacionados pela experiência, passados e futuros, são coincidências não causais. O significado — lembra-se? estamos lidando com o significado da morte... — está na mente do experimentador, a consciência individual específica que se sintoniza com alguma coisa do parque temático não local, no melodrama específico dessa pessoa. E essa pessoa tem a liberdade de descartar qualquer experiência não local, de classificá-la de alucinação — ou de levá-la a sério, como uma oportunidade de crescimento. As crianças, cujas mentes estão relativamente abertas, fazem isso; os adultos, nem tanto. Não significa uma violação do mundo causal, onde reina a relatividade."

"Você é um doce buscador de respostas, é sim!"

"Não, meu amor, só desisti de ter medo de fazer perguntas, qualquer pergunta. Voltando ao significado, espero que você tenha começado a ver uma espécie de hierarquia entrelaçada entre eventos passados, presentes e futuros. Não é uma hierarquia simples, na qual o passado afeta o presente e o presente afeta o futuro; aqui, cada um afeta o outro, formando uma rede de eventos entretecida. Cada troca não local pode reforçar a probabilidade de novas trocas, e assim por diante."

Colocando a mão sobre a testa, de repente minha mulher iniciou uma dramática encenação: "Meu limite está se aproximando. Minha cabeça está girando..."

"Está vendo, a ambigüidade pode fazer isso com você", insisti, brincando com ela. "No lugar do determinismo, o que de fato temos é bastante criativo e cheio de novidades, uma oportunidade para que a nova ordem surja do caos criativo. Temos muita liberdade para escolher as roupas com que vestimos o homem invisível! Glória, aleluia! No que concerne à consciência, o universo é sempre criativo."

"A criatividade é o epítome da morte?"

"Sim. Dentro da roda do karma, a criatividade exterior, nossas artes e ciências, é o melhor. E quando a criatividade é voltada para o interior, a criatividade interior, podemos até sair da roda do karma. Se morremos conscientemente, no momento da morte podemos perceber a natureza ilusória de toda experiência; mesmo os temas, inclusive a criatividade, são ilusões criadas para que a consciência as represente. Essa percepção é o que as pessoas chamam de libertação. Depois disso, não nos identificamos mais com os temas; não há mais renascimento."

"Concordo com tudo isso; tenho dificuldade é com suas teorias científicas. Será que mais alguém acredita nessa teoria maluca?"

"Bem, Seth disse coisas semelhantes sobre a influência que o passado, o presente e o futuro exercem um sobre o outro."

"Quem é Seth?"

"Um ser desencarnado, supostamente de outro plano, que falava por meio da falecida médium e escritora Jane Roberts."[1]

"Uma alma desencarnada!", soluçou minha adorada. "Amit, se isso sair a público, seus colegas cientistas vão arrancar-lhe as entranhas. Vão crucificá-lo por estar se divertindo tanto!"

"Pense de forma não local, mulher. Bem, talvez você esteja certa a respeito da reação de meus colegas. Felizmente, meus empedernidos colegas da ciência não leem livros populares, especialmente os que tratam da reencarnação."

"Mas quero saber o seguinte: é karma seu escrever sobre tudo isso, ou é uma escolha criativa? O que está se manifestando agora, temas não locais do futuro ou do passado?"

"Por que não ambos? Como passado, presente e futuro se mesclam, misturam, formam a consciência trêmula" – respondi numa voz sussurrante, enquanto me aproximava dela –, "que deseja mudar de assunto e falar de amor."

"Você está brincando!", retrucou minha mulher. "Estou com dor de cabeça. Culpa cármica sua."

---

1. Para conhecer a relação entre Roberts e Seth, leia Roberts (1975).

capítulo 4

a janela não local: o *livro tibetano dos mortos* em linguagem moderna

Espero que o capítulo anterior tenha despertado bastante a sua curiosidade a respeito da não localidade quântica como veículo explicativo para dados sobre a reencarnação. Neste capítulo, serei mais formal na criação desse veículo.

O universo é a multiplicidade de formas e identidades da consciência e suas interações. Todos os fenômenos, todas as coisas, até os eventos, expressam esse jogo da consciência. Os jogos mais óbvios são os modos de movimento da matéria e da mente, nossos pensamentos. Se observarmos com atenção, poderemos ver outro movimento em ação: os modos de movimento por trás da vida manifestada, que os orientais chamam de prana, *chi* ou *ki*, e que às vezes a pessoa sente em seu corpo após uma boa massagem ou quando se encontra sob o feitiço de fortes emoções, podem ser chamados de energia vital. No entanto, tudo isso existe na consciência e forma os objetos físicos, mentais e vitais para que a consciência os experimente.

É claro que há diferenças qualitativas entre as experiências de objetos físicos, mentais e vitais. Isso se deve ao fato de virem de contextos distintos. A consciência emprega um intermediário, um campo de interpretação para manifestar formas físicas de ideias vitais, e significado mental em suas experiências. Este campo consiste de contextos — as leis e os princípios que guiam o movimento de objetos físicos, vitais e mentais.

Aqui, é importante diferenciar contexto, significado e conteúdo. Significado léxico é aquilo que atribuímos às palavras em si mesmas. Em contraste, o significado subjetivo de uma palavra muda em função do contexto. Vejamos estas duas frases: "todos nós morremos" e "morra antes que você morra". O significado do primeiro "morra", na segunda frase, mudou porque o contexto é diferente.

Conteúdo são os detalhes, a história de fato. O conteúdo de duas histórias pode ser diferente, mas seu significado, sua importância, pode ser o mesmo. Romances são assim; dois livros podem ter personagens, eventos e ambientes diferentes, mas o significado que ambos transmitem é sempre o mesmo. É que o contexto é fixo — ver o amor como romance.

Que contextos a consciência usa para operar objetos materiais não vivos? Já conhecemos a maioria deles. São força, energia, *momentum*, carga elétrica, e assim por diante; são contextos definidos pelas leis matemáticas da física (tal como a mecânica quântica e a lei da gravidade) e seus derivados. Mas os contextos para as manifestações na vida e na mente são mais sutis, mais obscuros, em parte porque as pesquisas a respeito deles têm sido escassas. Mesmo assim, não há dúvida de que esses contextos existem.

Platão enumerou alguns dos contextos da manifestação mental — verdade, beleza, amor, justiça. Podem ser considerados temas da consciência, uma ideia introduzida no capítulo anterior. A relevância desses contextos na operação da mente não é difícil de se ver. Nossa mente evolui em estágios, alternando criatividade e homeostase. Quando crianças, temos surtos criativos ao descobrir novos contextos para a vida; entre surtos, exploramos os significados dos diversos contextos aprendidos. Podemos perceber rapidamente, em especial nas recordações da infância, o jogo de contextos como beleza e amor na maneira como nossa própria criatividade se expressa, no modo como a exploração da verdade e a busca pela justiça entram em nossas vidas.

Um antigo modo comum de representar os contextos dos movimentos da mente e da vida, respectivamente, consiste em associá-los a deuses ou deusas e demônios. Todas as culturas fazem isso há milênios. Há panteões dos deuses na cultura egípcia, indiana, grega, romana, celta e maia. Algumas religiões substituem os deuses por anjos, mas com funções similares. Algumas culturas, como a tibetana, mostram os demônios como deuses violentos.

Há outras formas de ver os contextos do processamento mental, além dos arquétipos platônicos ou deuses e demônios. Há, por exemplo, os arquétipos junguianos, como o herói, o *trickster* (prestidigitador), e assim por diante (Jung, 1971). A jornada do herói começa com um questionamento, com o qual o herói sai de casa. Depois, valendo-se de imensa criatividade, o herói encontra a resposta para suas questões e regressa, dando à sociedade a sabedoria da revelação. Buda e Moisés são exemplos perfeitos de pessoas que vivenciaram o contexto do herói, mas muitos de nós conseguem identificar o mesmo contexto expressado em partes substanciais de nossas próprias vidas.

A mônada ou *sutratman*

Cada deus ou demônio representa um contexto ou tema específico da consciência e expressa um aspecto e atributo também específico, que tem correspondência com algum movimento ou movimentos da mente ou da vida. Em contraste, seres sencientes manifestam muitos temas. Alguns idealistas (como os teosofistas, por exemplo) imaginam outro tipo de ser contextual; chamam-no de mônada, que representa combinações e confluências de temas (Judge, 1973).

Para desenvolver uma teoria científica da reencarnação, meu primeiro pensamento foi que as diversas reencarnações de cada ser humano são as expressões imanentes dos diversos temas de uma mônada humana universal e transcendente.

Temos mais de uma encarnação porque são muitos os temas, e é impossível conhecê-los e vivenciá-los plenamente em uma mesma vida. As encarnações prosseguem até que cada um de nós complete a manifestação de todos os temas da mônada humana. Como explica o rabino Simeon ben Yohai, *O Zohar*:

> As almas [mônadas] devem reentrar na substância absoluta de onde emergiram. Para fazerem isto, porém, devem desenvolver todas as perfeições, cujo germe está plantado nelas; e se elas não cumprirem esta condição no prazo de uma vida, devem iniciar outra, uma terceira e assim por diante.

A mônada é análoga ao conceito hindu de *sutratman*. A palavra sânscrita *sutratman* é traduzida literalmente como "vida no fio", o fio de ouro dos contextos transcendentes aos quais todos os corpos encarnados imanentes de cada ser humano são atados, como pérolas em um cordão.

É interessante notar que, tanto na mitologia grega como na romana, essa ideia de fio tecido surge em conexão com a vida e a morte. Há um trio de fiandeiras idosas; são as *fatas*. Clotho é a guardiã do nascimento, que tira o fio da vida de sua roca; Lachesis prepara o fio e determina seu comprimento; e Átropos, guardiã da morte, corta o fio.

Alguns indivíduos se preocupam com o conceito de alma porque veem que, hoje, há mais pessoas do que antes; isso não conflita com alguma espécie de conservação das almas? Mas, se as almas são simplesmente contextos, e não coisas, não há necessidade de contabilidade. Note que o indivíduo humano definido dessa maneira tem tanto um começo finito quanto um término finito. O começo finito não deve nos surpreender: sabemos que a própria vida tem um começo finito. O término finito também é conhecido da literatura espiritual. É chamado de libertação.

Fiquei satisfeito com essa imagem quando ela tomou forma em minha mente — nada de almas dualistas, nada de contagem de almas. Convenci-me de que as mônadas, vistas como locais de contextos humanos, são as "almas" que encarnam. Mal sabia que isso era apenas parte de uma história muito mais grandiosa.

Mônadas como "almas" que reencarnam

Muitos intuem que não somos apenas um corpo, mas também uma alma. No ápice de nossas experiências de vida, somos todos capazes de sentir essa alma – quando, por exemplo, dizemos que "estamos satisfeitos até a alma". No pensamento anímico convencional, supõe-se que essa alma sobreviva à morte e saia do corpo. Dependendo da situação cármica, a alma reencarna em outro corpo.

Ampliando essa ideia com o conceito da mônada/*sutratman*, enunciado na seção anterior, e supondo que o propósito da vida de uma pessoa é viver os contextos ou os temas que a mônada humana representa (os temas são os mesmos para todos os humanos), quando alguma coisa satisfaz sua alma, ela está vivenciando o contexto de forma adequada, está cumprindo seu destino. Se a referida pessoa não está satisfeita com a manifestação e a vivência plena dos temas de sua mônada, recebe outra oportunidade noutra vida.

Parafraseando o sábio filósofo indiano, Sri Aurobindo, a necessidade fundamental de nossa vida encarnada é procurar a criatividade infinita numa base finita. Mas o corpo físico, a base, pela própria natureza de sua organização, limita a criatividade. Para prosseguir em nossa busca pela criatividade, a única opção de que dispomos consiste em trocar o corpo físico quando for necessário. Esse é o significado da reencarnação.

Importa perceber que não é necessário retratar a mônada como uma entidade (a alma) que sai de um corpo agonizante e entra noutro corpo que nasce. Podemos dizer, em vez disso, que duas vidas se conectam pela reencarnação porque refletem uma continuidade na forma como a essência, o grupo de temas que é a mônada, é representada. De certo modo, a mônada é quem nos vivencia e nos conecta em nossas diversas reencarnações, mas a mônada não é uma entidade, não é uma coisa feita de energia ou, sequer, de informação, ou de qualquer outro modo de existência material. Ela é o "contexto" em torno do qual a energia e a informação de uma vida são processadas pela consciência. No processo da vida, gera-se conteúdo, mas sempre em torno desses contextos.

Há um problema, porém. Como duas vidas diferentes, uma a reencarnação da outra, conectam-se entre si? Exatamente qual é a natureza do *sutra*, o fio do *sutratman* que une uma encarnação de um indivíduo à outra? Desculpem-me, mas não é obrigatoriamente necessária uma explicação. Poderíamos pensar nisso como parte do movimento da consciência que se manifesta como sincronicidade nas experiências criativas. Mas, se o fizermos, estaríamos deixando de lado o processo criativo da morte – a morte como experiência de transformação.

Vamos analisar o problema por outro ângulo. A maioria das pessoas se sente pouco à vontade com a reencarnação porque não consegue acreditar numa continuidade do conteúdo do ego. O conteúdo do ego está tão ligado a nosso corpo-cérebro, a uma experiência encarnada em particular, que faz muito mais sentido pensar que o ego e as memórias sobre as quais ele se baseia são destruídas quando o corpo morre. Logo, dizemos que só a essência – a mônada – vive após a morte. Mas surge um paradoxo. A maior parte dos dados sobre reencarnação, a maior parte dos dados confiáveis de que dispomos, trata de pessoas que recordam suas vidas passadas, o conteúdo do ego.

Encaremos os fatos. Se as mônadas ou contextos essenciais fossem toda a história da reencarnação, não haveria maneira de saber da reencarnação (exceto como uma intuição). A verdade é que vivemos os mesmos contextos básicos – e aí está uma das maravilhas do ser humano –, embora a confluência específica de contextos seja diferente de vida para vida e de indivíduo para indivíduo. O conceito de mônada faz sentido, mas não há como afirmar que é da mônada que recordamos o conteúdo do ego de uma vida passada; a mônada definida aqui não pode manter registros de vidas encarnadas, porque ela é imutável.

Parece um paradoxo. Veja como o filósofo Ken Wilber lida com ele:

> É a alma [mônada], não a mente, que transmigra. Logo, o fato de a reencarnação não poder ser comprovada, apelando-se para lembranças de vidas passadas, é exatamente o que deveríamos esperar: memórias específicas, ideias, conhecimento e coisas assim são da mente, e não transmigram. Tudo isso é deixado para trás, com o corpo, na morte. Talvez algumas memórias específicas possam passar de vez em quando, como nos casos registrados pelo professor Ian Stevenson e outros, mas seriam exceção, e não regra. O que transmigra é a alma, e a alma não é um conjunto de memórias, ideias ou crenças (Wilber, 1990).

A dificuldade de Wilber está evidente. É a alma [mônada] que transmigra – e nisso eu concordo com Wilber. Mas os dados de Ian Stevenson tratam da recordação de vidas mentais passadas, de conteúdos. Se formos filosoficamente astutos, devemos concordar que os dados de Stevenson (veja o Capítulo 5) não comprovam a reencarnação. No entanto, são dados bons; Stevenson conquistou nosso respeito. E Wilber se equivoca, ao admitir que algumas experiências mentais possam "passar" e transmigrar juntamente com a mônada de vez em quando. Desculpe, Ken, isso não faz sentido. Na verdade, nem o conceito de transmigração da mônada parece necessário.

Por isso, vamos correr um risco intelectual e ver se podemos encontrar sentido em um modelo oriental de reencarnação que, em sua forma original, parece decididamente dualista (com o uso de imagens que podem ser interpretadas como a transmigração da alma), o modelo conhecido como *Bardo Thödol*, traduzido como o *Livro tibetano dos mortos*.

Apresentando o *Livro tibetano dos mortos* em termos modernos

Duas ideias me ajudaram, de início, a reconciliar o *Livro tibetano dos mortos* com meu ceticismo científico. A primeira foi a ideia da mônada/*sutratman* – o local transcendente dos contextos que entremeiam nossas diversas encarnações. A segunda foi a não localidade quântica. Presumi que a descrição tibetana dos *bardos* – pelo menos na forma com que foi traduzida para o inglês por Evans-Wentz (1960) – sobre a morte é enganosa, pois atribui conceitos do mundo material ao mundo anímico – a alma como corpo dualista, muito similar ao corpo material, percorrendo caminhos espaciais, valendo-se do tempo físico, e assim por diante. Em seu lugar, temos de reenquadrar as experiências dos *bardos* da morte como experiências não locais, no estado não ordinário de consciência no momento da morte. (É bom saber que a palavra tibetana *bardo* significa "transição", e não lugar.)

O momento da morte nos oferece uma oportunidade para termos uma experiência criativa de *insight*, mas se teremos ou não essa experiência ou *insight* depende de nossa preparação. Se estivermos prontos, o *insight* poderia ser o da experiência do quarto *bardo*, uma abertura para a clara luz, o *insight* de que "minha real identidade está com o todo; eu sou isso". Com esse *insight*, naturalmente, tornamo-nos livres, nosso fardo cármico se queima. E esse momento pode ser eterno, pois está fora do tempo.

Se não estivermos prontos para essa identificação criativa da libertação do quarto *bardo*, mesmo assim ainda teremos a oportunidade do *insight*. Podemos reconhecer nossa identidade com os deuses pacíficos ou irados, uma identidade que nos liberta de qualquer reidentificação imediata com outra encarnação física. Este *insight* pode nos levar ao lugar popularmente chamado de Céu, mas não é, de modo algum, morada eterna. Ainda não estamos totalmente livres.

Com o tempo, podemos intuir nossa situação específica com respeito à mônada humana – os contextos que temos vivido e aqueles que deveríamos ter vivido – e, de forma sincronística, em parte no tempo não local, em parte na temporalidade, podemos nos tornar conscientes de como essa mônada-identidade está renascendo em um feto recém-constituído, ou até partilhar a percepção-consciente com ela nos primeiros anos dessa nova vida (naturalmente, para o recém-nascido, a experiência correlacionada permanecerá por algum tempo em *potentia*).

Se estamos morrendo em um estado especial da consciência, tendo tal *insight*, então estamos diretamente conscientes de que a criança em desenvolvimento está correlacionada conosco (por meio da mecânica quântica), pois, eventualmente, a consciência está colapsando a mesma experiência manifestada tanto na criança como em nós (veja Figura 2.12). Nesse caso, estamos repartindo a vida com a criança, que é um vislumbre de nossa reencarnação futura. Do mesmo modo, a criança pode compartilhar as memórias de nossas vidas (em *potentia*, para ser, depois, manifestada) quando e como surgirem em nossas mentes. Naturalmente, na grande maioria dos casos, esperaríamos que a criança se distraísse tanto com processos e padrões do ego em desenvolvimento, que pouca atenção daria aos processos que poderiam revelar experiências de vidas passadas. Contudo, mesmo que a criança não preste atenção específica a esses lampejos de vidas passadas durante o desenvolvimento de seu ego, a experiência vai permanecer na memória e poderá ser recuperada depois (em sessões de regressão a vidas passadas, realizadas por um terapeuta preparado).

Assim, no domínio manifestado em que vivemos, as diversas reencarnações de uma mesma vida parecem bastante desconectadas. Por trás da cena, porém, estão ligadas pelo fio da não localidade quântica e pelos temas do *sutratman* no domínio da consciência transcendente. A consciência faz com que possibilidades intencionalmente correlacionadas entrem em colapso de forma sincrônica, tornando-as os eventos manifestados das vidas encarnadas. A correlação se estende tanto para o passado como para o futuro; no entanto, temos de nos lembrar de que o futuro correlacionado só existe como possibilidade, embora definida. É como os fótons correlacionados de Aspect. Se um experimentador observa um fóton, pondo assim em colapso o seu estado, o outro fóton correlacionado vai adquirir imediatamente esse estado, embora ele permaneça em *potentia*, não vivenciado enquanto outro observador não o medir.

E não é necessário presumir que essa janela não local, ligando-nos a nossas diversas encarnações, fecha-se em momentos que não a morte e o nascimento. A "janela" não local está sempre aberta, só que, quando nos identificamos com o ego, não olhamos por essa janela; não podemos fazê-lo. Potencialmente, o momento do nascimento e o da morte são momentos em que estamos sem ego (ou tão sem ego quanto deveríamos estar) e, assim, é grande a oportunidade de percebermos nossa conexão não local com nossas outras encarnações. Mas a janela aberta também pode ser vislumbrada em outros momentos de grande intensidade, como em um trauma.

O filósofo Michael Grosso (1994) pensa do mesmo modo, quando nos conclama a explorar o próximo mundo (do pós-morte) agora. A janela não local estará aberta se não estivermos fechados para ela por causa do ego. Os libertados entre nós não se identificam com nossos egos; logo, diz-se que um dos sinais da libertação é a recordação espontânea de experiências de vidas passadas.

Na presente imagem, a vida e a morte formam uma matriz contínua? Sim e não. Não, porque os enredos de fato são diferentes. Sim, porque os contextos são contínuos, e todas as vidas encarnadas de um indivíduo estão conectadas por meio de experiências correlacionadas não localmente.

Se incomodar alguém o fato de essa transferência não local de informação implicar uma reencarnação imediata, é preciso pensar um pouco. A estrutura temporal de uma experiência não local é muito diferente da estrutura do tempo físico "real": a pessoa pode perceber isso, até certo ponto, em sonhos. Em um sonho, percorremos, por vezes, imensos territórios do tempo, embora os sonhos sejam bem rápidos na vida real. No filme *Alucinações do passado*, isso é bem mostrado.

Logo, é bastante possível que um indivíduo agonizante passe "anos" no Céu (ou na terra dos demônios, que não é necessariamente um Inferno de fogo e enxofre), antes de reencarnar. O mestre taoísta Chuang Tsu sonhou, certa vez, que era uma borboleta. Quando acordou, perguntou-se: "Fui antes um homem que sonhava ser uma borboleta, ou sou agora uma borboleta que sonha em ser um homem?" Que se pense nisso. Alguém está morrendo e se divertindo como "alma" percorrendo o Céu em seu sonho não local. Do ponto de vista da alma, a alma no Céu é a coisa real que encarna na forma de seres humanos manifestados entre experiências da alma.

Contudo, para saber se a torta ficou boa, é preciso comê-la. Se este é o significado da experiência tibetana do *bardo*, qual é a consequência experimental dessa ideia? É apenas esta: durante sua formação, uma criança, que é a continuação de uma encarnação prévia, pode ser capaz de ter lembranças da vida passada, caso seja estimulada adequadamente. Os tibetanos fazem bom uso dessa situação para encontrar as encarnações de seus Rinpoches e lamas. No Capítulo 5, vamos estudar algumas evidências disso fora da tradição tibetana – os dados reunidos pelo professor Stevenson e outros. Vamos, ainda, analisar os dados dessa questão da sobrevivência após a morte e examiná-los sob a perspectiva da nova teoria.

Infelizmente, ao analisar com honestidade os dados, sinto-me pouco confortável. Só uma parte deles se ajusta a esse modelo simples, a essa tentativa de eliminar a hipótese dualista da alma. Alguns dados importantes e bem investigados se recusam teimosamente a se ajustar. Uma análise da literatura me mostrou que, ao propor a não localidade quântica como explicação geral da questão da sobrevivência e da reencarnação, eu estava me alinhando com uma classe de teorias chamada de "super--psi" ou "super-PES", segundo a qual toda e qualquer evidência de sobrevivência de qualquer coisa pessoal (como uma alma pessoal e individual) pode ser justificada em termos de percepção extrassensorial. Mas vários livros recentes examinaram os dados e seu veredicto foi contrário a qualquer teoria "super-psi" como explicação completa. (Veja, por exemplo, Becker, 1993, e Gould, 1983.)

Na verdade, a teoria alinhada até aqui não é sequer uma explicação completa para o *Livro tibetano dos mortos*. O leitor pode ter percebido que passei diretamente da explicação da experiência do quarto *bardo* para a do sexto *bardo* no cenário anterior. Segundo os tibetanos, se ainda não estamos prontos para a liberdade total, podemos ter o *insight* propiciado pelo quinto *bardo*: podemos ver o caminho do nirvana, atingindo a libertação na forma *sambhogakaya*. Mas, o que isso significa? Nosso modelo simples não tem resposta. De fato, nosso modelo simples não pode, nem mesmo, responder a esta questão: como a mônada mantém o registro dos contextos aprendidos e daquilo que ainda precisa aprender ao reencarnar?

Foram necessários muitos meses e diversas experiências criativas, pequenas e grandes explosões, para desenvolver o modelo apropriado para a alma, a mônada quântica, com poder de explicação suficiente para preencher todas as lacunas. Este será o tema dos Capítulos 6 e 7.

capítulo 5

será que essa história de reencarnação é mais do que uma não localidade quântica?

Há muitos anos, e isso antes de ter começado a pesquisar a respeito de reencarnação, fiquei intrigado quando li algo sobre um rapaz do Sri Lanka que, quando criança, embora tivesse sido criado como cristão, recitava cânticos budistas incomuns. Quando ele ficou um pouco mais velho, seus pais o levaram para conhecer diversos mosteiros budistas, e ele se lembrou de ter vivido em um deles em sua vida anterior, junto com seu professor. Os pais do rapaz mencionaram os cânticos da infância, e os especialistas disseram que sua pronúncia do *pali* (uma variante do sânscrito usada nos mais antigos textos budistas) era bem diferente da pronúncia moderna. Embora, na época, eu não acreditasse por um só instante na possibilidade de se desenvolver a ciência da reencarnação, também não tive dúvidas sobre a autenticidade da história. Isso me levou a ler mais sobre reencarnação.

Histórias como essa não são incomuns, mesmo na cultura ocidental. Mais comuns ainda são histórias de experiências de quase morte (EQM). Pessoalmente, conheço diversas pessoas que passaram por experiências desse tipo e foram profundamente afetadas por elas. Mas muitos cientistas permanecem bastante céticos, arraigados a um sistema de crenças newtoniano. O médico Raymond Moody, primeiro pesquisador a escrever sobre EQM, conta uma história que vou parafrasear. Certa vez, Moody estava dando uma palestra sobre seu trabalho e alguém da plateia, um cirurgião, levantou-se e o criticou: "Você menciona muitos pacientes do coração que tiveram experiências de quase morte. Eu também realizei diversas operações que salvaram vidas. Nenhum de meus pacientes me contou que teve experiências como essa". E então, outra pessoa da plateia, atrás do médico, disse: "Não contamos porque sabíamos que você não iria acreditar em nossas experiências".

Isso me lembra uma história. Um garoto fez um desenho. Quando ele o mostrou para os adultos, estes o elogiaram pelo belo desenho de um chapéu. "Mas não é um chapéu", disse o garoto. "É um elefante anão engolido por uma jiboia". No entanto, apesar dos protestos do menino, os adultos só conseguiram ver um chapéu.

O leitor lembrou-se da história? Está em *O pequeno príncipe*, de Antoine de Saint-Exupéry. Talvez esta história represente melhor a incapacidade de muitos cientistas para admitir que há substância nas pesquisas sobre a morte e a reencarnação das últimas décadas, substância suficiente para orientar a pesquisa teórica. Esses cientistas sofrem de uma síndrome que alguns chamam de "vejo a coisa quando acredito nela". Talvez este livro ajude a estabelecer um sistema de crenças diferente, que possa conferir mais credibilidade à reencarnação, às EQMs e aos dados de outras pesquisas a respeito da sobrevivência, mesmo para cientistas céticos.

Para o leitor de mente aberta, porém, os dados já são suficientemente críveis, de modo que tenho certeza de que ele não vai se importar se eu usar as evidências para orientar minha empreitada teórica. Há três tipos de evidências (embora a lista não esgote o assunto):

- Experiências ligadas ao estado alterado de consciência no momento da morte. Visões em leito de morte, experiências de quase morte e experiências de revisão da vida entram nesta categoria.
- Dados reencarnatórios: evidências de lembranças de vidas passadas, cujos detalhes foram confirmados e passaram pelo crivo científico; recordações de vidas passadas mediante regressão hipnótica, sob drogas como LSD e por meio de outras técnicas, como a respiração holotrópica desenvolvida pelo psiquiatra Stan Grof; leituras de vidas passadas feitas por terceiros, como Edgar Cayce; pessoas com talentos ou psicopatologias incomuns, que não podem ser explicados apenas com as experiências condicionantes desta vida.
- Dados sobre entidades desencarnadas: mediunidade e canalização entram nesta categoria, além de informações sobre anjos, espíritos-guias, escrita automática etc.

Os dados do primeiro tipo costumam ser explicados como experiências não locais na hora da morte, mais ou menos conforme o modelo do capítulo anterior; os do segundo tipo se encaixam nesse modelo até certo ponto, mas não totalmente; os do terceiro praticamente não se ajustam a esse modelo. Prognóstico: progresso, mas a não localidade quântica não explica tudo. A seguir, analiso alguns detalhes dos referidos dados e as conclusões a que levam. É preciso frisar, porém, que minha tarefa não é convencer o leitor da autenticidade das informações apresentadas; os pesquisadores cujos dados eu discuto são cientistas dignos de crédito, que argumentaram sobre a validade de seus casos da melhor maneira possível. O leitor cético deve estudar as referências originais para conhecer a argumentação completa.

Visões em leito de morte

Vamos analisar toda a gama de dados científicos acumulados sobre experiências ligadas à morte. Dados encontrados em relatos, por exemplo, existem há milênios, mas a coleta daqueles que hoje podemos chamar de científicos recuam apenas até o século 19, coincidindo aproximadamente com a fundação da

British Society for Psychical Research (Sociedade Britânica de Pesquisas Psíquicas).

Uma classe de evidências relaciona-se com o limiar da morte, a experiência da morte. Suponha que uma pessoa a quem uma outra ame esteja morrendo, mas, infelizmente, esta não esteja com aquela. Contudo, subitamente, a segunda pessoa tem visões alucinatórias associadas à primeira, agonizante. Experiências de visões em leito de morte, transmitidas psiquicamente por pessoas à beira da morte a familiares ou amigos, não são incomuns. Com efeito, dados desse tipo recuam a 1889, quando Henry Sidgwick e seus colaboradores começaram uma compilação de cinco anos de um "Censo de Alucinações". Sidgwick descobriu que um número significativo de alucinações relatadas referia-se a pessoas que estavam morrendo (num período de 12 horas), a distância do sujeito sofrendo da alucinação.

Dados mais recentes são ainda mais sugestivos. No estudo feito pelos psicólogos Osis e Haraldsson (1977), o sujeito não correlacionado não vivencia as alucinações de uma pessoa agonizante, em sofrimento; as comunicações se assemelham mais à PES com outra pessoa sã. Mas, se uma pessoa agonizante pode transmitir a paz e a harmonia de uma pessoa sã, será que ela não está em um estado não ordinário de consciência? Nessas visões em leito de morte, o sujeito agonizante parece transcender a situação da morte, que, com efeito, é dolorosa e confusa (Nuland, 1994). O sujeito agonizante parece experimentar um campo de consciência diferente do campo das experiências comuns. Há evidências de que mesmo pacientes que sofrem de Alzheimer podem recuperar a lucidez quando morrem (Kenneth Ring, comunicação particular com o autor).

Por falar em pacientes com Alzheimer, a médica e autora Rachel Naomi-Remen (1996) conta a história de Tim, cardiologista cujo pai sofria de Alzheimer desde que Tim era adolescente. Nos últimos dez anos de sua vida, o pai de Tim foi ficando cada vez pior, praticamente vegetativo. Um dia, porém, quando Tim e seu irmão estavam sentados a seu lado, ele ficou pálido e caiu para a frente, na cadeira. O irmão de Tim disse a este para telefonar para um hospital. Mas, antes que Tim pudesse responder, a voz de seu pai – que há dez anos ele não ouvia – interrompeu: "Não telefone para ninguém, filho. Diga à sua mãe que eu a amo. Diga-lhe que estou bem". E morreu. Mais tarde, a autópsia mostrou que o cérebro fora destruído pela doença. Abala nossas convicções comuns a respeito da morte, não?

Em minha opinião, as visões em leito de morte corroboram perfeitamente o modelo teórico do capítulo anterior. A alegria ou paz transferidas telepaticamente nas visões em leito de morte sugerem que a experiência da morte é um encontro intenso do moribundo com a consciência não local e seus diversos arquétipos. Na comunicação telepática de uma experiência alucinatória, vê-se claramente que a identidade com o corpo agonizante e em sofrimento ainda é forte. Depois, porém, essa identidade esmaece; logo, a alegria da consciência *self* quântico por trás da identidade-ego é transmitida sem adulterações.

Experiências de quase morte e de revisão de vida

Mais conhecidas, naturalmente, são as experiências de quase morte, nas quais o sujeito sobrevive e se recorda de sua própria experiência. Nas experiências de quase morte, temos a confirmação de algumas das crenças religiosas de muitas culturas; o experimentador descreve como atravessa um túnel até outro mundo, geralmente conduzido por uma figura espiritual conhecida em sua tradição ou por um parente morto (Moody, 1976; Sabom, 1982; Ring, 1980). A experiência de quase morte também dá suporte direto à ideia da janela não local que se abre no momento da morte.

O psicólogo Kenneth Ring (1980) resumiu os diversos aspectos, geralmente cronológicos, da experiência de quase morte. (Veja também Rinpoche, 1993.)

1. A maioria das EQMs começa com um sentimento de estado alterado de consciência. Um sentimento de paz permeia o ser, não há dor ou sensações corpóreas, não há medo.

91

2. A maioria das pessoas que têm EQMs se veem fora de seus corpos, olhando para eles, normalmente passando por uma cirurgia. Alguns têm a impressão de que atravessam a parede. Sentem-se leves, e sua percepção-consciente permanece lúcida.
3. Em seguida, veem-se no limiar de outra realidade; tomam consciência do escuro. Passam por um túnel.
4. Veem luzes, primeiro a distância, depois à volta delas, uma luz que não ofusca, de grande intensidade, beleza e amor. Alguns veem um ser de luz. Outros veem uma figura espiritual, como Cristo. Outros veem parentes.
5. Muitas pessoas têm experiências de revisão da vida – suas vidas inteiras são exibidas e seus papéis, bons ou maus, são julgados por elas mesmas.
6. Várias contemplam ambientes celestiais de grande beleza, e sentem-se em unidade com todas as coisas e seres. Algumas veem-se em ambientes infernais.
7. Agora, dizem-lhes para regressar. Sua experiência na Terra ainda não está completa.

A abertura da janela não local na EQM é notável. As pessoas que passam por elas (como vítimas de acidentes) veem de cima seus corpos sendo operados e costumam relatar detalhes extraordinários (Sabom, 1982). É evidente que não há sinais locais para transmitir a informação. De que outro modo se pode explicar essa transferência de informação, exceto a observação quântica não local em conjunto com a observação de outra pessoa, como a do cirurgião? (Goswami, 1993). Os dados mais recentes mostram que até os cegos podem "enxergar" dessa maneira; eles não se limitam pelo fato de sua visão não estar operacional (Ring e Cooper, 1995); eles devem estar enxergando telepaticamente (ou seja, de forma não local), em sincronicidade com a observação de outra pessoa.

Não é preciso ver uma contradição aqui, só porque quem passa por uma EQM costuma ver seu corpo enquanto flutua pelo teto, e o ponto de vista do cirurgião (ou dos assistentes), embora seja de cima para baixo, não é exatamente o mesmo. A explicação é similar à da telepatia mental – enquanto o cirurgião olha para a mesa de operações e recebe a informação efetiva, a consciência causa o colapso de uma experiência manifestada similar dentre as possibilidades quânticas disponíveis no cérebro do sujeito correlacionado, que tem a EQM. Logo, pequenas diferenças, como a perspectiva da observação, podem surgir com facilidade.

O fato de EQMs serem encontros com a consciência não local e seus arquétipos promana desses dados diretos. Uma nova dimensão da pesquisa sobre EQMs é que, quando se estuda a vida da pessoa após a experiência, percebe-se que a EQM levou-a a uma profunda transformação no seu modo de vida. Muitas delas não têm mais, por exemplo, o medo da morte que paira sobre a psique da maior parte da humanidade (Ring, 1992). E, de modo geral, os sobreviventes de EQMs conseguem viver uma vida dedicada ao amor e ao altruísmo, sugerindo uma transformação espiritual manifestada pelo *insight* obtido no encontro de quase morte com o *self* quântico.

Qual seria a explicação para as imagens específicas descritas por pessoas que passam pela experiência de quase morte? Essas pessoas experimentam a redução da identidade com o corpo – o ego não fica ocupado, monitorando o corpo. Este é um estado bastante semelhante ao sono, próximo daquilo que psicólogos junguianos chamam de "grande" sonho. Tal como no grande sonho, na EQM, a pessoa vê imagens arquetípicas, como Buda ou Cristo, mas de onde vêm essas imagens no grande sonho ou na EQM? Segundo os modelos neurofisiológicos (Hobson, 1990), creio que construímos as imagens com o *Rorschach* de ruído eletromagnético e aleatório que está sempre disponível no cérebro. Contudo, esse ruído é de natureza quântica; representa possibilidades quânticas e não é clássico e determinista como presumem os neurofisiologistas. A consciência faz com que padrões adequados entrem em colapso, gerando imagens significativas ao identificá-las.

O ponto vital da EQM é o afrouxamento, quase uma libertação, da identidade-ego, que permite aos sujeitos lembrarem-se de imagens arquetípicas que normalmente não são lembradas.

As imagens visualizadas — figuras espirituais, parentes — são claramente arquetípicas.

Essa forma de analisar a experiência de quase morte também deve encerrar a discussão a respeito de a luz — que é encontrada na EQM — ser apenas um fenômeno fisiológico ou algo mais profundo e significativo. Em meu entender, ela é ambos. O que os materialistas não percebem é que as pessoas que têm experiências de quase morte lidam com aquilo que está disponível fisiologicamente em seu cérebro, mas extraem novo significado disso, assim como fazemos em uma experiência criativa na qual transformamos uma cena cotidiana em um novo *insight*. Em outras palavras, é a consciência, e não o cérebro, que organiza os eventos neurológicos em uma singular experiência espiritual.

Finalmente, muitos pacientes que passam por experiências de quase morte relatam experiências de revisão da vida, nas quais suas vidas inteiras, ou pelo menos uma parte significativa delas, passa diante de seus olhos. (Para uma análise de tais referências, veja Greene e Krippner, 1990.) Isto é crucial para que nosso modelo funcione. Quando a pessoa agonizante tem a experiência de revisão da vida, o nascituro da encarnação seguinte compartilha a recordação. E esta se torna parte da memória reencarnatória da próxima encarnação.

Contudo, existe uma perturbadora discordância com a teoria da "super-PES" do capítulo anterior, no fato de os pacientes com EQM insistirem em que se sentiram "fora" do corpo; sentiram-se leves, sem sentimentos físicos como a dor. É evidente que sua identidade se deslocou para longe do corpo físico durante a EQM, mas... para onde? Será que foi para uma alma desencarnada, como parecem afirmar?

Dados reencarnatórios

As evidências de memórias reencarnatórias são obtidas principalmente com crianças que se lembram delas e que podem ser verificadas. Ian Stevenson, psiquiatra da Universidade de Virgínia, acumulou um banco de dados com aproximadamente duas mil dessas memórias, supostamente reencarnatórias, que têm muitas características que podem ser constatadas.[1] Em alguns casos, Stevenson chegou a acompanhar as crianças até as aldeias onde teriam vivido antes. As crianças nunca tinham visitado essas aldeias, mas pareciam familiarizadas com o cenário e conseguiram identificar as casas onde viveram. Às vezes, as crianças identificavam membros da família anterior. Em um caso, a criança se lembrou do local onde havia escondido dinheiro em sua vida passada, e o dinheiro foi encontrado no lugar recordado.

Stevenson não foi o único a reunir dados assim. Há o caso, estudado por L. Hearn, no final do século 19, do menino japonês chamado Katsugoro que, com 8 anos, afirmou ser Tozo, filho de um fazendeiro de outra aldeia, em uma vida que teria tido alguns anos antes. Ele disse ainda que seu pai morrera quando ele estava com 5 anos naquela vida, e que ele mesmo morrera de varíola um ano depois. A criança deu muitos detalhes de seu nascimento anterior, como, por exemplo, a descrição de seus pais e da casa onde viveram. Quando Katsugoro foi levado à aldeia de sua vida anterior, conseguiu, sem a ajuda de ninguém, encontrar a casa em que teria vivido. No total, dezesseis itens de sua recordação de vida passada foram confirmados (Hearn, 1897). (Veja também Stevenson, 1961.)

Swarnalata Mishra, que nasceu em Shahpur, Índia, em 1948, é outro caso notável. Swarnalata começou a ter recordações de outras vidas aos 3 anos, quando, em uma viagem a uma cidade próxima, pediu subitamente ao motorista que seguisse "por aquela rua" que levava à "minha casa". Por vários anos, ela relatou coisas e eventos de sua vida anterior como uma menina chamada Biya Pathak, descrevendo sua casa e o carro da família (algo incomum para uma família indiana daquela época). Em dado momento, ela conheceu a esposa de um professor e a identificou como uma conhecida daquela vida passada, re-

---

1. Aparentemente, Stevenson está escrevendo um livro em vários volumes, apresentando tais dados. Até o momento em que escrevo, tais livros não foram publicados.

cordando um casamento ao qual teriam ido juntas. A esposa do professor confirmou o fato e muitas outras declarações feitas por Swarnalata sobre sua vida como Biya. O caso de Swarnalata foi estudado por um renomado pesquisador indiano da reencarnação, dr. Hemendranath Banerjee, e depois também por Ian Stevenson, sendo que muitos itens de sua enorme parafernália de lembranças da vida anterior foram confirmados, especialmente a longa lista de conhecidos (Stevenson, 1974).

Outra história notável e comprovada de reencarnação é a de Nicola Wheater, estudada por dois pesquisadores, Peter e Mary Harrison (1983). Nicola se recordava de sua vida passada como um garoto chamado John Henry Benson, que vivera em uma cidadezinha de Yorkshire, Inglaterra, na segunda metade do século 19 (cem anos antes de Nicola). Quando estava com 2 anos de idade, Nicola dizia coisas como: "Por que agora eu sou menina?" e "Por que não sou um garoto como antes?" para seus pais. Não tardou para que a menina se lembrasse de muitas outras coisas sobre sua vida passada, expressando-as de maneira tão coerente e consistente, que sua mãe se sentiu compelida a levá-la à cidade de sua vida passada. Lá, Nicola conduziu a mãe até a casa onde tinha vivido no século anterior. E, para seu grande espanto, a mãe encontrou o registro do nascimento de um menino chamado John Henry Benson no livro da igreja.

Todos esses dados se encaixam, de modo geral, com o retrato teórico do capítulo anterior. O leitor pode encontrar mais detalhes nos livros e artigos mencionados, bem como em diversos livros recentes sobre o assunto. Leia, por exemplo, Cranston e Williams, 1984, e Viney, 1993.

Até aqui, falei apenas de casos em que uma vida anterior foi lembrada porque esses são os relatos que puderam ser mais corroborados. Há, no entanto, muitos episódios de recordação de diversas vidas, até de nove, como o caso de uma menina sul-africana.[2] Logo, a ideia de uma janela não local que conecta

---

2. Li sobre este caso em um livro escrito em bengali, *Janmantarbad* (Teoria da Reencarnação), a respeito da pesquisa de H. Banerjee.

encarnações passadas, presentes e futuras de uma mônada, e que se abre em momentos especiais como o da morte, parece razoável.

Se o modelo atual estiver correto, ou seja, se a memória reencarnatória se forma em uma idade precoce por meio de comunicação não local com o *self* agonizante da vida anterior, então há um meio de comprovar isto. Se os adultos podem ser induzidos em regressão até a infância, podem se lembrar melhor de experiências de vidas passadas. Com efeito, Banerjee reuniu alguns casos nos quais conseguiu obter muitos outros detalhes de seus sujeitos, mediante a hipnose.

O psiquiatra Stan Grof provocou lembranças de vidas passadas em muitos sujeitos sob efeito do LSD e de uma nova técnica, a respiração holotrópica, o que gerou muitos dados sobre lembranças reencarnatórias, confirmando basicamente o modelo do capítulo anterior. Eis o que Grof diz a respeito de seus casos de recordação de vidas passadas:

> Elas [as recordações de outras vidas] são extremamente realistas e autênticas, e costumam mediar acesso a informações precisas sobre períodos históricos, culturas e até eventos históricos que o indivíduo não poderia ter adquirido por meio de canais comuns. Em alguns casos, a precisão dessas lembranças pôde ser constatada objetivamente, às vezes com detalhes impressionantes... Os critérios para comprovação são os mesmos usados para se determinar o que aconteceu no ano passado: identificar lembranças específicas e obter evidências independentes para algumas delas, pelo menos... Observei e publiquei pessoalmente diversos casos notáveis, dos quais os aspectos mais incomuns puderam ser confirmados por uma pesquisa histórica independente (Grof, 1992).

Cabe ao leitor estudar os casos específicos que Grof julgou satisfatórios.

Para quem cresceu na Índia, não é incomum ouvir falar de uma criança que se recorda de experiências de vidas passadas. Pais e irmãos recebem isso com tranqüilidade. O mesmo se aplica ao Tibete. "É comum crianças pequenas, que são reencarnações, lembrarem-se de objetos e pessoas de suas vidas anteriores", diz o atual Dalai Lama. "Algumas conseguem até recitar os textos sagrados, embora ainda não os tenham aprendido." De fato, os tibetanos usam essa característica para localizar lamas e *rinpoches* reencarnados.

Mas isso é relativamente raro na cultura ocidental. Percy Bysshe Shelley, poeta romântico inglês, acreditava na reencarnação. Certo dia, enquanto conversava com um amigo, passou por perto uma mulher com uma criança no colo. Ele ficou imediatamente interessado. "Será que seu bebê pode nos dizer algo sobre a preexistência, senhora?", perguntou à mulher. Ela respondeu: "Ele ainda não fala, senhor". E Shelley, com um suspiro de profundo desapontamento, disse: "Mas certamente o bebê pode falar, se desejar... Talvez imagine que não possa, mas isso é apenas um capricho tolo. Ele não pode ter se esquecido completamente do uso da fala em tão pouco tempo".

Todavia, alguns bebês, até no Ocidente, lembram-se e falam da preexistência, assim que se tornam fisicamente capazes de falar. O episódio a seguir teria agradado Shelley. Uma menina autista de 5 anos foi levada a Helen Wambach, psicóloga clínica. Essa menina, Linda, era extremamente introvertida e se recusou a qualquer contato com a terapeuta até que, numa representação, brincou várias vezes de dar mamadeira para a psicóloga. Nesse momento, Linda conseguiu revelar como detestava o fato de ser uma criança indefesa. O vínculo se formou e o progresso foi rápido. Em pouco tempo, Linda era uma criança normal de 5 anos.

O que também se torna interessante neste caso é que, como autista, Linda possuía grande habilidade para ler e para lidar com matemática, habilidades que perdeu quando se tornou normal. Wambach disse que o comportamento autista de Linda deveu-se ao apego que ela manteve com a identidade adulta de uma vida anterior. Quando ela aceitou sua nova condição de criança com a ajuda de sua terapeuta, abriu mão dessa identidade adulta e perdeu suas habilidades adultas (Wambach, 1978).

Na cultura ocidental, porém, a recordação de outras vidas ainda é considerada estranha (embora isso esteja mudando um pouco); assim, essas crianças não são incentivadas a se lembrar. Wambach fala de outro caso, no qual uma criança hiperativa, Peter, foi levada a ela. Após se sentir seguro com a terapeuta, Peter confidenciou-lhe que teve uma vida como policial e que, agora, se ressentia por não poder ter privilégios adultos, como fumar. Naturalmente, seus pais tinham desestimulado e até proibido Peter de falar dessa vida anterior como policial (Wambach, 1978).

Nem todas as crianças que se lembram de vidas passadas tornam-se autistas, mas a repressão de tal lembrança é comum na cultura ocidental. Mesmo assim, essas lembranças reprimidas podem aflorar por meio de hipnose. Embora as regressões por hipnose sejam criticadas porque muitos sujeitos se lembram de vidas como personagens históricos famosos, como Cleópatra (é difícil filtrar as fantasias e as verdadeiras recordações de outras vidas), também encontramos ótimos dados de lembranças obtidas por regressão hipnótica. (Leia Wambach, 1978 e 1979; Netherton e Shiffrin, 1978; Lucas, 1993.)

Mas ainda tem mais: não é apenas a memória que se transmite, mas também o caráter

O fenômeno da recordação reencarnatória acontece provavelmente pela janela não local aberta do indivíduo, mas há sutilezas que não se encaixam. Veja, por exemplo, o caso de Swarnalata, citado anteriormente. Quando Swarnalata se encontrava com a família de sua encarnação anterior, Biya, assumia o caráter desta também. Comportava-se como a criança que era em seu ambiente usual da vida presente, mas, quando estava com a família Pathak, tornava-se Biya; comportava-se como uma irmã mais velha com pessoas que eram bem mais idosas do que ela. A paciente de Helen Wambach, a criança autista Linda, manteve as habilidades (leitura e matemática) de sua vida anterior. Mas, o que traz o condicionamento da vida passada para esta vida? O modelo que temos neste momento não tem resposta.

Ainda há outros dados que também não se ajustam. Stevenson (1987) observou fenômenos correlacionados com lembranças reencarnatórias. Mas talentos especiais não são o resultado de lembranças de conteúdos que o modelo do capítulo anterior pode apoiar; talentos especiais referem-se, isto sim, a lembranças de uma propensão ou de contextos aprendidos de pensamento. A xenoglossia, fenômeno no qual as crianças (ou, por vezes, até um adulto) falam uma língua que não aprenderam nesta vida, também entra nesta categoria.

Mencionei o Dalai Lama antes, que disse "Algumas [crianças tibetanas] conseguem até recitar os textos sagrados, embora ainda não os tenham aprendido". Mas essa capacidade de recitar as escrituras pode ser explicada como a própria recordação de outras vidas. Além disso, quando os tibetanos procuram as reencarnações de seus *rinpoches* e lamas, dependem mais de tais qualidades transmigradas, como a capacidade de ler as escrituras, do que da recordação de uma vida passada.

Os pesquisadores da reencarnação perceberam que pessoas com lembranças de vidas anteriores costumam demonstrar traços de caráter que não podem ser explicadas por condicionamento genético ou ambiental. Diz a psicóloga Satwant Pasricha sobre os dados de sua pesquisa:

> O presente estudo revelou nos sujeitos certas características físicas e psicológicas que eram incomuns para suas famílias, mas que correspondiam muito bem às das personalidades anteriores. Exceto em cinco casos [entre sessenta], nos quais os sujeitos eram biologicamente ligados às personalidades anteriores alegadas, a hipótese de transmissão genética não pode explicar adequadamente um comportamento tão incomum por parte dos sujeitos. Se a teoria genética fracassou na tentativa de explicar a herança de traços físicos e psicológicos, a hipótese da reencarnação pode oferecer uma explicação para isso (Pasricha, 1990).

Como Mozart, por exemplo, podia tocar piano tão bem com 3 anos de idade, ou Ramanujan conseguiu tornar-se genial na soma de séries matemáticas infinitas sem qualquer educação matemática excepcional em seu histórico? A resposta mais comum, condicionamento genético ou ambiental, parece extremamente inadequada nesses casos. Os genes são instruções para formação de proteínas, nada mais. Não existem genes com talentos especiais que algumas pessoas possam herdar. E a presença de condicionamento ambiental pode ser buscada em qualquer caso de criança prodígio. Na verdade, há um número substancial de casos, como o de Ramanujan, para os quais o condicionamento ambiental apropriado é claramente carente para explicar o talento especial. Há casos em que o talento se deve a condicionamento em outras vidas, não resta dúvida, mas nossa teoria precisa de outras novas ideias, antes de poder explicar tais casos de predisposição de uma vida passada.

Fobias e terapia de regressão

Stevenson também correlacionou certas fobias a vidas passadas. Nas teorias psicanalíticas, as fobias são um condicionamento para se evitar certas circunstâncias associadas a experiências traumáticas de infância. Mas há casos em que nenhum trauma ocorreu na infância. Na mesma linha, tampouco há explicações genéticas ou ambientais para a confusão de gênero sexual, como a mania de usar roupas do sexo oposto. Por isso, a explicação lógica é que estes são casos de condicionamento que flui de uma vida anterior para a presente (Stevenson 1974, 1987; Guirdham 1978), e não se preocupe se isso não estiver de acordo com o modelo do capítulo anterior. É apenas outro indício de que meu modelo simples precisa ser ampliado.

O importante é perceber que se as fobias são lembretes de condicionamentos traumáticos advindos de outras vidas, a regressão pode ter méritos terapêuticos.

Há evidências de que a recordação de outra existência por meio de hipnose pode ser usada com êxito para fins terapêuticos. Vou citar a quarta capa de um livro do gênero, sucesso de vendas:

Uma cega cura-se quando se confronta com aquilo que ela não quis ver há cem anos... Uma anoréxica compensa uma vida anterior de ambição sem limites... Um covarde revive seu próprio homicídio... (Goldberg, 1982.)

Tais livros contam que a recordação de outra vida pode ser terapêutica. Minha primeira tendência, como a de tantos cientistas, foi descartar esse fato como um mero truque terapêutico com pouca ou nenhuma substância, mas diversas coisas contribuíram para que eu mudasse de ideia. Primeiro, e mais importante, passei por uma regressão de memória para vidas passadas na década de 1970. Embora saiba como é difícil distinguir a fantasia pura e simples daquilo que vi durante as sessões, ainda assim dois episódios marcaram-me fortemente com relação às minhas tendências psicológicas. Segundo, discuti pessoalmente o assunto com terapeutas especializados em regressão, como Roger Woolger, e a metodologia empregada me parece extremamente plausível. Terceiro, ao longo dos anos, tenho ouvido muitas histórias de regressão a vidas passadas em conexão com minhas viagens e/ou em conexão com minhas aulas, e diversas delas parecem sólidas. Vou dar um exemplo de uma mulher que assistiu a um de meus cursos sobre "Física da alma". Em suas próprias palavras:

> Meus estudos espirituais começaram... de maneira aparentemente acidental. Eu era membro de uma igreja tradicional, tinha 20 anos e casara-me recentemente. Não tinha interesse algum em estudar a espiritualidade – a minha vida estava ótima do jeito que estava. Nesse ponto, a carreira de meu marido na Força Aérea nos levou a outra cidade, e comecei a lecionar... Pouco depois, as coisas começaram a acontecer.
> O estresse causado pela mudança para longe de minha família, o início de uma carreira e o casamento recente receberam um impacto adicional: meu marido teve de fazer um treinamento de dois meses em outra cidade. Alguma coisa nessa experiência provocou uma reação extremada em mim – algo que nunca tinha sentido antes e

com a qual não tinha como lidar. Fiquei muito ansiosa e com medo de ser "deixada para trás" por meu marido, que estava fazendo seu treinamento longe de casa. Conhecia outras esposas de aviadores na mesma situação, que lidavam com o problema de maneira bem diferente, e assim eu sabia que minha reação foi desmedida. Até aquele momento, eu tinha lidado bem com o estresse – trabalhara, freqüentara a faculdade e me mudara com freqüência, pois meu pai era da Marinha. Então, quando comecei a ficar gravemente ansiosa, a ponto de sofrer verdadeiras crises de ansiedade, acompanhadas de depressão, fiquei intrigada. Meu estado de espírito anterior era tão normal que nem tive palavras para descrever meu sentimento... Isso deixou em alerta meus mecanismos de defesa emocional, e tentei desesperadamente recuperar meu equilíbrio mental e emocional. Como sempre tive uma conexão com a espiritualidade por meio de minha religião, pedi ajuda ao nosso ministro. Essa fonte não me deu alento. O que eu estava sentindo era estranho para ele. Alguma coisa em mim sentiu-se traída. Sempre seguira todos os preceitos da igreja para poder ir para o Céu quando morresse, mas estava vivendo um verdadeiro inferno na Terra naquele momento! Comecei a procurar respostas fora da igreja, lendo tudo que pudesse ter respostas para mim.

Nesse período de procura, encontrei trabalhos sobre Edgar Cayce, nos quais a reencarnação era mencionada. Foi minha primeira exposição ao conceito. Fez sentido para mim, e li mais. Encontrei os livros de Ruth Montgomery, em especial *O aqui e o além*. Esse livro foi uma dádiva dos céus para mim naquela época. Nele, a sra. Montgomery explica o conceito da reencarnação e dá exemplos de pessoas que encontraram ajuda e conforto descobrindo suas vidas passadas. E, no final do livro, ela explica como uma pessoa pode entrar em um estado meditativo e começar a se recordar de suas próprias vidas passadas. Comecei a fazer isso, e as lembranças vieram rápida e facilmente. O enigma começou a ser resolvido.

A primeira recordação que tive foi de uma vida com meu marido, cem anos antes. Naquela época, a da Corrida do Ouro, eu morava em Denver, no Colorado. Eu era uma dançarina em um bar, e minha tarefa era distrair os fregueses (com certeza, não era uma profissão muito respeitável pelos meus padrões atuais!) No entanto, naquela época, e devido às circunstâncias, foi a única forma de sustento que eu consegui. Tudo ia bem, até que um forasteiro (meu marido na vida atual) chegou à cidade e foi ao bar onde eu trabalhava. Houve um reconhecimento instantâneo entre nós. (Depois descobri que tínhamos tido muitas vidas juntos antes dessa.)

Senti imediatamente a conexão e quis ir-me com ele, deixando a vida no bar. Entretanto, ele procurava ouro, vivendo com todos os seus bens atados a uma mula. Ele não tinha como sustentar uma esposa ou família. E me deixou lá. Aquela vida, que até então fora aceitável, começou a parecer sórdida e indesejável. Daquele ponto em diante, naquela existência, entrei em um estado de desespero e acabei sendo assassinada em meu leito.

A identificação das semelhanças fez sentido no mesmo instante e entendi por que estava me sentindo tão ansiosa e receosa. Embora não possa dizer que minha cura tenha sido instantânea, certamente abriu as portas da compreensão para que minha consciência encontrasse a cura. [Eu poderia dizer que "a consciência é a base para toda cura".] Alguma coisa em mim lembrou-se de que ele me abandonara antes, não por sua opção, tal como hoje. Alguma coisa em mim lembrou-se de que fiquei abatida. E alguma coisa em mim lembrou-se de que eu quis morrer, e quis com tanta força que acabei atraindo as circunstâncias para que isso acontecesse. E senti que tudo estava acontecendo novamente! Naturalmente, ficava aterrorizada quando dormia sozinha, pois sabia o que tinha acontecido antes. O mistério começou a se esclarecer e minha paz de espírito voltou.

Até essa época, duvido que alguma coisa pudesse me convencer da validade da reencarnação, exceto uma experiência direta com ela. Por isso, compreendo muito bem quando encontro quem não a aceita. É algo que precisamos vivenciar para acreditar de fato. Do contrário, é apenas uma teoria interessante. Para mim, não é uma teoria. É uma realidade que salvou minha vida, de maneira bem literal, ou que, no mínimo, salvou-me da insanidade (Anônima, comunicação particular com o autor).

Enquetes feitas por pesquisadores sérios durante sessões de regressão também embasam a reencarnação. Veja, por exemplo, a pesquisa de Helen Wambach. Wambach pesquisou 1.088 casos de regressão e tabulou a distribuição das vidas passadas recordadas em função de sexo, raça e classe socioeconômica, chegando a correlacionar os dados com a curva de crescimento da população. Ela descobriu que, independentemente do sexo do paciente em regressão, suas vidas anteriores distribuíram-se de maneira bem uniforme segundo o sexo: 50,6% foram homens e 49,4% foram mulheres, uma correspondência quase exata com a distribuição de gênero na população real. O mesmo resultado foi encontrado para a distribuição por raças, embora os pacientes de Wambach fossem brancos, em sua maioria. De modo análogo, a distribuição socioeconômica de vidas passadas acompanha as tendências históricas. Entre as vidas mais antigas recordadas, apenas uns 10% eram da classe mais alta, e o resto eram pobres. Mas as porcentagens mudaram nos casos mais modernos, também de acordo com a mudança no espectro socioeconômico.

E é interessante ver que a distribuição no tempo dessas vidas recordadas acompanha a curva empírica de crescimento populacional. Então, temos aqui outra resposta ao paradoxo da população apresentado pela hipótese reencarnatória. Como um número fixo de almas acompanha a explosão populacional? A resposta de Wambach: as almas reencarnam com freqüência cada vez maior. (Esta pesquisa foi relatada em Viney, 1993.)

Edgar Cayce e uma olhada pela janela não local

Segundo a lenda, Buda conseguia ver quinhentas vidas passadas, não só as próprias como as alheias. Não há comprovação histórica disso, mas há casos históricos sobre outras pessoas, dentre as quais o melhor exemplo mais recente é o de Edgar Cayce, que conseguia ler as vidas passadas de outras pessoas (Sugrue, 1961). Cayce, sob sono hipnótico, fez aproximadamente 2.500 "leituras" de vidas passadas, às vezes mais de uma para a mesma pessoa, mas sem nunca entrar em contradição. Ocasionalmente, suas leituras envolviam aspectos da história que poderiam ser comprovados depois. Uma vez, ele disse que a ocupação de determinada pessoa era a de "mergulhador de banqueta", mas nem mesmo ele sabia do que se tratava. As pesquisas mostraram que antigamente essa era uma ocupação na América: os mergulhadores de banqueta amarravam as supostas bruxas a assentos e mergulhavam-nas em água fria.

Como alguém como Edgar Cayce conseguia olhar pela janela não local de outro indivíduo? A resposta do próprio Cayce era "a memória akáshica", para a qual uma tradução aceitável seria memória não local, mas creio que uma explicação mais tangível pode ser dada em termos da janela não local de nosso modelo. O ponto é que, em princípio, a consciência é uma; logo, a janela não local de qualquer pessoa, que conecte todas as suas encarnações, está aberta a todos que sabem como olhar, mas este é um talento muito incomum. Na Índia, dizem que tal capacidade surge naturalmente com a libertação. É claro que Cayce o possuía.

Temos falado de dados relativos a experiências que envolvem pessoas na realidade manifestada, mas há dados muito controvertidos de pessoas — principalmente médiuns — que afirmam comunicar-se diretamente com os mortos no além. Cenários inteiros — todos extremamente dualistas — do além foram elaborados, talvez com base neste tipo de evidência. Vou tratar em detalhes dessas evidências nos dois capítulos seguintes, mas eis uma prévia.

Dados sobre entidades desencarnadas

Os dados mais românticos, mais intrigantes e mais controvertidos referentes à sobrevivência à morte são aqueles nos quais uma pessoa viva (geralmente, um médium em transe) afirma falar por uma pessoa que morreu faz algum tempo e que vive em um lugar além do tempo e do espaço. Nisso parece estar não apenas um indício da sobrevivência da consciência após a morte, como da existência de uma "alma" dualista vivendo sem um corpo físico.

Naturalmente, esses indícios são controvertidos, pois parece que não há modo de discernir se os dados foram produzidos pelo médium, especialmente em uma área onde são abundantes as fraudes. Mesmo falando de dados para os quais não se questiona a fraude, o pesquisador Michael Grosso disse o seguinte:

> Após estudar os melhores casos, porém, somos levados à conclusão de que os grandes médiuns estavam (1) obtendo informações de mentes falecidas e desencarnadas, ou (2) criando ilusões aceitáveis de pessoas falecidas, obtendo todas as informações relevantes por meios paranormais, geralmente a partir de diversas fontes (mentes de pessoas vivas e registros escritos ou fotográficos), e depois sintetizando instantaneamente esses dados esparsos e criando personas convincentes de pessoas falecidas e conhecidas (Grosso, 1994).

Mas há evidências razoáveis de sobrevivência, mesmo em dados mediúnicos, obtidas por meio de "correspondência cruzada", na qual o falecido transmite uma mensagem integrada, dividida em várias partes, através de médiuns diferentes (Saltmarsh, 1938). Nesse caso, é difícil alegar que um médium específico poderia obter a informação por telepatia com uma pessoa viva. Contra esses dados, ainda é possível argumentar que talvez os médiuns em questão estivessem criando inconscientemente a aparência de correspondência cruzada. Ou talvez estivessem se comunicando sincronisticamente pela janela não local de um falecido, de maneira adequada; talvez a pureza de intenções do falecido, juntamente com a dos médiuns, fosse suficiente para criar esses eventos síncronos e intrigantes. De qualquer modo, é claro que esse tipo de evento mediúnico não precisa ser usado como evidência do que se supõe que seja a comunicação com uma alma consciente e desencarnada.

Esse aspecto dos dados mediúnicos diz respeito ao conteúdo da história do falecido; assim, na melhor hipótese, prova que o médium tem a capacidade de se sintonizar com a janela não local do morto.

Mais relevantes são os dados sobre canalização. Novamente, o comercialismo e a fraude são comuns. Apesar disso, tem havido canalizadores e entidades canalizadas intrigantes, pois os canalizadores parecem assumir o caráter da entidade desencarnada, visivelmente diferente da personalidade do canalizador.

Um exemplo espetacular é o caso de Lydia Johnson, uma dona de casa de 37 anos, estudada por Ian Stevenson e mencionada por Sylvia Cranston e Carey Williams (1984). No começo, Lydia estava ajudando o marido em suas experiências com hipnose. Em pouco tempo, com a ajuda de outro hipnotizador, ela começou a canalizar uma entidade chamada Jensen Jacoby, um nome que ela pronunciava "Iensen Iácobi", que teria vivido em um vilarejo sueco há trezentos anos. Como Jensen, Lydia falava sueco e identificava objetos suecos do século 17; mais revelador ainda é o fato de Lydia, como Jensen, não saber lidar com objetos modernos, como alicates. O caso da psicóloga Jane Roberts e a entidade canalizada Seth é outro exemplo notável de canalização de uma entidade com caráter bem diferentes das exibidas pelo canalizador, e isso ficava evidente. Ao canalizar, o caráter de Jane mudava, e ela se comportava como um homem de ares intelectuais, por exemplo (Roberts, 1975).

Observei pessoalmente uma canalizadora em ação, JZ Knight, que canaliza uma entidade chamada Ramtha, supostamente um ser iluminado. Neste caso, nota-se também uma mudança de caráter quando JZ canaliza Ramtha; sua conduta torna-se literalmente a de um guru dominador, bem diferente de seu padrão cotidiano de comportamento. Uma mudança que dura horas.

Vou lhes narrar um de meus encontros com JZ, no processo de canalização de Ramtha. Conversei com a própria JZ e com seus associados, e parece que JZ não costuma beber. Mas, nessa ocasião, JZ como Ramtha estava dando uma festa e vi-a "entornando" uma garrafa de vinho; mesmo assim, ela permaneceu sóbria e narrou, de maneira bastante poética, a experiência de Ramtha ao imigrar da Atlântida para a Índia, quando a civilização atlante foi destruída. Não há que se preocupar com o conteúdo da história, pois a mudança de caráter foi tão notável que, desde então, nunca mais duvidei da autenticidade do fenômeno da canalização.

Em outro notável caso de canalização, no Brasil, a entidade canalizada é um cirurgião alemão, o dr. Fritz. Ele já foi canalizado por uma série de paranormais, todos eles pessoas comuns, sem habilidade cirúrgica. Mas, enquanto canalizam o dr. Fritz, realizam de maneira segura e bem-sucedida complexas cirurgias sem anestesia ou higiene adequada.

Embora pareçam notáveis essas apresentações, será que os canalizadores fingem a mudança de caráter? Os pesquisadores do paranormal Gilda Moura e Norman Don realizaram um estudo que realmente exclui a fraude. Moura e Don ligaram o cérebro de um canalizador a um eletroencefalógrafo e descobriram que as ondas de seu cérebro passavam da baixa freqüência beta, que é normal (por volta de 30 Hz) para a mais alta freqüência beta (acima de 40 Hz) quando realizava cirurgias. A freqüência beta alta é típica de uma concentração muito grande. Cirurgiões demonstram isso em seu trabalho, mas não pessoas comuns que estão fingindo que realizam uma cirurgia (Moura e Don, 1996).

Um estudo similar foi realizado com JZ Knight usando oito indicadores psicofisiológicos simultâneos. Todos os indicadores mostraram mudanças significativas entre o comportamento normal de JZ em relação ao demonstrado quando está canalizando. Seria impossível passar fraudulentamente por todos os oito indicadores, concluíram os cientistas (Wickramsekera *et al.*, 1997).

Anjos

Outra classe interessante de dados provém de pessoas que teriam se comunicado com anjos ou com espíritos-guias. Parece que essas entidades conferem padrões de caráter aos sujeitos, tornando-os capazes de realizar tarefas que normalmente seriam consideradas impossíveis para esses mesmos sujeitos. Por exemplo, acredita-se que o padre católico Pio teria tido a ajuda de seu anjo da guarda para traduzir textos do grego, língua que o padre desconhecia (Parente, 1984). (Veja também Grosso, 1992.)

Um dos casos mais famosos de interferência angelical para salvar uma vida aconteceu com o mais famoso mágico de todos os tempos, Harry Houdini. Em 27 de dezembro de 1906, Houdini estava realizando um de seus melhores e mais arriscados truques, pulando com as mãos algemadas dentro de um buraco no gelo, escapando das algemas e saindo pelo buraco. Naquele dia, porém, alguma coisa dera errado: quando Houdini não saiu da água depois de 5 minutos – normalmente, o feito não levava mais do que 3 minutos – os repórteres declararam-no morto. Felizmente, Houdini retornou após 8 minutos. E não teve hipotermia.

Acontece que uma corrente o abalou, desviando-o dos bolsões de ar que normalmente ficam entre o gelo e a água do rio, impedindo-o de realizar seu truque. Ele também estava perdendo temperatura rapidamente, e não sabia para onde deveria nadar a fim de sair. De repente, ele ouviu a voz de sua mãe, guiando-o para nadar na direção de onde provinha a voz. Ele também sentiu um súbito e inexplicável calor. A combinação de fatores permitiu-lhe escapar das algemas e emergir pelo buraco.

Será que a mãe de Houdini se comunicou telepaticamente com ele? Mas como ela sabia aonde o filho tinha de ir? E isso tampouco explica o calor. Uma explicação melhor seria um extraordinário senso de direção (a voz da mãe seria uma projeção externa) e o incomum poder de gerar calor, conferidos a Houdini por um anjo (Goldberg, 1997).

Para resumir, portanto, parece haver dados suficientes para embasar a hipótese de seres desencarnados, ou almas. Primeiro, as experiências fora do corpo, nas quais os sujeitos alegam ter passado a identidade a um corpo desencarnado, embora de forma temporária. Segundo, propensões ou tendências inexplicáveis: se são reencarnatórias, como as propensões podem ser transmitidas sem que transmigre algum elemento do ego-ser? Terceiro, médiuns parecem conseguir canalizar entidades cujo caráter eles assumem temporariamente. Quarto, pessoas comuns costumam receber orientação de entidades desencarnadas (guias espirituais) porque elas mesmas, ao que parece, conseguem assumir padrões de caráter bem diferentes de seu eu cotidiano.

Assim, chegamos à pergunta quintessencial: existe uma alma individual? Teremos corpos além do físico, que dotam de individualidade a mônada/*sutratman* do capítulo anterior? Existe um corpo desencarnado após a morte, que transmigra e leva à próxima vida as propensões adquiridas nesta vida? Será possível a comunicação entre médiuns e corpos desencarnados em transição? E será que existem corpos desencarnados permanentes ou semipermanentes, como anjos e coisas assim?

capítulo 6

temos mais do que um corpo?

Imagino que o resumo de dados do capítulo anterior tenha convencido o leitor, tanto quanto me convenceu, de que há mais coisas nos dados de sobrevivência e reencarnação do que a não localidade quântica pode administrar. Precisamos de mais substância na coluna dorsal da teoria que elaboramos, por mais sutil que possa ser.

Se alguém consultar as tradições esotéricas para descobrir o que pode ser esse mecanismo adicional, a resposta seria: este mecanismo envolve corpos sutis que possuímos, com individualidade, além do corpo físico.[1] Esses corpos sutis individuais – um corpo vital conectado com nossos processos de vida específicos; um corpo mental conectado com nossos modos individualizados de meditação; e um corpo intelectual, supramental, que contém os temas aprendidos do movimento do corpo mental, vital e físico – como o corpo físico, são corpos feitos de substâncias, declaram as tradições esotéricas, mas as substâncias são mais sutis, mais refinadas, menos quantificáveis e mais difíceis de se controlar. Não se pode

---

1. Os *Upanishads*, *O Zohar* e, mais recentemente, os textos dos teosofistas postulam a existência de corpos sutis.

dizer que este pensamento pesa 150 gramas, mas que foi um pensamento "pesado". Pode-se dizer que este pensamento foi breve, mas não que media 2 centímetros. Um indivíduo tenta se manter silencioso enquanto medita, mas, mesmo assim, pensamentos inesperados invadem sua mente.

Segundo essas tradições, quando morremos, deixamos para trás apenas o corpo físico; nossos corpos sutis sobrevivem. Mas o que são esses corpos sutis, se não os produtos do conceito dualista de alma individual? Não serão eles outro nome para aquilo que normalmente chamamos de alma? E se adotarmos a explicação da sobrevivência pela alma, por mais sofisticada que seja a roupagem, não cairemos nas dificuldades do dualismo cartesiano? Isso dá margem a perguntas inquietantes: que substância(s) medeia(m) a interação entre esses corpos sutis e o corpo físico? Como a energia do mundo físico é conservada, em face de tais interações com esses outros corpos?

Ao ponderar os corpos sutis e as dificuldades do dualismo da interação, explorei a possibilidade de superar essas dificuldades com os novos princípios de nossa ciência dentro da consciência. Não é possível postular que os corpos sutis interajam diretamente com o corpo físico sem cavar uma sepultura para a ideia. Até aqui, concordo. Por outro lado, se não interagem com o físico, qual a sua importância?

Há outro modo de analisar a situação. Suponha-se que os corpos sutis não interajam nem com o corpo físico, nem uns com os outros; suponha-se que caminhem em paralelo, mantendo uma correspondência com o físico. Em outras palavras, para cada estado físico, há um estado supramental, mental e vital que lhe corresponde. Tal filosofia foi formulada por Gottfried Leibniz, físico e filósofo do século 17, para salvar o dualismo mente-corpo, e é chamado paralelismo psicofísico. A extensão da ideia, para incluir o intelecto supramental e o corpo vital, é direta; generaliza o conceito da psique, nosso mundo interior, de modo a incluir o corpo vital, o mental e o intelectual. Mas o paralelismo psicofísico nunca foi popular, pois é difícil ver o que mantém a correspondência, o suave movimento paralelo dos corpos disparatados. Mais uma vez, a questão da interação espreita por trás dos bastidores, não é mesmo?

Que o leitor tenha paciência e não desista. Os princípios de nossa ciência dentro da consciência oferecem uma solução. Não resta dúvida de que o problema da interação é difícil, porém suponho que as substâncias de nossos corpos sutis não sejam "coisas" determinadas de forma newtoniana, mas que tenham natureza quântica. Em outras palavras, suponha que os estados dos corpos vital, mental e supramental sejam probabilísticos, como os do corpo físico. Suponha que esses sejam estados de possibilidade quântica dentro da consciência, não da experiência manifestada, e que a consciência faz com que essas possibilidades entrem em colapso e se tornem experiência manifestada.

Embora os corpos vital, mental e de intelecto supramental não interajam diretamente com o corpo físico, ou seja, movam-se paralelamente a ele, suponha que a consciência identifique estados paralelos simultâneos do corpo físico e do trio vital-mental-intelecto do corpo sutil para essa experiência. Segundo os experimentos de Jacobo Grinberg-Zylberbaum (veja o Capítulo 2), já sabemos que a consciência pode fazer – e o faz – com que entrem em colapso estados similares de cérebros separados não localmente e adequadamente correlacionados. E o colapso de um estado único de experiência é de reconhecimento e escolha, não de troca de energias. Assim, evitam-se todos os problemas de interação dualista.

Portanto, nossa ciência dentro da consciência permite-nos postular que temos outros corpos além do corpo físico, sem as armadilhas do dualismo. Não é preciso que esses corpos interajam uns com os outros ou com o corpo físico. Dizemos, isso sim, que a consciência medeia sua interação e mantém seu paralelismo. A próxima questão é: qual a lógica para a postulação de tais corpos sutis, além de encontrar uma explicação para os dados a respeito da sobrevivência e da reencarnação? Não podemos fazer postulados arbitrários para explicar dados; isso não é ciência. Haverá outras razões profundas para suspeitarmos de que temos um corpo vital, um mental e um supramental em adição ao físico?

Comportamento orientado por lei e comportamento orientado por programa

As leis causais da física são leis deterministas. Dadas as condições iniciais de posição e velocidade e os agentes causais (forças) atuando sobre o sistema, as leis do movimento determinam o futuro de todo sistema físico não vivo.

Suponha, por exemplo, que queremos saber o paradeiro do planeta Júpiter em algum momento futuro. Em seguida, determinamos a posição e a velocidade do planeta. Essas "condições iniciais", somadas aos algoritmos (regras lógicas com instruções passo a passo) gerados pelo conhecimento da natureza da gravidade espacial e das leis de movimento de Newton, permitem a qualquer computador calcular a posição do planeta em qualquer momento futuro. Mesmo para sistemas quânticos, as leis causais da estatística podem prever o comportamento e a evolução média, desde que lidemos com um número de objetos ou eventos suficientemente grande (o que geralmente acontece com sistemas submicroscópicos). Sistemas não vivos, portanto, são movidos por causas, e chamo seu comportamento de "orientado por lei".

Mas os sistemas vivos têm algo peculiar. Quando falamos dos vivos, não lidamos apenas com os movimentos de objetos físicos, mas também com sentimentos, sentimentos estes que precisam de conceitos como sobrevivência, prazer, dor, e assim por diante. Tais palavras não estão no vocabulário das leis da física; nunca precisamos delas para descrever o que é não vivo. Moléculas de coisas não vivas não mostram a tendência à sobrevivência ou ao amor. Tampouco precisamos dos conceitos do prazer e da dor para descrever o comportamento molecular. Com efeito, esses conceitos descrevem os contextos e significados por trás do contentamento e do "sentir" a vida.

Esses "sentires" são mapeadas ou programadas no corpo físico e, uma vez programado, o corpo físico pode executar a função de que trata esse sentimento. Logo, organismos vivos exibem comportamento "orientado por programa", revelando seu segredo – que possuem outro corpo, consistente das sensações por trás dos programas que os organismos vivos são capazes de executar (Goswami, 1994). Este é o corpo vital.

O biólogo Rupert Sheldrake (1981) chega à mesma conclusão, observando que os genes não dispõem de programas para morfogênese ou criação de formas. Segundo a terminologia de Sheldrake, a morfogênese (desenvolvimento das formas ou órgãos que exercem funções biológicas) em organismos vivos é orientada por campos morfogenéticos extrafísicos não locais. Aquilo que experimentamos como "sensações" são, em termos operacionais, os campos morfogenéticos; são descrições equivalentes ao corpo vital.

De modo análogo, o biólogo Roger Sperry, o filósofo John Searle, o matemático Roger Penrose e o pesquisador da intensidade artificial Ranan Banerji mostraram que o cérebro que pode ser equiparado a um computador não pode processar o significado que tanto cobiçamos. Nossas vidas giram em torno do significado. De onde vem o significado? Computadores processam símbolos, mas o significado dos símbolos deve vir de fora – a mente dá significado aos símbolos gerados pelo cérebro. Alguém pode se perguntar por que não pode haver outros símbolos para o significado, chamando-os de símbolos do significado. É que aí iríamos precisar de outros símbolos para o significado do significado, *ad infinitum* (Sperry, 1983; Searle, 1992; Penrose, 1989; Banerji, 1994).

As sensações por trás das funções vitais de um organismo vivo provêm do corpo vital da consciência. A consciência mapeia as funções vitais na forma dos diversos órgãos funcionais do corpo físico do organismo, usando seu corpo vital.

Como só a consciência pode injetar significado no mundo físico, faz sentido supor que a consciência "escreve" os programas mentais significativos no cérebro. Quando escrevemos um *software* para nosso computador doméstico, usamos uma ideia mental daquilo que desejamos na programação. Do mesmo modo, a consciência precisa usar o corpo mental para criar o "*software* mental" (as representações dos significados que a mente processa) no cérebro.

Resumindo, o comportamento da matéria não viva é orientado por lei, mas o comportamento da matéria viva e pensante é orientado por programa. Logo, a lógica diz que temos tanto um corpo de consciência vital quanto um mental. A consciência usa a estrutura física para gerar representações "em *software*" do vital e do mental. Que argumento podemos apresentar sobre a existência essencial do supramental?

Por que intelecto supramental? A natureza da criatividade

O que é criatividade? Basta-nos pensar um pouco para percebermos que a criatividade está relacionada com a descoberta ou invenção de algo novo e valioso. Mas... o que é o novo?

Na criatividade, o novo se refere ou a um novo significado ou a novos contextos para se estudar o novo significado (Goswami, 1996 e 1999). Quando criamos um novo significado, usando contextos antigos e já conhecidos, chamamo-lo de invenção, ou, em termos mais formais, de criatividade situacional. Por exemplo: a partir da teoria das ondas eletromagnéticas, já conhecida, Marconi inventou o rádio. O rádio deu novo significado a uma porção específica do espectro eletromagnético, mas o contexto para a invenção já estava presente.

Por outro lado, a criatividade de Clerk Maxwell, que descobriu a teoria das ondas eletromagnéticas, é criatividade fundamental, pois envolve a descoberta de um novo contexto de pensamento ou invenções subsequentes.

Logo, o fato de termos dois tipos de criatividade, situacional e fundamental, invenção e descoberta, exige a hipótese de um corpo de intelecto supramental que processe o contexto do significado mental.

Na verdade, a definição de criatividade, se o leitor dela se recorda, trata de algo novo e valioso. O que confere valor, exceto nossos sentimentos de prazer e de dor? Assim, a existência do corpo vital também está implícita na definição de criatividade.

Um breve raciocínio pode revelar algo mais. O corpo mental não só dá significado aos objetos físicos de nossa experiência, como nós também o usamos para dar significado aos sentimentos do corpo vital. Assim, de modo análogo, o supramental é usado não só para dar contexto de significado mental, como para oferecer contextos para o movimento do vital e do físico. Em outras palavras, o intelecto supramental é o mesmo corpo que já chamei de corpo de temas – o corpo de temas arquetípicos que modela o movimento do físico, do mental e do vital.

E o que dizer da natureza quântica desses corpos, que postulamos para evitar o dualismo? Primeiro, vamos estudar o corpo mental.

Em busca da mente quântica

Tornou-se habitual, na psicologia moderna, desmerecer Descartes. Mas esse grande filósofo e cientista do século 17 notou algo inegavelmente profundo nas diferenças entre aquilo que chamamos de mente e aquilo que constitui nosso corpo físico. Ele disse que, enquanto os objetos do mundo físico têm extensão, localização no espaço (são *res extensa*), os objetos do mundo mental (*res cogitans*) não têm extensão; não podem ser localizados no espaço. Logo, a ideia de pensamentos, objetos mentais, poderem ser descritos em termos de objetos que se movem no espaço, objetos com localização finita, não parecia razoável para Descartes. Assim, ele propôs o mundo mental como um mundo independente (Descartes, 1972).

Segue ainda desse argumento de Descartes que objetos físicos, tendo extensão, são redutíveis a componentes menores. O macrofísico é feito do micro, de átomos, os quais, por sua vez, são feitos de partículas elementares ainda menores. Todavia, os objetos mentais, não tendo extensão, não podem ser reduzidos a microdivisões. A mesma ideia é encontrada na filosofia indiana, na qual a mente é *sukhsha*, palavra geralmente traduzida como "sutil", mas implicando também invisibilidade.[2]

Entretanto, Descartes, embora tivesse ideias profundas, também cometeu deslizes profundos. Um deles é o interacionismo, como dissemos várias vezes. Outro é que ele incluiu a consciência como propriedade do mundo mental. Mas, agora que corrigimos seus erros com nossa nova ciência, podemos levar a sério aquilo que seu pensamento tinha de profundo?

Qual a diferença entre substância física densa e substância mental sutil? Uma diferença importante é a natureza densa do macromundo de nossa percepção no domínio físico. Estamos postulando que tanto as substâncias físicas como as mentais são quânticas. Mas a diferença é que, no mundo físico, objetos microquânticos formam macroobjetos. Isso não ocorre no mundo mental.

Objetos quânticos obedecem ao princípio da incerteza – não podemos medir simultaneamente sua posição e velocidade com grande precisão. Para determinar a trajetória de um objeto, precisamos saber não só onde esse objeto está agora, como também onde ele estará dentro em pouco – em outras palavras, precisamos conhecer, ao mesmo tempo, posição e velocidade. E isso o princípio da incerteza diz que não podemos saber. Por isso, nunca poderemos determinar com precisão a trajetória de um objeto quântico: por natureza, são sutis.

No entanto, se o indivíduo faz grandes conglomerados de objetos quânticos sutis, eles tendem a assumir uma aparência densa. Por isso, embora os macrocorpos de nosso ambiente sejam feitos de objetos microquânticos que obedecem ao princípio da incerteza, eles são densos porque a nuvem de ignorância que o princípio da incerteza impõe a seu movimento é tão pequena que, na maioria das situações, pode ser ignorada. Logo, podemos atribuir a macrocorpos posição e velocidade e, portanto, trajetórias. Com isso, podemos observá-los à vontade

---

2. Estou grato ao Swami Dayananda Saraswati, por ter me dado esta informação.

enquanto outras pessoas os observam, formando assim um consenso a seu respeito.

Outro modo de ver isso é perceber que as ondas de possibilidade da macromatéria são tão lentas que, entre a observação de um outro e a minha, seu deslocamento é mínimo, virtualmente imperceptível; por isso, produzimos o colapso do objeto virtualmente no mesmo lugar. Assim, surge o consenso e, com ele, a ideia de uma realidade física exterior, pública, fora de nós.

Por falar nisso, a ideia de que o comportamento de macrocorpos seria dado aproximadamente pela física newtoniana determinista é chamado de princípio da correspondência. Foi descoberto pelo famoso físico Niels Bohr. O mundo físico é feito de tal modo que precisamos da intermediação dos macrocorpos, aparatos macro de "medição", para ampliar os objetos macroquânticos antes que possamos observá-los. Este é o preço que pagamos — a perda de contato direto com o micromundo físico — para ter uma realidade compartilhada de objetos físicos, de modo que todos possam ver os macrocorpos ao mesmo tempo.

Mas por que os objetos mentais não são acessíveis a nosso escrutínio compartilhado? A substância mental é sempre sutil; ela não forma conglomerados densos. Com efeito, como Descartes intuiu corretamente, a substância mental é indivisível. Portanto, para a substância mental, não há uma redução a componentes cada vez menores; não há um micro do qual é feito o macro.

Logo, o mundo mental é um todo, ou aquilo que os físicos, às vezes, chamam de meio infinito. Pode haver ondas em tal meio infinito, modos de movimento que podem ser descritos como ondas de possibilidade quânticas obedecendo a um cálculo probabilístico.

É possível verificar diretamente que os pensamentos — objetos mentais — obedecem ao princípio da incerteza: nunca podemos acompanhar ao mesmo tempo o conteúdo de um pensamento e o rumo que esse pensamento está tomando, a sua direção (Bohm, 1951). Também é possível observar os pensamentos diretamente, sem nenhum intermediário, sem qualquer dos chamados aparatos macro de medição, mas o preço pago é que os pensamentos são particulares, internos; normalmente, não podemos partilhá-los com os demais.

Ideias profundas dão-nos compreensão profunda. Assim, a ideia de que temos um corpo mental consistente de "objetos" de possibilidade quântica permite-nos compreender por que nossa percepção-consciente de objetos mentais é interna, em oposição à nossa percepção-consciente do físico, que é externa.

Quando agimos em nosso modo condicionado, o ego, então nossos pensamentos – na verdade o próprio pensamento – parecem algorítmicos, contínuos e previsíveis, o que lhes dá a aparência de objetos de antiguidade newtoniana. Mas há também o pensamento criativo, uma transição descontínua no pensamento, uma mudança no significado, que vai do condicionado para algo novo e valioso. Quando identificamos o pensamento criativo como o produto de um salto quântico no pensamento, qualquer resistência à aceitação da natureza quântica do pensamento pode decrescer substantivamente.

Para finalizar, embora os pensamentos, normalmente, sejam privados e não possamos compartilhá-los com outras pessoas, parece haver fortes evidências da existência da telepatia mental, na qual os pensamentos são compartilhados, sugerindo a não localidade quântica do pensamento entre mentes adequadamente correlacionadas (Becker, 1993). O físico Richard Feynman (1981) mostrou que sistemas newtonianos clássicos nunca podem simular a não localidade. Portanto, é possível que a não localidade do pensamento, como no caso da telepatia, seja a melhor evidência de sua natureza quântica.

O processo do pensamento é, pelo menos, uma fera familiar, e o leitor já pode ter intuído, mesmo sem meu incentivo, que a ideia de um corpo mental separado é justificável, inclusive sua natureza quântica. Mas haverá alguma justificativa profunda para se postular a natureza quântica do corpo vital?

O corpo vital

Em nossa cultura, em parte graças a Descartes, por malfadados que seus ensinamentos possam ter sido pelos materialistas, antes do atual desenvolvimento da ciência dentro da consciência, e em parte graças à nossa familiaridade com pensamentos, sempre mantivemos a amizade com as ideias do dualismo mente-corpo, os mundos duplos da matéria mental e física. Entretanto, o mesmo não pode ser dito a respeito da ideia de um corpo vital. É claro que, às vezes, ficamos intrigados quando alguém usa as palavras "energia vital" para descrever suas experiências. Mas não tratamos necessariamente do conceito de um mundo vital e separado, formado por substância vital; nossa experiência com a energia vital não nos dá essa confiança.

É claro também que biólogos do passado usaram a ideia de um corpo vital e de sua força vital — uma filosofia chamada "vitalismo" — para explicar o funcionamento de uma célula viva. No entanto, com o advento e o fenomenal sucesso da biologia molecular para explicar como funciona a célula viva, todas as ideias do vitalismo foram banidas da ciência. Temos de analisar a ciência de outras culturas para acessar e examinar ideias do corpo vital, culturas como a indiana, a chinesa e a japonesa. Em particular, o modo como a medicina é praticada na Índia e na China é muito instrutivo quanto à natureza do mundo vital e do corpo vital.

Na Índia, a cura iogue consiste de uma abordagem múltipla acerca daquilo que somos. Nos *Upanishads*, há uma descrição dos cinco corpos do ser humano (Figura 6.1). O mais denso é o físico, renovado constantemente por moléculas de alimentos e, por isso, chamado em sânscrito de *annamaya* (feito de *anna*, comida). O próximo corpo sutil é chamado de *pranamaya* (feito de energia vital, prana); refere-se ao corpo vital associado aos movimentos da vida, expressados como reprodução, manutenção etc. O próximo corpo, ainda mais sutil, é *manomaya* (feito de *mana*, substância mental), ou seja, o corpo do movimento da mente, do pensamento, discutido anteriormente. O seguinte, chamado de *vijnanamaya* (feito de *vijnana*, inteligência), é o intelecto supramental ou corpo de temas, o repositório dos contextos de todos os três corpos "inferiores". Finalmente, o corpo *anandamaya* (feito de *ananda*, não substancial, a alegria espiritual ou sublime) corresponde a *Brahman* – a base de toda a existência, a consciência em sua verdadeira forma.

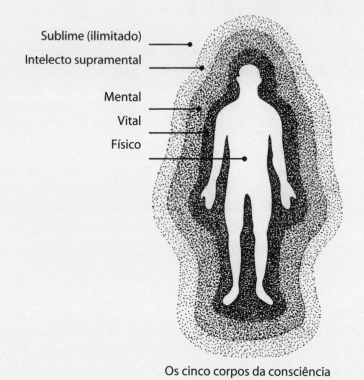

Os cinco corpos da consciência

Figura 6.1   Os cinco corpos da consciência. O mais externo é o corpo sublime, ilimitado; o próximo é o dos temas, ou do intelecto supramental, que estabelece os contextos dos movimentos do mental, do vital e do físico. Destes últimos, o mental dá significado aos movimentos vitais e físicos, e o vital tem uma espécie de matriz das formas biológicas da vida manifestadas no físico. Finalmente, o físico é o *hardware*, no qual são feitas as representações (*software*) do corpo vital e da mente.

Assim, a medicina indiana é dividida no estudo de cinco modalidades de cura: dietas, ervas e *hatha* yoga (*asanas* ou posturas) para o cuidado e cura do corpo físico; *pranayama*, cuja prática, em sua forma mais simples, consiste em seguir o fluxo da respiração, para o cuidado e a cura do corpo vital; a repetição de um mantra (cântico formado geralmente por uma palavra monossilábica) para o cuidado e cura do corpo mental; meditação e criatividade para o cuidado e cura do corpo supramental; e sono profundo e *samadhi*, ou a absorção pela unidade, para cuidado e cura do corpo sublime (Nagendra, 1993; Frawley, 1989).

Compreenda-se que *pranayama* é mais do que o acompanhamento da respiração. A palavra sânscrita *prana* significa respiração, é claro (também significa a própria vida), mas, além disso, significa modos de movimento do corpo vital, o corpo feito de prana. A meta de *pranayama* é, no final, ter acesso aos movimentos do corpo vital. Esses movimentos são sentidos como correntes que percorrem canais chamados *nadis*. Dois *nadis* importantes cruzam-se nas narinas; logo, observar a respiração, como na respiração de narinas alternadas, é útil para adquirirmos a percepção-consciente do movimento do prana.

Quando a medicina ocidental encontrou ideias como prana e *nadi*, foram feitas tentativas de compreendê-las como algum tipo de entidade física. As *nadis*, em particular, foram entendidas como nervos, mas isso de nada valeu; não se encontrou uma correspondência.

Os chineses desenvolveram a sofisticada medicina da acupuntura, baseada na ideia do fluxo de *chi* por canais chamados meridianos. Esses canais também não encontram correspondência com o sistema nervoso físico. São suficientemente parecidos com os *nadis* do sistema indiano (embora seja interessante notar que a correspondência entre os dois não é única) para sugerir que o *chi* é análogo ao prana, modos de movimento do corpo vital.

O jornalista Bill Moyers apresentou uma série de tevê para a rede pública dos EUA, contendo um segmento maravilhoso sobre a medicina chinesa e o mistério do *chi*. Em um trecho, em resposta à pergunta de Moyers – "como o médico sabe que

125

acertou o ponto certo (da acupuntura)?" – David Eisenberg, estudante americano de medicina chinesa, respondeu:

> É uma coisa incrivelmente difícil. Ele pergunta se o paciente está sentindo o *chi*, e se ele tem alguma sensação, é assim que ele fica sabendo. O médico também precisa sentir isso. Meu professor de acupuntura disse que é como pescar. Você precisa sentir a diferença entre uma mordiscada e uma fisgada (Moyers, 1993).

Entretanto, leva anos até se aprender a sentir o *chi* dos outros. O sentimento de *chi* é interno, normalmente não faz parte de nossa realidade compartilhada. A forma como o acupuntor compartilha a experiência de *chi* de um paciente é semelhante à telepatia.

Para mim, o trecho mais interessante do episódio de Bill Moyers deu-se quando um mestre chi kung demonstrou seu controle sobre o campo *chi* (e presumivelmente dos outros), que algumas pessoas não conseguiam penetrar nem com toda a força física. Elas atacaram esse esguio e idoso mestre, mas foram repelidas por uma força invisível, sem qualquer contato físico. Será que o mestre repelia seus atacantes controlando o campo *chi* destes? Parece-nos mesmo que sim. Chi kung é uma forma de arte marcial idealizada para se aprender a controlar o fluxo do *chi* no corpo vital. *Tai chi* é uma forma de dança com o mesmo objetivo.

O sistema japonês do *aikido* é, da mesma maneira, idealizado para se aprender a acessar o movimento de *ki*, palavra japonesa que designa os modos de movimento do corpo vital.

Preciso contar a minha primeira experiência direta com o *chi* (ou prana, ou *ki*). Deu-se em 1981; eu era um orador convidado em um *workshop* realizado por John e Toni Lilly, no Instituto Esalen, em Big Sur, Califórnia. O guru Bhagwan Shri Rajneesh*, do leste da Índia, era muito popular na época e, em uma manhã, eu estava participando de uma meditação "dinâmica", ouvindo uma fita de música de Rajneesh – primeiro,

---

* Também conhecido por Osho. [N. de E.]

agitava o corpo vigorosamente, depois dançava devagar, depois meditava sentado. Foi ótimo agitar o corpo; foi extremamente revigorante. Quando a música mudou, representando o começo da dança lenta, fomos instruídos a dançar de olhos fechados, e foi muito bom.

Mas tropecei em alguém e abri os olhos. Então – vejam só! –, um par de seios livres e saltitantes ficou bem à minha frente. Na época, ainda era um pouco moralista quanto à nudez (foi minha primeira viagem a Esalen) e fechei os olhos no mesmo instante. Infelizmente, fechar meu corpo mental foi uma questão bem diferente. A imagem mental dos seios saltitantes e o embaraço que senti depois, bem como o medo de dar um encontrão em outra pessoa, dominaram-me.

Quando a dança lenta terminou, senti-me muito aliviado. Sentei-me para meditar e a concentração veio rapidamente. Foi então que senti uma forte corrente subindo pela espinha, desde a parte de baixo das costas até a região da garganta. Foi incrivelmente refrescante – êxtase puro.

Uma análise posterior sugeriu que senti, de fato, o fluxo do prana, às vezes chamado de subida do *kundalini shakti* (*kundalini* significa enrolado, e *shakti* significa energia; logo, *kundalini shakti* denota energia vital ou prana enrolado), na verdade uma subida parcial. Nos anos seguintes, frequentei *workshops* (em especial, um apresentado pelo médico Richard Moss), onde experimentei profundos fluxos de prana pelo corpo. Recentemente, tenho praticado a estabilização da experiência do prana.

Minha experiência não é única. Muita gente teve a experiência do fluxo do prana ou *chi* ou da ascensão do *kundalini*, e agora esse é um dos fenômenos anormais sob intenso estudo por pesquisadores médicos de vanguarda nos EUA e em outros lugares. (Leia, por exemplo, Greenwell, 1995, e Kason, 1994.)

Vamos voltar à teoria. Podemos descrever modos de movimento do corpo vital – prana, *chi* ou *ki* – como as ondas de possibilidade quânticas de um meio subjacente e infinito do mundo vital? É claro que sim, pois, como tanto o sistema indiano quanto o chinês falam de caminhos ou canais para o fluxo da energia vital, a energia vital deve ser mais fácil de se localizar do que sua contrapartida mental. Contudo, é preciso perceber como os caminhos indianos dos *nadis* não se igualam perfeitamente aos meridianos chineses. Isso pode ser compreendido, caso a localização não seja rígida; assim, há aqui espaço para a validade do princípio da incerteza. Além disso, na medicina chinesa, o *chi* é sempre imaginado em termos de conceitos complementares, como *yin* e *yang*. Logo, tanto a incerteza como a complementaridade estão presentes em movimentos da energia vital, sugerindo sua natureza quântica.

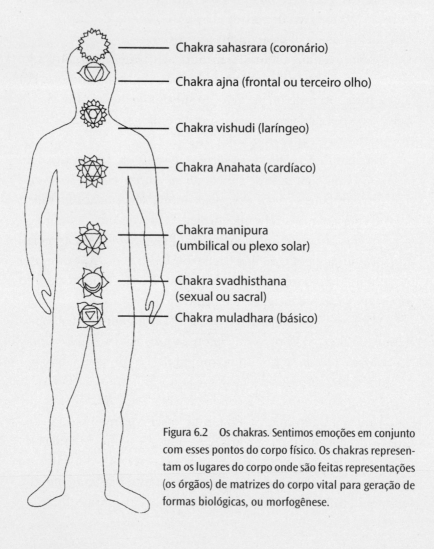

Figura 6.2 Os chakras. Sentimos emoções em conjunto com esses pontos do corpo físico. Os chakras representam os lugares do corpo onde são feitas representações (os órgãos) de matrizes do corpo vital para geração de formas biológicas, ou morfogênese.

Já comentei que a energia vital é experimentada internamente, tal como a mental, embora estes modos sejam menos sutis (ou seja, mais localizáveis) do que o mental. Isso confirma ainda mais o papel do princípio da incerteza para esses modos. Portanto, vou presumir que os modos da energia vital, como da mental, podem ser descritos como ondas de possibilidade quânticas no oceano de incertezas do mundo vital.

Percebendo que, como o pensamento, o movimento do prana também exibe tanto condicionamento como criatividade, temos mais um apoio para a suposição quântica. A verdade é que há aspectos condicionados do fluxo prânico com os quais o indivíduo está bastante familiarizado. Quando alguém se sente romântico, os sentimentos que afloram na região do coração são movimentos condicionados do prana. Quando uma pessoa está tensa e nervosa, do mesmo modo, o nó no estômago ou adjacências é outro exemplo desse movimento condicionado. Também será um movimento condicionado do prana se o indivíduo cantar diante de uma plateia pela primeira vez e sentir-se engasgado na região da garganta. Esses pontos onde sentimos os movimentos condicionados do prana são chamados de pontos de chakra na literatura, segundo a qual há sete chakras principais (Figura 6.2) (Goswami, 2000). Por outro lado, a ascensão do *kundalini*, previamente mencionada, significa o movimento criativo do prana; ele rompe a homeostase do condicionamento prânico e é a fonte de todas as aberturas criativas que a ascensão do *kundalini* costuma provocar.

Mencionei antes os mestres chi kung. Pesquisas científicas da China indicam que esses mestres conseguem efetuar reações bioquímicas em culturas de células *in vitro*, com seu campo *chi*. Se eles projetam um *chi* pacífico, este aumenta o crescimento e a respiração das células cultivadas; o oposto acontece com o *chi* destrutivo – a velocidade das reações bioquímicas nas culturas de células se reduz (Sancier, 1991). Isso sugere que o movimento de *chi* é não local e, portanto, quântico.

Graças à popularidade da yoga, do *tai chi* e do *aikido* no Ocidente atual, o corpo vital e seus modos de movimento são mais familiares para a psique popular. Mas não creio que a ideia do corpo vital seja, de algum modo, "oriental". Em um famoso poema, o poeta romântico inglês William Blake escreveu: "Energia é deleite eterno". Blake não estava falando da energia psíquica. Ele vivenciou a energia vital; ele conheceu *chi*.

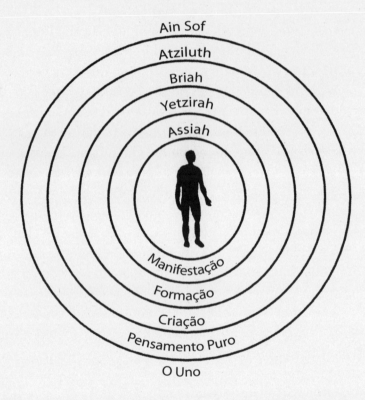

Figura 6.3   Os cinco mundos na Cabala. *Ain Sof* é a base da existência; *Atziluth* representa o mundo do pensamento puro ou dos arquétipos do pensamento; *Briah* representa a criação (do pensamento); *Yetzirah* representa a forma (biológica) e *Assiah*, a manifestação da forma.

Jesus disse: "A casa de meu pai tem muitas moradas". Ele sabia que tínhamos mais do que apenas um corpo físico. Segundo a Cabala, a manifestação divina do um (*Ain Sof*, ou corpo sublime) em muitos ocorre através de quatro mundos, todos eles transcendentes ao físico: *Atziluth*, o mundo do pensamento puro — os arquétipos ou temas; *Briah*, o mundo que dá significado à criação; *Yetzirah*, o mundo dos campos de formação ou morfogenéticos; e *Assiah*, o mundo da manifestação (Figura 6.3) (Seymour, 1990). Faz sentido afirmar que não temos apenas um corpo físico, mas um corpo correspondente a cada um desses mundos.

Graças a nossos gurus materialistas, a tendência de hoje é pensar que a mente é o cérebro, embora as duas coisas sejam vivenciadas de maneira bem diferente. Do mesmo modo, quando surge a questão sobre a natureza inteiramente química da vida, esperamos que os bioquímicos materialistas e os biólogos moleculares resolvam a questão. Mas, na verdade, essas questões estão longe de ser resolvidas.

A filosofia "mente é cérebro" não explica o aspecto mais direto e simples de nossa experiência, qual seja, o motivo pelo qual a mente é vivenciada internamente, sem podermos compartilhá-la, enquanto o cérebro pode ser experimentado desde fora. Com a ajuda de instrumentos, como a tomografia por pósitrons, qualquer um pode ver o que acontece lá dentro (Posner e Raichle, 1995). Modelamos os aspectos condicionados da mente com nossos computadores e achamos que o computador (cérebro) é o cerne do pensamento, deixando de lado o estudo adequado da criatividade, da telepatia e da espiritualidade – os aspectos da mente quântica.

Dependemos de nossa criatividade para escrever programas inovadores, que realizem nosso propósito com nossos computadores. Haverá evidências para essa criatividade por parte do programador na evolução da vida? Evidências abundantes. Toda grande mudança em complexidade, como a transição de répteis para aves ou de primatas para humanos, não é explicada por um mecanismo darwiniano gradual de variação ou seleção. Mostra, isso sim, o salto quântico de uma consciência criativa, escolhendo entre muitas possíveis variações simultâneas (Goswami, 1994, 1997 e 2000). "Sinais de pontuação" da evolução, evidências fósseis de períodos de mudanças muito rápidas, são indícios de tais intervenções criativas (Eldredge e Gould, 1972).

Quando estudamos os movimentos condicionados, programados, dos processos vitais de uma célula, a química funciona e julgamos, complacentes, que tudo na vida é química. Mas a filosofia que diz que a vida é química não explica a criatividade na evolução ou como um embrião monocelular atinge uma forma adulta complexa, cuja integridade é parte vital da definição do organismo (Sheldrake, 1981).

Os cinco corpos da consciência

Vamos estudar a situação com relação à pergunta: será que temos outros corpos além do físico? Há muito, os filósofos notaram que os contextos do movimento no domínio físico – espaço, tempo, força, *momentum*, energia e coisas assim – são bem diferentes de alguns dos contextos importantes para a vida, como sobrevivência, manutenção e reprodução, e totalmente inadequados para captar sua essência. Uma pedra não tenta manter sua impoluta integridade de forma, quando coberta por uma lama que adere a ela. No entanto, experimente alguém jogar lama em seu gato e observe sua reação.

Há sistemas inanimados, autossustentados, com reações químicas cíclicas que podem durar indefinidamente, mas não existe intencionalidade nessa automanutenção. Sistemas vivos, particularmente os mais avançados, por outro lado, vivem a vida segundo uma agenda clara. Podemos dizer que um fogo no mato se reproduz ao se espalhar, mas esse tipo de reprodução carece da evolução proposital que é parte da agenda dos vivos.

Depois, temos os contextos físico-mental-vital do movimento que se manifesta em emoções como o desejo. O leitor consegue imaginar a matéria física inanimada movida pelo desejo?

Ademais, temos contextos mentais do movimento do pensamento, como reflexão e projeção, e, finalmente, contextos mentais e supramentais como amor e beleza, muito distantes dos contextos físicos do movimento, como força e *momentum*. O homem pode descrever como belos os remoinhos de um rio ou o jogo de cores nas nuvens em um pôr-do-sol, mas toda essa beleza está em sua mente.

Maior ainda é a diferença no modo como vivenciamos o físico e o mental ou vital. Corpos físicos de nossa experiência parecem-nos externos; fazem parte de uma realidade material compartilhada. Isso inclui nossos próprios corpos físicos, que os outros podem ver, tocar, sentir. Mas isso não ocorre com o mental. Para nós, os pensamentos são internos e privados; normalmente, ninguém mais pode percebê-los. Do mesmo modo, o sentimento de "vivacidade" após um exercício físico e uma ducha, que os orientais consideram relacionado com o fluxo do prana por seu corpo vital, é normalmente um sentimento íntimo. A exceção ocorre quando a não localidade quântica conecta duas pessoas, como na telepatia.

O caso das emoções é interessante, porque, em nossa experiência com as emoções, podemos ver nitidamente que todos os três "corpos" – físico, mental e vital – estão envolvidos na experiência. Perceba como é diferente a sensação da emoção em cada um desses corpos. Os sinais físicos da emoção podem ser vistos ou medidos por instrumentos – o rosto da pessoa fica vermelho, sua pressão arterial sobe. E há o diálogo mental associado a elas que ninguém consegue escutar. Há ainda o fluxo vital do *chi*, que o indivíduo pode sentir interiormente, caso preste atenção nele, mas que é particular e muito mais difícil de controlar do que os sinais físicos.

Os materialistas teorizam que os aspectos e atributos da vida e do pensamento emergem do movimento das moléculas, em certo nível de complexidade. Todavia, essa teoria da mente e da vida emergente permanece apenas como promessa. Por outro lado, a ideia de um corpo mental separado faz sentido até em uma rápida análise de nossa experiência direta. As imagens no aparelho de tevê são apenas o movimento de elétrons; contudo, contam uma história, porque colocamos significado nesses movimentos. Como fazemos isso? Usamos imagens mentais para "vestir" o movimento físico dos elétrons na tela (Sperry, 1983). É claro que esses estados mentais podem ser mapeados hoje em nossa mente. Mas de onde vieram originalmente?

De modo análogo, os estados do corpo vital manifestam os conteúdos do movimento da vida – por exemplo, na estrutura dos campos morfogenéticos para o desenvolvimento da forma adulta a partir do embrião. Quando a consciência faz com que o estado físico paralelo (celular) do corpo físico entre em colapso, precipita uma memória física (uma representação) do estado do corpo vital. Não é assim que uma pessoa usa seu computador? Ela começa com uma ideia em sua mente e faz uma representação de sua ideia mental no corpo físico do computador. Agora, podemos dizer que o computador fez uma representação simbólica de seu estado mental.

Alguém pode começar a conversar com os mapas computadorizados de seus pensamentos e julgá-los bastante mentais, bastante satisfatórios. Seria como conversar com o sr. Data, de *Jornada nas Estrelas: a Nova Geração*, cujas respostas, ricas em informações, viriam de seus programas embutidos que mapeiam o pensamento de seu criador. Mas não é preciso supor que Data tenha estados mentais ou a experiência ou a compreensão daquilo que está dizendo.[3] Para ter estados mentais, Data precisaria ter acesso a um corpo mental e, para experimentá-lo e compreendê-lo, necessitaria da consciência total da percepção-consciente, teria de ser um aparato autorreferenciado de mensuração quântica.[4]

Em *Jornada nas Estrelas: a Nova Geração*, alguns episódios parecem mostrar Data tentando obter um *chip* que lhe daria emoções. (Em um episódio, ele conseguiu um *chip* desses.) Um *chip* de emoções pode conseguir captar o componente mental da emoção, mas não é assim que a natureza programa o corpo vital no físico. As funções vitais são programadas como um conglomerado de células vivas que levam realmente a cabo a

---

3. Este ponto foi particularmente enfatizado pelo filósofo John Searle, 1992. Veja, ainda, Varela *et al.*, 1991.

4. Este ponto também foi levantado pelo cientista da computação Subhash Kak, em uma comunicação particular com o autor. Veja, ainda, Kak, 1995.

função vital que elas representam, e sentem-se emoções (nos pontos de chakra já mencionados) em conexão com esses órgãos (Goswami, 2000). Além disso, a experiência da emoção exigiria um corpo vital e mental adicional e, mais importante ainda, uma consciência para mediar e coordenar o movimento de todos os três corpos e para vivenciá-los.

Dessa forma, faz sentido teorizar que existem corpos vital e mental separados e distintos, que manifestam os contextos vital e mental da vida e do pensamento em um conteúdo, e que a consciência usa esses estados para mapear o corpo físico e os estados cerebrais que correspondem a eles, assim como podemos projetar programas de computador para mapear funções mentais (os programas usados pelos pesquisadores de inteligência artificial) no *hardware* do computador.

Isso nos leva à questão relativa à natureza quântica do intelecto supramental ou corpo de temas, o corpo dos contextos – os contextos de todos os outros três corpos, o físico, o vital e o mental. O corpo supramental é o mais sutil dos corpos sutis, tão sutil que ainda não estamos no ponto da evolução que nos permita mapeá-lo diretamente no plano físico. Mas temos evidências do colapso descontínuo do supramental na criatividade fundamental, além de evidências de sua não localidade.

No Capítulo 4, introduzi o conceito da mônada como o corpo de contextos nos quais vivemos, o que a tornaria equivalente, dentro de nossa conversa, ao corpo de intelecto supramental. Para lidar plenamente com a questão da sobrevivência e da reencarnação, agora vamos generalizar o conceito de mônada, incluindo também os corpos vital e mental. E, para não entrar no dualismo, devemos aceitar a natureza quântica da mônada.

Tanto o corpo físico como a mônada quântica (agora vista como o conglomerado dos corpos de intelecto supramental, mental e vital) estão mergulhados como possibilidades no corpo sublime de uma consciência transcendente. A manifestação da possibilidade em experiência manifestada é apenas uma aparência (veja o Capítulo 7). No final das contas, há apenas consciência, e não há dualismo.

O leitor perspicaz vai perceber que, neste capítulo, usamos as ideias dos mundos sutis (vital, mental, intelectual) e corpos sutis de forma intercambiável; não conseguimos, ainda, mostrar como surgiram corpos sutis sem o dualismo. Isso também será feito no Capítulo 7.

Atenção! Estamos ampliando o cenário da ciência

Quando converso com não cientistas sobre corpos sutis, a pergunta que mais surge é: "por que não existem substâncias cada vez mais sutis, até o infinito?" Quando o corpo físico evolui até uma complexidade adequada, estados que correspondem às funções vitais e mentais dos mundos vital e mental podem ser mapeados nele — é assim que a vida e a mente evoluem no mundo físico. Será que a evolução futura de entidades biológicas mais complexas permitirá que mapeemos mundos ainda mais sutis do que o mental? Naturalmente, não temos como obter uma resposta para essa pergunta, mas eu a menciono aqui só para lembrar que os não cientistas estão bem dispostos a estudar corpos sutis e suas ramificações. (Creio que, pelo menos, mais uma evolução do ser humano seja obrigatória: a evolução da capacidade de mapear o intelecto supramental no físico.)

Segundo minha experiência, lá pela meia-noite, especialmente sob um céu aberto e com um pouco de álcool (do tipo ingerível) no "bucho", até cientistas empedernidos tornam-se um pouco espiritualizados. Nessas ocasiões, a ideia do espírito e seus cinco corpos faria sentido para eles. Dizem que até Freud teria admitido isto a um amigo: "Sempre vivi no porão do prédio. Você afirma que, com uma mudança de perspectiva, é possível ver um andar superior, que abriga hóspedes distintos como religião, arte etc. Se eu tivesse outra vida de trabalho à minha frente, não tenho dúvidas de que poderia encontrar espaço para esses nobres hóspedes em minha pequena casa subterrânea".

Mas o problema está na luz do dia. Apoiados na ilusão sólida da realidade material do dia, esses cientistas empedernidos professam total descrença em qualquer coisa que não seja a matéria, e comportam-se como se a existência de substâncias que não a física incomodasse sua sensibilidade científica ao máximo. Será que o conceito do corpo sutil concorre com o poder de persuasão da realidade material e sólida?

O primeiro ponto que se deve identificar, aqui, é que palavras como "substância" ou "corpos" têm um significado muito diferente para a mecânica quântica e para a mecânica newtoniana clássica. Isso é válido até para objetos quânticos físicos. "Átomos não são coisas", disse Werner Heisenberg, descobridor da mecânica quântica. A "coisice" de nosso macromundo familiar aparece porque objetos grandes, macro, maciços, camuflam sua "não coisice" quântica; suas ondas de possibilidades se espalham, mas de modo muito lento. Na verdade, como enfatizou o físico Casey Blood, até o macromundo de nossa observação é o resultado direto da interação da consciência com funções matemáticas de *potentia* (Blood, 1993).

Também é útil abrir mão da conotação subjetiva cartesiana para o corpo mental (e o vital) e reconhecer que, na tradição oriental, como deixei claro antes, esses corpos são definidos objetivamente (apenas sua experiência é subjetiva). Em consonância com tal tradição, postulo que as substâncias vitais, mentais e supramentais também obedecem a uma dinâmica de probabilidade quântica passiva de ser descrita por meios matemáticos objetivos. O físico Henry Stapp concorda em parte comigo. "Não há razão intrínseca para que qualidades sensíveis e as 'ideias de objetos' diretamente cognoscíveis não possam ser representadas de maneira matemática precisa", escreveu certa vez (Stapp, 1996). Haverá alguma matemática que descreva movimentos mentais de significado e movimentos vitais de sentimento? Tradições espirituais falam de geometrias sagradas do significado e, por isso, talvez seja o caso de prestarmos mais atenção a essas coisas. Com efeito, já há trabalhos científicos iniciados nessa direção.[5]

---

5. O físico Saul-Paul Sirag, por exemplo, está desenvolvendo um modelo da mente com base na teoria dos grupos, um ramo da matemática. Veja Mishlove, 1993.

Quando ouvimos falar ou pensamos em outros mundos ou corpos, visualizamos estruturas como aquelas caixas chinesas, uma dentro da outra. Nos *Upanishads*, às vezes os corpos são chamados de *koshas* – invólucros – evocando uma imagem similar.[6] Temos de erradicar esses hábitos conceituais. Os quatro mundos quânticos permanecem em *potentia* até se manifestarem (como aparência) em uma mensuração quântica. Não há substancialidade em nenhum desses corpos, no sentido da física clássica; a consciência dá-lhes substância por meio da manifestação. Em outras palavras, a experiência da solidez de uma mesa maciça não é uma quantidade intrínseca de matéria, mas é o resultado da interação entre a matemática material apropriada e a consciência. Do mesmo modo, a experiência do significado mental não é inerente a objetos mentais, mas resulta de sua interação com a consciência.

Ademais, uma mensuração quântica sempre exige um corpo físico (veja o Capítulo 7). Logo, os mundos sutis nunca se manifestam na experiência sem um corpo físico encarnado, e manifestam-se como corpos que, normalmente, são vivenciados em privado.

Desse modo, temos mundos de existência física, vital, mental e supramental em *potentia*, e a manifestação de corpos físicos, vitais, mentais e supramentais só ocorre com o colapso quântico. A consciência é responsável por identificar e escolher a experiência efetivamente manifestada dentre todas as possibilidades – física, vital, mental e supramental – disponíveis, e por experimentar essa experiência momento a momento, que é subjetiva, e além de qualquer tratamento científico.

Apesar do surgimento de um monismo baseado na primazia da matéria, a ideia de que necessitamos de uma substância

---

6. Uma consulta ao *Taittiriya Upanishad* (Nikhilananda, 1964), onde a ideia dos cinco corpos da consciência surgiu pela primeira vez, mostra que não é necessário interpretar os corpos como invólucros. Estou grato ao Swami Dayananda Saraswati por sua discussão sobre este tópico.

mental explícita com estados mentais a fim de ter uma mente foi enfatizada por muitos dos grandes pensadores modernos, entre os quais o filósofo Karl Popper e o neurofisiologista John Eccles (1976). Mas seu trabalho tem sido ignorado por causa do emprego do dualismo em seu modelo. Com a ciência dentro da consciência, com a ideia de consciência que põe em colapso, ao mesmo tempo, os estados paralelos de nossos quatro corpos paralelos, retemos o ponto válido desses dualistas e ainda evitamos as dificuldades do dualismo. E – importante –, ao postularmos que os corpos sutis são objetivos, abrimos as portas para a ciência contemplar aquilo que tem sido chamado, na tradição ocidental, de "a mente de Deus".

Para aqueles que suscitam a objeção da navalha de Occam, a parcimônia nas suposições, contra a proliferação de corpos "substanciais" nos quais a realidade se manifesta, cito Einstein. "Tudo deve ser feito tão simples quanto possível", disse ele, "mas não mais simples." Também devemos admitir que a consistência interna, experiências objetivas e nossas experiências subjetivas são o árbitro final daquilo em que a metafísica acredita: um monismo material ou um monismo baseado na primazia da consciência que admite cinco níveis diferentes – físico, vital, mental, supramental e sublime – de nossa experiência.

Uma ciência baseada na supremacia da matéria encalacra-se em paradoxos teimosos – entre eles, o paradoxo da mensuração quântica –, que expõem a falta de consistência interna dessa metafísica. Uma ciência dentro da metafísica da primazia da consciência resolve esses paradoxos, inclusive o paradoxo da mensuração quântica. A teoria atual é a primeira a indicar por que experimentamos o físico como externo/compartilhável e o sutil como interno/particular, sem que nos atolemos no dualismo. A teoria também explica a teimosa não localidade de algumas de nossas experiências supramentais, mentais e vitais. Isso traduz um verdadeiro progresso científico.

Ao postular, de acordo com as tradições esotéricas, que não temos um, mas cinco corpos que definem nossa existência, estamos ampliando o escopo de nossa ciência. Agora, vamos voltar ao nosso principal assunto: como a existência desses corpos adicionais, a definição ampliada da mônada, ajuda a compreender a questão fundamental da reencarnação? Especificamente, "o que é que" transmigra de um corpo encarnado para outro, de modo a podermos dizer que esses corpos formam uma continuidade, e como isso acontece?

capítulo 7

a mônada quântica

O filósofo alemão Arthur Schopenhauer acreditava na reencarnação. Ele via claramente que a existência de um recémnascido tinha sua origem na desgastada e perecida existência de outro ser, em outra época. Mas ele também via nisso um enigma. Disse: "Mostrar uma ponte entre as duas (existências) seria certamente a solução de um grande enigma". Neste capítulo, iremos construir esta ponte, com base no conceito de um novo tipo de memória.

Falei de macrocorpos densos de nosso mundo físico porque suas ondas de possibilidade são lerdas. Os macrocorpos têm uma propriedade que aumenta sua densidade. Como são complexos, após terem sido "excitados" por alguma interação, levam um longo tempo até voltarem ao estado "básico" normal; em outras palavras, seu tempo de regeneração é longo. Isso permite que os macrocorpos tenham memórias ou registros praticamente permanentes, que parecem irreversíveis; uma fita de áudio ou de vídeo são exemplos. Chamo isto de memória clássica, pois tudo de que se precisa para compreendê-la é a física clássica. Uma importante diferença entre substâncias físicas e sutis é que as sutis não formam a memória clássica, que exige a natureza densa do macrocorpo.

Será que algum de nossos corpos, além do físico, forma algum tipo de memória? Esta pergunta é muito importante, porque este é o teste quintessencial a verificar se eles podem transportar algum tipo de identidade da experiência vivida entre uma encarnação e outra. *Brahman*, o corpo sublime, abrange todas as criaturas, grandes e pequenas; ocorrem manifestações nele, mas não o afetam. Entretanto, o que falar dos componentes intelectual, mental e vital do corpo sutil?

A seu favor, tanto os budistas como os hindus sempre postularam que a reencarnação leva tendências e hábitos adquiridos de uma vida para outra. Os budistas chamam-nos de *sanskaras* e os hindus, de "karma". Todavia, até essas antigas tradições não conseguem sugerir um mecanismo para a transferência das tendências. É o ponto que nossa ciência dentro da consciência está elucidando.

No evento de cada mensuração quântica que nos envolve como observadores, a consciência não só põe em colapso a onda de possibilidades do objeto externo de nossa observação, como também a onda de possibilidades quânticas do cérebro que nos dão a autorreferência. O colapso no cérebro também envolve a formação clássica da memória. É claro que isso é memória de conteúdo, como uma fita de áudio ou de vídeo, embora possa ser holográfica, como sugerido pelo neurofisiologista Karl Pribram,[1] e contribui para a história pessoal com a qual nos identificamos. Por exemplo: sou Amit Goswami, nascido em Faridpur, na Índia, criado em Calcutá; mudei-me para os Estados Unidos quando jovem etc.

Mas o outro tipo de memória, associada a mensurações quânticas no cérebro, é mais sutil. A memória clássica, feita de cada evento mensurado, é repassada sempre que um estímulo similar se ache presente. Em virtude dessas mensurações repetitivas de um sistema quântico confinado (ou seja, não só o estímulo, como o registro da memória é mensurado), a equação

---

1. Contudo, as leis conhecidas da física não permitem que essa memória seja completamente irreversível.

matemática do sistema adquire a chamada não-linearidade. Este outro tipo de memória, pois, tem relação com essa não-linearidade por causa do *feedback* da memória.

O leitor não se deve deixar travar por termos matemáticos, como não-linearidade e seu significado; isso fica para os matemáticos. Estou apenas preparando o contexto para que se possa apreciar a história da descoberta que narro a seguir. A matemática quântica comum, sem os entraves da não-linearidade, dá-nos ondas de possibilidades e a liberdade para escolhermos dentre as possibilidades. Em 1992, um súbito lampejo de insight convenceu-me de que a não-linearidade da matemática quântica para o cérebro com *feedback* de memória é responsável pela perda da liberdade de escolha — em outras palavras, aquilo que os psicólogos chamam de condicionamento. Porém, como prová-lo? A solução de equações não lineares é sabidamente difícil, mesmo para os matemáticos.

Certa tarde, eu estava pensando nesse problema, enquanto devorava um copo grande de Pepsi *diet* no "aquário" (assim chamado porque é cercado por paredes de vidro) do refeitório dos estudantes da Universidade de Oregon, quando um estudante de física, Mark Mitchell, sentou-se ao meu lado e indagou: "Por que você parece tão perturbado?" Ao que respondi: "Como alguém pode se sentir bem, tendo uma equação não linear para resolver?" Ficamos conversando e eu continuei a me queixar da dificuldade para resolver equações não lineares com Mark. O estudante deu uma olhada na minha equação e disse: "Sei como encontrar uma solução. Trago-a amanhã".

Não me surpreendi por Mark não ter aparecido no dia seguinte. Na minha profissão, aprendemos a aceitar as limitações do entusiasmo juvenil. Por isso mesmo, fiquei duplamente surpreso quando Mark apareceu com uma solução no outro dia. Ainda havia alguns detalhes a acertar, mas nada que não pudesse ser resolvido (e, para isto, minha experiência contribuiu), e a solução foi válida. O que descobri foi o seguinte: quanto maior o fardo sobre nossa memória e sua repetição, mais nossa liberdade de escolha fica comprometida. Se um estímulo foi encontrado previamente, é grande a probabilidade de que respondamos da mesma maneira que respondemos antes (Mitchell e Goswami, 1992). Isso, obviamente, é uma propriedade bem conhecida da memória; a evocação aumenta a possibilidade de novas evocações. Mas a tendência para o comportamento condicionado não está na memória em si, que é física. A tendência vem das probabilidades dessas possibilidades quânticas que manifestamos e vivenciamos no passado. O condicionamento está contido na matemática quântica modificada; chamo-a de memória quântica.[2]

Leitor, cuidado! Objetos obedecem a leis quânticas – espalham-se em possibilidade, seguindo a equação descoberta por Erwin Schrödinger –, mas a equação não está codificada nos objetos. Do mesmo modo, equações não lineares apropriadas governam o condicionamento da memória quântica, embora esta memória não fique gravada nelas. Enquanto a memória clássica fica registrada nos objetos como uma fita, a memória quântica é realmente análoga àquilo que os antigos chamavam de memória akáshica, a memória gravada no *Akasha*, o vazio – lugar algum.

Em seguida, vamos nos lembrar de que nossas experiências no mundo como observadores envolvem não apenas o cérebro, como também o corpo supramental, o mental e o vital. No começo do capítulo, disse que corpos sutis não podem gerar a memória clássica como uma gravação em fita. Este é um dos motivos pelos quais esses corpos são chamados de sutis. A pergunta importante agora é: podem eles gerar memória quântica?

Já observamos que o físico é necessário para o mapeamento e manifestação das funções vitais e mentais que envolvem movimento no espaço e no tempo. Este mapeamento inclui a memória clássica. Subseqüentemente, se o corpo físico é excitado

---

2. O físico Howard Carmichael (em comunicação particular com o autor) percebeu, graças a cálculos estatísticos de "Monte Carlo", que a solução de equações Schrödinger não lineares para um fóton em uma cavidade de ressonância também é passível de condicionamento, proporcionando, assim, uma confirmação independente para a memória quântica.

nesse estado de memória, em função de algum estímulo, a consciência o identifica e escolhe pôr em colapso e experimentar os correspondentes estados correlacionados do corpo vital e mental. É com esta repetição que os corpos mental e vital adquirem a memória quântica.

Logo, a memória dos corpos vital e mental é inteiramente quântica, que ocorre por meio do condicionamento da estrutura de possibilidades devido a repetidas experiências, e resulta da mesma dinâmica básica da memória quântica do corpo físico. Com muitas experiências repetidas, a memória quântica tende a prevalecer para qualquer resposta a qualquer estímulo; isso ocorre quando dizemos que nossos corpos vital e mental adquiriram caráter individual (Figura 7.1).

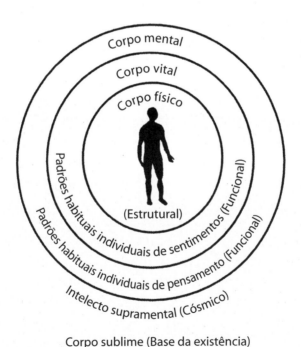

Figura 7.1 A individualização dos corpos vital e mental.

A identificação com este caráter mental e vital e a memória clássica (histórico) registrada no cérebro nos dá o ego. Perceba que, como o supramental não pode ser mapeado no físico, também não pode ser condicionado. Em outras palavras, não há componente supramental no ego. É interessante observar que os teosofistas intuíram essa distinção entre as partes supramental (que eles chamavam de "mental superior") e mental-vital (que eles chamavam de "mental inferior") do corpo sutil.

Vamos estudar cuidadosamente a mensagem da figura 7.1. O núcleo de nossa fixidez individual é o corpo físico; ele tem uma estrutura concreta. Depois, vêm os corpos vital e mental: aqui, não há estrutura individual, mas sua fixidez vem de nossa identificação com os padrões de hábitos condicionados que adquirimos para respostas vitais e mentais. Habitualmente, invocamos mais certas energias vitais (sentimentos) do que outras, ao reagirmos a situações emocionais. Pensamos de acordo com o caráter (como matemático, como artista, como empresário etc.) quando resolvemos um problema. Portanto, nossos corpos vital e mental são totalmente funcionais. Finalmente, nossos corpos de intelecto supramental e sublime permanecem incondicionados e compartilhados universalmente.

Os neurofisiologistas dizem que há um lapso de tempo de 0,5 segundo entre o momento da chegada de um estímulo e o momento de nossa resposta verbal (Libet *et al.*, 1979). O que acontece nesse 0,5 segundo? No instante em que chega um estímulo, temos muitas respostas quânticas possíveis para ele e, ainda, a liberdade de escolher dentre algumas delas. O evento de colapso correspondente (vamos chamá-lo de evento de colapso primário) dá origem à nossa percepção-consciente da divisão sujeito-objeto: o sujeito olhando um objeto. Mas esse sujeito tem liberdade de escolha, não está comprometido com a repetição da memória, não tem padrão de hábito individual ao qual responder. Chamo a experiência deste sujeito de experiência do *self* quântico. É caracterizada pela espontaneidade criativa. A seguir, tem início a repetição da memória e o respectivo condicionamento.

A figura 7.2 mostra isso: um meio-termo de escolhas entre imagens passadas (físicas, mentais e vitais), incluindo novos modos de percepção, significado e sentimento: é maior a probabilidade de escolha (indicada pela seta mais longa) de uma imagem passada do que de um modo novo. No evento de colapso secundário que se segue, é mais provável que a imagem passada cause o colapso do que uma nova percepção. Conforme o estímulo permeia a reflexão repetida no espelho das memórias passadas, os eventos de colapso secundário exibem mais e mais a tendência para causar o colapso de uma imagem passada, do que de um novo modo de percepção.

Contudo, nesses estágios pré-conscientes, ainda há certa liberdade de resposta. Se exercitarmos essa liberdade, vamos experimentar nosso *self* quântico. Mas, quando esse 0,5 segundo terminar e nossa reação verbal ocorrer, será uma reação quase que 100% condicionada. Se eu estiver olhando para um peixe (o estímulo), minha mente condicionada dirá "alimento", se eu gostar de comer peixe. Estarei reagindo a partir do meu ego, estritamente conforme padrões condicionados de pensamento e de sentimento.

Naturalmente, este é um território familiar para o leitor. Alguém corta o cabelo e se veste bem, ao se preparar para jantar com aquela pessoa especial. A pessoa amada chega em casa, olha para o outro, mas não "vê", e diz: "O que temos para jantar?" O leitor também deve ter percebido a diferença quando a reação vem do *self* quântico pré-consciente: ela é espontânea e alegre, e merece que o outro se arrume.

Com a reação do ego firmemente estabelecida, há uma continuidade na reação. Praticamente desaparece a descontinuidade da reação criativa, disponível apenas no *self* quântico.

Preciso tornar a enfatizar que é por meio desse processamento da memória quântica que adquirimos uma mente individual e um corpo vital (aquilo que chamamos de intelecto supramental é, na verdade, parte da mente individual, pois o verdadeiro intelecto é supramental e não pode ser mapeado diretamente no cérebro.) Potencialmente, todos nós temos

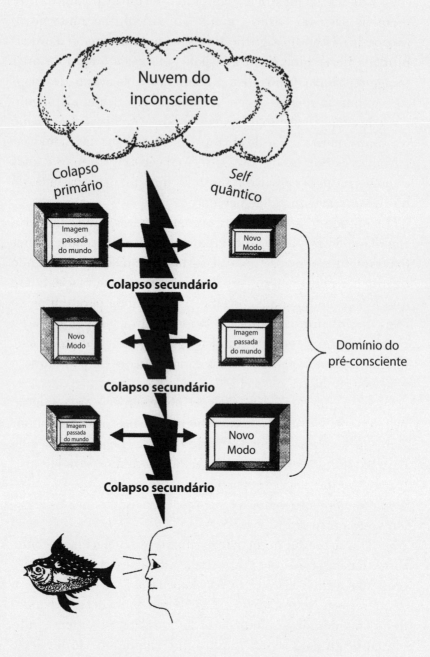

Figura 7.2 Os domínios das experiências do ego, do pré-consciente e do *self* quântico.

acesso aos mesmos mundos mental e vital, que são estruturalmente indivisíveis, mas adquirimos diferentes propensões e padrões de hábitos que manifestam as funções mental e vital de maneiras individuais. Logo, nossos corpos individuais mental (que inclui o intelecto, tal como intuído e elaborado no mental) e vital são corpos funcionais, não estruturais como ocorre com o corpo físico.

Agora, é possível ver o que acontece quando morremos. O corpo físico morre com todas as suas memórias clássicas. Mas o corpo sutil, a mônada, não tem estrutura; não há nele nada para morrer. A mônada, com sua memória quântica, com seus componentes condicionados vital e mental, permanece disponível como um conglomerado de possibilidades condicionadas vitais e mentais. Essa mônada dotada de memória quântica – vamos chamá-la de mônada quântica – é um modelo viável daquilo que o *Livro tibetano dos mortos* e outras tradições espirituais identificam como a alma sobrevivente.

Se alguém, em uma época e um lugar do futuro, usa uma mônada quântica condicionada do passado, então, mesmo sem a memória clássica ou condicionamento prévio na vida atual, os padrões mental e vital com que essa pessoa irá reagir serão padrões aprendidos, os padrões aprendidos da mônada quântica. Em princípio, o uso dessas mônadas quânticas está disponível para todos nós. Entretanto, parece que certos indivíduos encarnados estão correlacionados por meio da não localidade quântica; eles têm acesso privilegiado aos eventos da vida do outro, através da transferência de informação não localizada (veja os capítulos 4 e 5). Parece que são esses indivíduos que compartilham a mesma mônada quântica de modo continuado; são eles que podem ser chamados de reencarnação um do outro. As tendências mentais e vitais de vidas passadas que a pessoa herda dessa maneira são chamadas de "Karma", na tradição hindu.

Por conseguinte, a mônada, a sobrevivente à morte do corpo material, forma um *continuum* com as encarnações físicas, pois transporta, por meio de seus corpos sutis mental e vital, parte da identidade individual (Figura 7.3); não o melodrama, não o conteúdo do ego, mas o caráter, as tendências do pensamento mental e do sentimento vital, o repertório (mentalmente) aprendido de contextos, bem como fobias, a aversão por determinados contextos — em outras palavras, tanto os bons como os maus padrões de hábitos que chamamos de karma. Agora, deve estar claro que os proponentes da continuidade da vida e da morte estão certos, e que, portanto, o *Livro tibetano dos mortos* está correto — provamos a validade de seu ponto essencial!

Figura 7.3   A mônada quântica e a roda do karma.

A mônada não é apenas um tema coletivo, comum a toda a humanidade, como sugerimos no Capítulo 4. Ela é individualizada, possuindo a memória vital e mental, cujos contextos foram aprendidos em certa história reencarnatória, um aprendizado que tem lugar mediante a modificação da dinâmica quântica do corpo vital e mental. No nascimento, a mônada leva o karma até a atual encarnação. Na morte, a mônada continua, com o karma adicional acumulado nesta vida.

René se apaixona por Sam e descobre o amor romântico — o amor expressado como romance. O conteúdo — o caso específico com Sam — está armazenado em seu cérebro e não faz parte da mônada quântica. Mas o aprendizado sobre o amor romântico faz, e é este aprendizado mental que será levado adiante de uma encarnação para outra. A totalidade de todos esses aprendizados forma a memória quântica da mônada quântica.

O que faz com que um contexto seja aprendido? Dando um salto quântico até o intelecto supramental em um *insight* criativo, temos um momentâneo mapa mental do novo contexto descoberto no *insight*, para o qual o cérebro produz uma memória. Mas isso não altera substancialmente as propensões já existentes na mente. Isso acontece quando vivenciamos o *insight* repetidamente. O *feedback* repetido da memória do conteúdo do cérebro na dinâmica da experiência produz memória quântica, tanto no cérebro quanto na mente. Só então é que podemos dizer que o contexto tornou-se um contexto aprendido da mônada quântica. O mesmo pode ser dito do componente vital da mônada quântica.

Para a viagem do pós-vida, a ideia da mônada quântica sobrevivente complementa a consciência não local da experiência da morte já elucidada (veja o Capítulo 4). O conteúdo vivido é transferido entre encarnações por meio da janela não local; contextos aprendidos e padrões de hábitos são transferidos por meio dos componentes vital e mental da mônada quântica. Como disse, no Capítulo 5, hoje há muitos dados objetivos que confirmam a validade dessas ideias (além disso, veja a seguir).

Hierarquia entrelaçada: por que novas experiências são impossíveis sem um corpo físico

Quando estamos vivos, temos um mundo público da experiência — o corpo físico; mas também temos um mundo privado — o corpo sutil da mônada quântica. Quando morremos, desaparece o mundo público, mas por que o privado deve desaparecer, já que a mônada quântica sobrevive?

Muita gente imagina, com efeito, que a consciência total da percepção-consciente no corpo sutil é mais leve, mais animada e com mais oportunidades para a criatividade do que durante a conjunção com um corpo denso. Alguns hindus pensam, mesmo, que é possível libertarmo-nos do karma, até sem um corpo físico. E não são apenas os hindus. Uma pesquisa Gallup revelou que um terço de todos os adultos norte-americanos acreditam que vão crescer espiritualmente no Céu (Gallup, 1982).

As almas, entendidas tal como fazemos aqui, como mônadas quânticas desencarnadas, não podem ter percepção-consciente do sujeito-objeto, não podem crescer espiritualmente de nenhuma maneira tangível, e não podem se libertar porque fizeram obras espirituais no Céu. Levam o condicionamento e o aprendizado de encarnações anteriores, mas não podem aumentar ou diminuir o condicionamento com suas atividades criativas, que só podem acontecer em conjunto com uma forma terrena. A razão para isso é sutil.

A verdade é que o colapso da onda de possibilidades exige certa dinâmica autorreferenciada chamada hierarquia entrelaçada (uma série circular de hierarquias, como explico a seguir) que só um cérebro material (ou uma célula viva e seus conglomerados) pode proporcionar.

Já mencionei que existe uma circularidade, uma ruptura da lógica, quando pensamos no papel do cérebro em relação à mensuração quântica e ao colapso da possibilidade quântica. É inegável que o colapso cria o cérebro, no sentido de que é a nossa observação que põe em colapso as possibilidades quânticas do cérebro, tornando-as experiências manifestadas. Por outro lado, como podemos negar que não há colapso sem a presença do cérebro de um observador senciente? Essa hierarquia entrelaçada caracteriza a mensuração quântica no cérebro.

Será útil compreender a diferença entre uma hierarquia simples e uma entrelaçada. Pensemos na imagem reducionista do mundo material. Partículas elementares formam átomos, átomos formam moléculas, moléculas formam células vivas, células formam cérebros, cérebros formam observador/sujeito, nós. A cada estágio, a causa flui do nível mais baixo para o mais alto da hierarquia. Ou seja, acredita-se que a interação dos átomos cause o comportamento das moléculas, a interação entre células (neurônios) cause o comportamento do cérebro, e assim por diante. No final, considera-se que as interações do nível mais baixo, as partículas elementares, é que causam tudo o mais. É uma hierarquia simples de causação ascendente.

Mas, quando dizemos que as mensurações quânticas ocorrem em função de nossas observações, estamos violando as regras de uma hierarquia simples. Estamos admitindo que as partículas elementares, os átomos, até chegarem ao cérebro, são ondas de possibilidade, não um dado manifestado. E exige-se que nós, os observadores, escolhamos (causemos o colapso) a possibilidade, tornando-a experiência manifestada. Estamos aqui por causa do cérebro, não há dúvidas, mas sem nós o estado do cérebro permaneceria como uma possibilidade. Isso sugere a existência de uma hierarquia entrelaçada fundamental, envolvida na mensuração quântica do cérebro.

Para compreender isso, analisemos o paradoxo do mentiroso, a frase: "sou [sempre] mentiroso". É importante perceber que, enquanto o predicado da sentença define o sujeito, o sujeito da sentença redefine o predicado: se sou sempre mentiroso, então estou dizendo a verdade; neste caso, estou mentindo, e assim por diante, *ad infinitum*. Esta é uma hierarquia entrelaçada, pois a eficácia causal não está inteiramente nem no sujeito, nem no predicado, mas flutuando incessantemente entre eles. Contudo, o verdadeiro entrelaçado da eficácia causal no paradoxo do mentiroso não está na frase "sou mentiroso"; está em nossa consciência, em nosso conhecimento das regras de metalinguagem do idioma inglês (Hofstadter, 1979).

Façamos a experiência desse paradoxo com um estrangeiro: ele vai perguntar "por que você é mentiroso?" sem perceber o entrelaçado, porque as regras da metalinguagem são obscuras para ele. Mas, se conhecermos e respeitarmos essas regras da metalinguagem, ao lermos a frase "por dentro", não poderemos escapar do entrelaçado. Quando nos identificamos com a frase, estamos "pegos"; a frase é autorreferencial, fala de si mesma. Ela consegue separar-se do resto do mundo do discurso.

Logo, perceber que a mensuração quântica no cérebro de um observador é um processo hierárquico entrelaçado nos ajuda a compreender nossa autorreferência – nossa capacidade de ver o objeto (posto em colapso) de nossa observação como algo separado de nós, sujeitos. Perceba também que essa divisão sujeito-objeto é apenas uma aparência. Afinal, a separação autorreferencial entre a frase e o resto do mundo do discurso no paradoxo do mentiroso é apenas uma aparência. A mesma coisa acontece no caso da mensuração quântica no cérebro. O sujeito – que põe em colapso, que escolhe, que observa (ou mede), que experimenta – surge junto e de modo dependente com a percepção-consciente do(s) objeto(s) observado(s) e experimentado(s); surgem junto e de modo dependente (como aparência) de uma consciência não dividida e transcendente, e suas possibilidades.

Uma hierarquia entrelaçada no mecanismo do cérebro que processa a mensuração quântica é responsável pela autorreferência, a aparência da divisão sujeito-objeto na consciência. Como nós nos identificamos com o *self* (que chamo de *self* quântico) desta autorreferência, a aparência assume a aura de realidade. Essa identificação também é a fonte da aparente dualidade sujeito-objeto. Contudo, no final das contas, nós, que somos a força causal por trás do entrelaçado da frase autorreferencial, transcendemos a frase e podemos pular fora dela. Será que podemos pular fora de nossa separação autorreferencial, da realidade? Podemos. É isto de que tratamos ao analisar conceitos elevados como *moksha* e nirvana.

A amplificação quântica comum, feita por um aparelho de medição, como a observação de um elétron usando um contador Geiger, pertence a uma hierarquia simples. O sistema quântico micro que estamos medindo (elétron) é distinto do aparelho de medição macro (contador Geiger), que usamos para amplificar e facilitar a observação; está claro o que é sistema quântico e o que é aparelho de medição. Mas, em um sistema autorreferencial, seja ele um cérebro, seja uma única célula viva, esta diferença fica pouco nítida, uma vez que o suposto processador quântico do estímulo e os supostos aparelhos de amplificação têm o mesmo tamanho.[3] Há um *feedback* e, com efeito, o processador quântico e os aparelhos de amplificação "medem-se" um ao outro, criando um elo infinito porque nenhum número de "medições" pode, por si só, provocar o co-

---

3. Este ponto foi particularmente enfatizado por Stapp, 1993.

lapso da possibilidade, tornando-a experiência manifestada, tal como a consciência operando em um nível transcendente. Trata-se de uma hierarquia entrelaçada.

É como o desenho que Escher fez das mãos desenhando (Figura 7.4), no qual a mão esquerda desenha a direita e a direita desenha a esquerda. Na verdade, porém, nenhuma poderia fazer o desenho; uma dá a aparência de estar desenhando a outra. Foi preciso que Escher, de fora do sistema, desenhasse ambas.

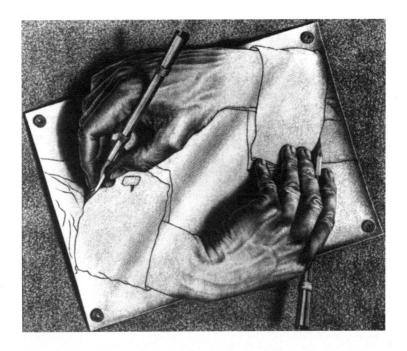

Figura 7.4   *Desenhando-se*, por M. C. Escher. Da realidade "imanente" do papel, as mãos esquerda e direita desenham uma a outra, mas em um nível transcendente e inviolado, Escher desenha ambas.

Os corpos sutis, supramental, mental e vital, não diferenciam entre micro e macro; com efeito, isso torna impossível precipitar uma mensuração quântica em hierarquias entrelaçadas dos corpos vital, mental ou supramental por si mesmos.

Portanto, não há hierarquia entrelaçada e, assim, não há colapso das possibilidades quânticas.[4]

Naturalmente, as ondas de possibilidades dos corpos vital, mental e supramental entram em colapso quando estão correlacionadas com as ondas de possibilidades do corpo físico (mesmo a correlação com uma única célula é suficiente para causar o colapso, embora o mapeamento da mente só seja indireto em organismos vivos até o cérebro se desenvolver, e o mapeamento direto do supramental aguarde maior evolução) em uma passagem de mensuração quântica autorreferencial deste último. Mas não existe colapso das ondas de possibilidades quânticas de uma mônada quântica desencarnada sem a ajuda de um corpo/cérebro físico correlacionado. Por conseguinte, a mônada quântica desencarnada é desprovida de qualquer experiência sujeito-objeto. Não podemos ser demasiadamente otimistas quanto à possibilidade de nos livrarmos do karma durante nossas temporadas no pós-vida. Talvez tenhamos de nos contentar com uma experiência menos melodramática.

(O leitor desapontou-se por não existir melodrama após a morte? Concordo. Quando era adolescente, li um maravilhoso livro de Bibhuti Banerji, escritor de Bengali, sobre uma história de amor no Céu. Cheguei a sonhar em traduzir o livro para o inglês, tão encantado fiquei com sua mensagem. Acho que, às vezes, a verdade é mais desapontadora do que a ficção!)

Se, na consciência não local do estado da morte, a pessoa agonizante perceber a tênue luz de pura consciência do quinto *bardo*, a pessoa tem uma opção. Ela pode preferir reencarnar ou assumir a forma *sambhogakaya* da mônada quântica e libertar-se das reencarnações humanas. Para essa pessoa, o único karma restante será o do serviço alegre para todos aqueles que dele

---

4. É possível suscitar uma questão: será que um corpo físico isolado, contendo em si uma dinâmica de hierarquia entrelaçada, pode precipitar o colapso autorreferencial sem se aliar a um corpo mental ou vital? Talvez seja preciso construir um computador quântico para saber a resposta!

necessitarem. (Como essa pessoa pode oferecer seu serviço? Será visto a seguir.)

Na tradição do budismo *mahayana*, é um ideal elevado não buscar a salvação pessoal, permanecendo em serviço e ajudando todas as pessoas a chegarem ao nirvana. Na morte, isso consiste em não ver deliberadamente a clara luz no quarto *bardo*, preferindo identificar a tênue luz do quinto *bardo*. Para que a pressa?

Comparação com os dados

Como mencionei no Capítulo 5, alguns dos dados sobre reencarnação consistem na evocação do conteúdo da memória reencarnatória, para a qual a abertura para a janela não local do indivíduo é suficiente. Mas há ainda dados sobre a transmigração de propensões ou fobias especiais que, agora, podem ser explicadas em termos de sua efetiva transmigração, por meio da mônada quântica, de uma encarnação para a próxima.

O que dá origem às propensões? A memória quântica da mônada quântica herdada procura fazer com que os contextos aprendidos nas encarnações anteriores sejam evocados com maior probabilidade. Como surgem as fobias? Elas se devem ao fato de evitarmos certas reações, evitarmos causar o colapso de certas possibilidades quânticas, convertendo-as em experiência manifestada, por causa de traumas de vidas passadas. Como atua a terapia de regressão hipnótica? A evocação de um trauma de outra vida equivale a reconstituir a cena, dando ao sujeito outra chance de causar o colapso criativo da reação reprimida.

Com a memória quântica de uma vida passada a nos ajudar, é fácil compreender agora o fenômeno dos gênios. Um Einstein não se faz apenas pelo aprendizado infantil de uma vida; muitas vidas anteriores contribuíram para suas habilidades. O inventor Thomas Edison intuiu corretamente a situação, ao afirmar: "O gênio é experiência. Alguns parecem pensar que é um dom ou talento, mas é o fruto de longa experiência em muitas vidas. Algumas pessoas são almas mais antigas do que outras, e por isso sabem mais".

Até o condicionamento do corpo vital pode ser transmitido. Veja este caso, investigado por Ian Stevenson. O sujeito, um indiano do Leste, lembrava-se claramente de que, em sua vida anterior, fora um soldado inglês que serviu na Primeira Guerra Mundial e morreu em combate quando uma bala atravessou sua garganta. O homem conseguiu fornecer a Stevenson muitos detalhes da cidade escocesa de sua encarnação anterior, detalhes praticamente inacessíveis para ele na vida atual. Esses detalhes foram confirmados posteriormente por Stevenson.

Até agora, é apenas um caso de recordação de memória reencarnatória por meio da janela não local. Espetaculares, no caso desse homem, eram as marcas de nascença idênticas nos dois lados da garganta, que Stevenson considerou consistentes com marcas de tiro. Parece que o trauma da vida anterior, registrado como uma propensão do corpo vital, acompanhou esse homem até esta vida e criou nele uma lembrança inesquecível, transportada a seu corpo por meio das cicatrizes. Na vasta obra de Stevenson, o leitor encontrará este e muitos outros casos de transmigração do condicionamento do corpo vital (Stevenson, 1974, 1977 e 1978).

"Vejo-me pensando cada vez mais em algum 'corpo não físico' intermediário, que atua como portador desses atributos entre uma vida e outra", diz Stevenson. Eu concordo: o corpo sutil da mônada quântica é o portador dos atributos entre uma vida e outra.

Esmiuçando o conceito de sobrevivência e identificando aquilo que sobrevive entre uma encarnação e outra, esse modelo estendido nos permite compreender aspectos de comunicação mediúnica que vão além da comunicação pela janela não local. Como um médium se comunica com uma mônada quântica desencarnada no "Céu"?

A consciência não pode provocar o colapso de possibilidades em uma mônada quântica na ausência de um corpo físico, mas se a mônada quântica desencarnada estiver correlacionada com um médium, pode ocorrer o colapso. É claro que os canalizadores são pessoas com um talento particular e a abertura para agir nesse sistema; com sua pureza de intenções, podem estabelecer uma correlação não local com uma mônada quântica desencarnada. Sabe-se que, enquanto um canalizador atua, seus padrões habituais – modo de falar, até de pensar – passam por mudanças espetaculares. Isso ocorre porque, enquanto o médium está se comunicando com a mônada desencarnada, seu corpo sutil é substituído temporariamente pelo corpo sutil da mônada quântica desencarnada, cujos padrões habituais o médium exibe. Perceba que eventuais informações históricas – como na xenoglossia, a fala em uma língua estranha – ainda precisam vir por canais quânticos não locais, mas a informação seria muito difícil de se processar sem a ajuda das propensões que o falecido apresentava e que permanecem latentes na mônada quântica desencarnada.

O filósofo Robert Almeder (1992) comentou o caso de uma médium, a sra. Willett, dizendo exatamente o que acabei de dizer. A sra. Willett apresentou destreza filosófica, demonstrando que estava em contato com propensões que ela própria não tinha – a sabedoria da argumentação filosófica. Essas propensões poderiam ter vindo de mônadas quânticas desencarnadas que aprenderam e registraram as propensões.

No caso da canalizadora JZ Knight, que já vi em ação enquanto canaliza a entidade chamada Ramtha, há registros de canalizações ao longo de mais de duas décadas. Como Ramtha, JZ torna-se um mestre espiritual bem original. Os registros sugerem que o conteúdo dos ensinamentos espirituais de Ramtha mudaram com o tempo, acompanhando as mudanças nos modelos de espiritualidade da nova era. É sensato dizer que JZ oferece o conteúdo e Ramtha a capacidade contextual para modelar o conteúdo.

Há casos de escrita automática que merecem explicação similar. O profeta Maomé escreveu o *Corão*, mas ele era praticamente analfabeto. Ideias criativas, verdades espirituais, estão disponíveis para todos, porém a criatividade exige uma mente preparada, que Maomé não possuía. O problema de Maomé foi resolvido porque o arcanjo Gabriel – uma mônada quântica *sambhogakaya* – concedeu a Maomé uma mente preparada, por assim dizer. A experiência também transformou Maomé. Um recente e espetacular caso de escrita automática é *A course in miracles* (*Um curso em milagres*), livro que apresenta uma interpretação moderna para muitos ensinamentos bíblicos e que foi analisado por um psicólogo e uma psicóloga, e esta mesma não tinha muita simpatia por aquilo que estava canalizando.

Do lado negativo, a possessão é um fenômeno semelhante à canalização, só que a mônada quântica desencarnada que se correlaciona com o possuído não tem caráter angelical.

Anjos e *bodhisattvas*

Anteriormente, apresentei a ideia de que os anjos pertencem ao reino transcendente dos arquétipos. São os anjos sem forma.

Pessoas que renascem na forma *sambhogakaya*, que é uma metáfora para dizer que essas pessoas não se identificam mais com corpos encarnados, não precisam mais das mônadas quânticas para transmigrar propensões e tarefas inacabadas de uma vida para outra; elas cumpriram suas obrigações contratuais. Logo, suas mônadas quânticas desencarnadas tornaraín-se acessíveis para todos nós, e podemos tomar emprestado seus corpos mental e vital, caso sejamos receptivos a seu serviço. Elas se tornam um tipo diferente de anjo, um anjo na forma de uma mônada quântica realizada (a forma *sambhogakaya*). (Para recentes perspectivas sobre anjos, ler Parisen, 1990.)

No hinduísmo, há o conceito de *arupadevas* e *rupadevas*. *Arupadevas* — devas sem forma — são puramente contextos arquetípicos, representando entidades diferentes; têm corpos vital e mental individuais (incluindo os mapas mentais do intelecto). São as mônadas quânticas desencarnadas, de pessoas libertadas.

De modo análogo, no budismo, há *bodhisattvas* arquetípicos e sem forma, como por exemplo *avalokitesvara*, o arquétipo da compaixão. Em contraste, os budistas libertados, quando morrem, tornam-se *bodhisattvas* na forma desencarnada da mônada quântica realizada; optam por sair do ciclo morte-renascimento e nascer no reino *sambhogakaya*. Este renascimento, como a mônada quântica desencarnada por trás do ciclo nascimento-morte, é parte daquilo que os tibetanos chamam de experiência do quinto *bardo*.

De maneira geral, pede-se que o budista se torne um *bodhisattva* – para ficar prestes a se fundir com o todo, não o fazendo enquanto toda a humanidade não se libertar do *samsara*. E daí o célebre voto de Quan Yin: "Nunca procurarei nem receberei a salvação individual e particular; nunca entrarei sozinho na paz final; mas por todo o sempre, e por toda a parte, viverei e me empenharei pela redenção de todas as criaturas do mundo". Encontramos uma prece semelhante no *Bhagavata Purana* dos hindus: "Não desejo o estado supremo... nem a libertação dos renascimentos; que eu possa assumir a tristeza de todas as criaturas que sofrem, e entrar nelas, para que se libertem de seu pesar".

Pensemos nisso de outro modo. Ellen Wheeler Wilcox escreveu sobre a ideia de se encontrar frente a frente com Deus, ou de ver a clara luz em seu poema "Conversação":

> Deus e eu a sós no espaço...
> ninguém mais à vista...
> "E onde estão todas as pessoas,
> meu Senhor", disse eu,
>   "a Terra sob nós
>   e o Céu acima
> e os mortos de minha lista?"
> "Foi um sonho", Deus sorriu
> e disse: "O sonho que parecia
> ser real; não havia pessoas
> vivas ou mortas; não havia Terra,
>   e nem o Céu acima,
> havia apenas eu em você".
> "Por que não sinto medo?", perguntei,
> "encontrando-o aqui neste momento?
> Pois pequei, sei disso muito bem
>   e existe céu, e inferno também,
>   e será este o Dia do Julgamento?"

"Não, eram apenas sonhos",
>disse o Grande Deus, "sonhos que não existem
>mais.
>
>Não existe isso de medo e pecado;
>não existe você... nunca houve você no passado.
>Nada existe, senão eu".*

Sim, essa é a realidade da clara luz; na clara luz, nada acontece, e isso deve incluir a contemplação da própria clara luz. Para que a criação continue, a aparência da separação deve continuar. E como a consciência continua em sua brincadeira ilusória, por que não continuar a brincadeira nela? Primeiro, brinque-se no corpo físico; depois, sem ele. Mas que se brinque, pois brincar é alegria!

E é assim que os *vaishnavitas* da Índia postulam que a mônada individual (chamada *jiva*, em sânscrito) sempre mantém sua identidade. Faz sentido. Se a brincadeira é eterna, o mesmo se pode dizer da (aparente) separação entre *jiva* e o todo.

O serviço, ou a alegre brincadeira dos anjos, *rupadevas* e *bodhisattvas*, não surge apenas pela espetacular escrita automática, que nos deu o *Corão* ou *A course in miracles*, mas também como inspirações e orientação em nossos momentos mais difíceis. *Bodhisattvas* e anjos estão disponíveis para todos nós. Sua intenção de servir é onipresente. Quando nossa intenção se ajusta à deles, tornamo-nos correlacionados; eles atuam e servem por nosso intermédio.

---

* No original: *God and I in space alone... / and nobody else in view... / "And where are all the people, / Oh Lord" I said, "the earth below and the sky overhead / and the dead that I once knew?" / "That was a dream," God smiled / and said: "The dream that seemed to / be true; there were no people / living or dead; there was no earth, and no sky overhead, / there was only myself in you." / "Why do I feel no fear?" I asked, / "meeting you here in this way? / For I have sinned, I know full well / and is there heaven and is there hell, / and is this Judgment Day?" / "Nay, those were but dreams" the Great God said, "dreams that have ceased to be. / There are no such things as fear and sin; / there is no you... you never have been. / There is nothing at all but me."* [N. de E.]

Quando o sábio do leste da Índia, Ramana Maharshi, estava morrendo, seus discípulos lhe pediram para que não se fosse. E Ramana acabou respondendo: "Para onde eu iria?" Com efeito, uma mônada quântica desencarnada como a de Ramana viveria para sempre no reino de *sambhogakaya*, criando quem precisasse de sua orientação.

Podemos estar em mônadas quânticas ou vê-las?

Será possível "estar em" uma mônada quântica enquanto vivemos, enquanto habitamos nosso corpo encarnado? Em experiências fora do corpo e experiências de quase morte, as pessoas têm visão autoscópica (veem a si mesmas) da perspectiva de quem flutua acima do próprio corpo, visão essa que pode ser explicada como visão não local (veja o Capítulo 5). Nessas experiências, porém, há mais do que a visão não local. As pessoas que têm essas experiências contam que estavam fora do corpo, que sua identidade deslocou-se da habitual identidade centralizada no corpo físico. Para onde?

Creio que a identidade se desloca para um ponto centralizado no conglomerado do corpo sutil da mônada quântica. Uma mulher, por exemplo, estava fora do corpo enquanto era operada. Depois, contou que, nesse estado, ela não se preocupou nem um pouco com o resultado da cirurgia, com seu bem-estar físico, o que era "absurdo", uma vez que tinha filhos pequenos. Mas o absurdo cede lugar à sensatez quando percebemos que, nessas experiências, as pessoas não se identificam com sua atual situação, com seu corpo e cérebro ou com sua história; elas se identificam, isso sim, com sua mônada quântica, que não tem história, só caráter.

Segundo alguns dados controvertidos, pessoas e animais (como cães, por exemplo) veem alguma coisa (um "fantasma"?) nos lugares onde os sujeitos, já conscientes, dizem ter estado durante sua experiência fora do corpo (Becker, 1993). Será que "vemos por intermédio" de uma mônada quântica enquanto a mônada quântica (e seu corpo físico paralelo) está "vendo" por nosso intermédio, de maneira não local? Com certeza, tal reciprocidade entre entidades correlacionadas faria sentido. Quando vemos uma aparição, talvez projetemos aquilo que vemos por dentro no exterior, onde percebemos que o evento está ocorrendo.

Creio que visões espirituais também têm origem similar. Muitas pessoas têm experiências de visões de Jesus, da Virgem Maria ou de Buda, ou de um guru espiritual falecido. Na Sociedade Vedanta de Hollywood, onde faço seminários de vez em quando, acontece de as pessoas terem visões de Swami Vivekananda, fundador dessa sociedade. Essas visões podem ser o resultado de experiências interiores projetadas exteriormente.

Permitam-me mencionar rapidamente um dos mais recentes — e extremamente controvertidos — dados referentes à comunicação com mônadas quânticas desencarnadas. Nesses dados, supõe-se que mônadas quânticas desencarnadas se comunicam com grupos específicos de experimentadores por meio de máquinas — gravadores, rádios, tevês, até computadores (Meek, 1987). É o chamado fenômeno de vozes eletrônicas (FVE). Se comprovado, elimina a questão da fraude em dados relativos à sobrevivência após a morte. Naturalmente, surge uma questão bastante difícil: como é que a mônada quântica desencarnada, sem a ajuda de um corpo físico ou interações físicas (o que é proibido), afeta uma máquina material?

Creio que a mônada quântica desencarnada, antes de tudo, torna-se correlacionada com um médium, de modo que suas ondas de possibilidade possam entrar em colapso juntamente com as do médium. No mais, teríamos a psicocinese com amplificação. Poderes psicocinéticos similares são observados no fenômeno do *poltergeist*. Talvez mônadas quânticas adicionem maiores poderes psicocinéticos a um médium, graças a algum mecanismo de amplificação que ainda precisamos compreender. É claro que a ideia de uma mônada quântica proporciona toda uma nova perspectiva a respeito de diversos dados inexplicados. Vamos aprender mais ao prosseguirmos com a aventura nessa nova ciência.

Em *A República*, Platão conta uma história na qual se sugere que escolhemos nossas encarnações. "Seu destino não lhe será traçado, mas você o escolherá pessoalmente". Até que ponto isso é verdade? Vamos descobrir no próximo capítulo.

Física da alma e o significado da vida

No prefácio do livro, prometi que as questões básicas sobre a reencarnação serão analisadas e respondidas neste livro, com o desenvolvimento adequado de uma física da alma. Vamos resumir e ver até que ponto a promessa tem sido mantida.

Admitamos novamente que, se uma pessoa pensa na alma sem o apoio adequado da física, torna-se vítima do dualismo, e questões do tipo "como a alma não material e o corpo material interagem sem um mediador" ficam rondando seu pensamento. O problema do dualismo é resolvido na física quântica, ao compreendermos que tanto a alma não material como o corpo material são meras possibilidades dentro da consciência, e que a consciência medeia sua interação e mantém seu funcionamento paralelo.

Os físicos newtonianos clássicos, orientados pelo determinismo, dizem coisas como: "quanto mais estudamos o universo, mais vemos que ele é desprovido de significado". Nossa alma estabelece os contextos nos quais o significado entra em nossas vidas. Este aspecto contextualizador da alma é o intelecto supramental ou o corpo de temas. O significado é processado pela mente e se expressa por meio de um corpo, cujo plano se desenvolve com a elaboração das representações dos campos morfogenéticos de nosso corpo vital. A física quântica, tornando o conceito da alma material um conceito científico viável, também revive o significado como uma empreitada científica de nossas vidas.

Mas chamo a alma de mônada quântica, uma unidade individualizada. Como a alma se torna individualizada? A resposta é: pela individualização da mente e do corpo vital. Essa individualização multifacetada ocorre por meio daquilo que chamo de memória quântica.

O que é a memória quântica? A memória com a qual o leitor está familiarizado ocorre por causa da modificação da estrutura de alguma coisa física. Macrocorpos grandes levam um bom tempo até se regenerarem de tais modificações estruturais; logo, as modificações são retidas como memória, que chamo apropriadamente de memória clássica. Uma gravação em fita magnética é um bom exemplo. Em contraste, a memória quântica ocorre por meio da modificação de probabilidades de acesso das diversas possibilidades quânticas, cujo colapso causamos e tornamos uma experiência manifestada.

Toda possibilidade quântica, seja do cérebro, da mente ou do corpo vital, surge junto com uma probabilidade associada, determinada pela dinâmica quântica. Na primeira vez em que alguém efetiva uma possibilidade em resposta a um estímulo, sua chance de manifestá-la depende da probabilidade dada pela dinâmica quântica apropriada. Suponha que, para determinada possibilidade, a probabilidade seja de 25%. Sua consciência tem a liberdade de escolher essa possibilidade específica e transformá-la em experiência manifestada a qualquer momento, com a advertência de que, para um número grande de eventos de colapso, a restrição da probabilidade deve ser posta em prática, ou seja, para um grande número de eventos de colapso, envolvendo essa possibilidade, ela só pode se tornar experiência manifestada em um quarto do tempo. Mas, com a experiência subseqüente do mesmo estímulo, as probabilidades se modificam e tendem mais a recapitular as reações passadas; isso é condicionamento. Agora, com o condicionamento, a probabilidade da possibilidade mencionada antes se tornar uma experiência manifestada tende a quase 100%. Nesse caso, a reação não é mais livre. Agora, é um hábito, uma memória – memória quântica.

O modelo completo da reencarnação, aquele que concorda com todos os dados reencarnatórios, pode agora ser apresentado: nossas diversas encarnações, em muitos lugares e épocas diferentes, são seres correlacionados, correlacionados por nossas intenções; a informação pode ser transferida entre essas encarnações, em virtude da correlação quântica não local. Por trás da natureza discreta do corpo físico e da história vivida dessas encarnações, existe um *continuum*, um *continuum* do desenrolar do significado. Formalmente, o *continuum* é representado pela mônada quântica, um conglomerado de temas imutáveis e propensões vitais e mentais mutáveis e em desenvolvimento – ou karmas.

capítulo 8

a história completa do *livro tibetano dos mortos*

Precisei de dois anos para intuir, compreender e manifestar as ideias expostas nas páginas anteriores. Nos primeiros meses de 1996, estava bastante adiantado no primeiro rascunho deste livro, quando percebi que ainda havia alguma coisa a me perturbar. Sabem aquela dúvida "se o sapato serve"? No caso deste trabalho, o sapato serviu, mas ainda parecia haver uma areia irritante dentro dele.

    Pouco a pouco, comecei a identificar as questões espinhosas. Intuí a ideia da janela não local, pela qual, às vezes, memórias de conteúdo reencarnatório surgem, antes de intuir a mônada quântica. Sendo preguiçoso, presumi que as duas ideias simplesmente se complementavam – uma, para a memória de conteúdo; outra, para a propagação reencarnatória da memória de contexto – e eu não precisava mais integrá-las. Estava enganado.

    Os indicadores estavam presentes, mas eu estava me recusando a vê-los. No Capítulo 4, propus que todos os *bardos* do pós-morte do *Livro tibetano dos mortos* seriam visões não locais da pessoa agonizante no momento da morte. Agora, porém, com a ideia da mônada quântica, é possível definir a existência individual após a morte – existimos como mônadas quânticas desencarnadas. Logicamente, os *bardos* do pós-morte não deveriam então pertencer à mônada quântica? Assim, a lógica é inevitável: a janela não local se abre antes da morte, no terceiro *bardo* da transição entre a vida e a morte.

Outra pista veio das experiências de quase morte que davam sustentação ao meu cenário – experiências não locais, visões arquetípicas, experiências panorâmicas de revisão da vida e outras. Mas também há diferenças entre esses *bardos* e os do pós-morte: quem teve uma experiência de quase morte raramente fala de lugares infernais ou deuses irados. Também não costumam relatar contatos ou comunicações com suas encarnações futuras. Além disso, o fato inegável é que as EQMs são apenas isso – experiências de eventos antes da morte efetiva.

Como cientista, tenho um hábito bom e, ao mesmo tempo, ruim. Enquanto estou trabalhando em uma ideia original, não gosto de ler muito sobre as ideias alheias. Isso me poupa de influências ou de pré-julgamentos. O lado ruim é que perco a oportunidade de enxergar melhor, "em pé sobre os ombros de gigantes", por assim dizer.

Acontece que a famosa tradução feita por Evans-Wentz para o *Livro tibetano dos mortos*, que usei como fonte, omitiu os estágios de pré-morte, que são parte e parcela do cenário de morte que se originou com o famoso Padmasambhaba, fundador do budismo tibetano. Enquanto lia o artigo de Ken Wilber, na maravilhosa compilação *What Survives?* (*O que sobrevive?*), as últimas peças da história se encaixaram (Wilber, 1990). Esta síntese final é o principal assunto deste capítulo, e falaremos dele após uma discussão detalhada sobre a questão da morte e do processo da morte.

Um comentário final, só para constar: as EQMs têm tanta coisa em comum com a descrição dos *bardos* do pós-morte, que até um sábio do porte de Sogyal Rinpoche sentiu-se tentado a associar ambos (leia seu *Livro tibetano do viver e do morrer*). Sogyal, porém, perguntou sobre isso a seu mestre Dilgo Khyentse Rinpoche, que afirmou ser a experiência de quase morte "um fenômeno que faz parte do *bardo* natural desta vida".

A morte como retirada da consciência

Na minha infância, na Índia, era comum ver pessoas levando cadáveres para a *ghat* ardente, enquanto entoavam diversos nomes de Deus. A primeira vez que vi tal cena, perguntei para minha mãe, curioso: "O que estão levando?" E ela explicou: "Um corpo morto". "O que é morto?", perguntei, cada vez mais curioso. "Morte é a passagem para outro mundo; todos nós morremos", explicou minha mãe. A resposta me intrigou. "O que passa para o outro mundo, mãe?", indaguei. "A alma, claro, aquilo que você realmente é", respondeu ela. Em seguida, foi se dedicar a algum afazer doméstico, deixando-me ainda mais intrigado.

Na atual cultura americana, se uma criança, vendo um corpo em um velório, fizer a mesma pergunta a uma mãe de mente científica, é possível que a resposta seja: "A morte é a cessação irreversível dos processos vitais". "O que são processos vitais?", pode perguntar a criança. A mãe dirá: "Metabolismo, respiração, pensamento". "E como sabemos que a vida cessou irreversivelmente?"

Talvez as mães comuns fiquem sem resposta neste ponto, mas a mãe sofisticada tem resposta pronta: "Sabe, existe a morte cerebral, a morte do coração e a morte da célula. A pessoa tem morte cerebral quando o cérebro deixa irreversivelmente de funcionar. Uma máquina chamada eletroencefalógrafo registra as ondas cerebrais como uma linha ondulada numa tevê. Quando aparece uma linha reta na tevê, isso indica a morte cerebral. Compreendeu?"

As crianças de hoje não são menos sofisticadas do que suas mães. Já assistiram a muitas cenas nos filmes em que as ondas cerebrais ficam planas no monitor. "E o que é morte do coração, mamãe?" "A morte do coração acontece quando pára a pulsação. Mas, hoje, podemos manter uma pessoa viva com um coração artificial, que vai bombear o sangue indefinidamente no corpo para mantê-la viva. Por isso, a morte do coração não assinala mais a morte."

A criança fica satisfeita com a sabedoria da mãe. Ela também já sabia o que é um coração artificial. "E o que é morte da célula?" "A morte da célula acontece quando todos os órgãos do corpo começam a se decompor, porque as células não estão funcionando apropriadamente. Sabe, pode haver genes que regulam os processos vitais no nível celular. Quando esses genes param de agir, não há mais metabolismo, e os órgãos se decompõem e morrem."

Essa é uma mãe bem culta, como se pode ver, e o filho é igualmente sofisticado, graças à preocupação da tevê com cenas em hospitais e conceitos médicos. Mas, agora, o filho pergunta: "Mãe, o que vai acontecer comigo quando eu morrer?"

A mãe precisa ir pagar contas no banco. Ela não sabe o que quer dizer "eu"; seus modelos materialistas chegam até esse ponto, e ela é honesta o suficiente para saber disso. Entretanto, ela hesita em dar uma resposta espiritual. Na verdade, nesse estágio, muitas mães podem passar para uma cosmovisão espiritual, dizendo: "Você vai para o Céu". Em um episódio do programa de tevê *Picket Fences*, uma mãe – que ainda por cima era médica – fez exatamente isso.

No passado, para se determinar se um corpo estava vivo ou morto, empregavam-se métodos toscos, e houve casos em que a pessoa foi enterrada ou cremada ainda com vida. Hoje, usamos métodos sofisticados e temos todas essas definições de morte corporal (desenvolvidas, principalmente, para se evitarem processos jurídicos), mas, mesmo assim, é complicado determinar que a morte ocorreu.

Há o caso de um paciente que teve morte cerebral, mas foi mantido "organicamente vivo" com diversas máquinas ligadas a seu corpo, porque o médico teve uma intuição a respeito do paciente. Após diversas semanas, o EEG se mexeu e, com lentidão, começou a mostrar atividade cerebral. Pouco depois, o paciente se recuperou e viveu normalmente, em boas condições físicas e mentais. Assim, será que devemos depender da intuição de um médico para decidir sobre a morte? Os médicos estudam para fazer julgamentos com base nas leituras dos instrumentos, não na intuição!

O que fazer com pacientes moribundos que assombram a medicina, com custos hospitalares disparados ao se prolongarem suas três últimas semanas de vida nas UTIs? Não muito. Os médicos estão repletos de questões práticas legais; eles não se preocupam muito com questões do tipo "quem sou eu?" ou "o que acontecerá comigo quando eu me for?" Mas talvez esses dois tipos de pergunta não estejam totalmente desconexos. Quando encontrarmos uma resposta para esta última, deverá surgir uma resposta melhor para a primeira.

Na ciência idealista, a vida é a arena na qual a consciência, de modo autorreferencial, provoca o colapso das ondas de possibilidade dos vivos, identificando-se, nesse processo, com o ser vivo. Essa identificação tem início em uma única célula. Em um ser complexo e multicelular dotado de cérebro, como o humano, as mensurações quânticas autorreferenciais ocorrem não só no nível da célula viva, como também no nível conglomerado do cérebro. Agora, a consciência se identifica com o cérebro, e isto supera a identidade celular. Suspeito que não só o cérebro, mas outros conglomerados celulares do corpo humano, como o sistema imunológico, o sistema gastrintestinal e o sistema circulatório, podem ser centros de tal mensuração quântica e identificação consciente. Sabe-se muito bem que o sistema imunológico distingue o corpo dos intrusos do corpo, mantendo assim o tipo de autointegridade corporal que caracteriza sistemas autorreferenciais.

Logo, a consciência se identifica com um organismo complexo em diversos níveis. Primeiro, identifica-se com o nível celular de operação, uma autoidentidade celular. Depois, pode se identificar com órgãos como o sistema imunológico, o gastrintestinal e o circulatório. Naturalmente, para os seres humanos, a identificação mais importante é com o cérebro, que supera qualquer outra.

Assim, o que é a morte? Morte é a retirada dessas identificações. Com a ciência dentro da consciência, podemos dizer que a retirada da identificação coincide com o fato de a consciência deixar de causar o colapso das possibilidades quânticas que

171

surgem nos diversos componentes do organismo complexo. Este processo é gradual; a consciência primeiro se retira do cérebro, depois dos órgãos (embora a ordem se inverta, às vezes) e, finalmente, das células individuais. Para todos os fins práticos, a pessoa está morta quando a consciência deixa de se identificar com seu cérebro.

Como resolvemos o problema materialista intrínseco da definição da morte? Os modelos médicos materialistas fornecem-nos os sinais da morte, a cessação de certas funções, como as condições suficientes para a morte, mas não conseguem nos dizer a condição necessária para afirmar qual cessação funcional significa exatamente qual é essa condição necessária – a alma saindo do corpo – mas se aferram ao dualismo. Nosso atual modo de entender a morte reúne as duas imagens, religiosa e médica, juntas. O que sai do corpo com a morte? A identificação consciente com o corpo físico ou com qualquer de suas partes. Mas qual função necessária cessou irreversivelmente? A elaboração de ondas de possibilidade macroscópica no cérebro (e em outros conglomerados celulares relevantes, e, ainda, eventualmente, em cada célula), para que a consciência cause o colapso.

Importa perceber que, embora o problema filosófico tenha sido resolvido, ainda não podemos dizer, a partir de sinais externos, quando, afinal, ocorre a retirada da identificação consciente com o cérebro (ou com qualquer outra parte do corpo). O cérebro pode continuar no inconsciente (evoluindo em possibilidade), mesmo que a consciência não cause o colapso de nenhuma das ondas de possibilidades do cérebro e não haja consciência total da percepção-consciente; tal situação se dá em pacientes comatosos, quando o corpo é mantido "vivo" por meio da tecnologia moderna.

Existe um processamento inconsciente nos pacientes comatosos, como fica evidente mais tarde, quando despertam e, às vezes, se recordam de conversas havidas à sua volta, enquanto estavam em coma. Desse modo, é bom falar de maneira atenciosa com os pacientes em coma. Embora não tenham a audição sujeito-objeto, têm o processamento das possibilidades que surgem em resposta a essa conversa com o paciente. Essas possibilidades não entram em colapso. Se e quando o paciente despertar e for escolhido determinado caminho de possibilidades, ele vai se lembrar de trechos da conversa-monólogo que fez parte do caminho posto em colapso (escolhido).

Em pacientes comatosos, é possível, a menos que os aparatos cerebrais tenham sido danificados, que a consciência decida, em algum momento futuro, começar novamente a causar o colapso das funções de onda. Por isso, é vital decidir se os aparatos cerebrais foram danificados de forma irreversível, a ponto de impossibilitar a mensuração quântica em hierarquia entrelaçada; neste caso, não haverá colapso algum da função de onda e a percepção-consciente nunca tornará a se manifestar. Será o momento de declarar a morte cerebral do paciente.

O médico terá a responsabilidade de decidir a questão do dano irreversível, e essa decisão sempre envolverá alguma ambigüidade. Decisões sobre pacientes à morte no cenário idealista devem deixar espaço para a intuição do médico, tal como no atual cenário materialista. A diferença, porém, é que isso é esperado em uma ciência dentro da consciência, que incorpora e valoriza a intuição subjetiva.

Os estágios da morte

A morte, portanto, é a retirada da consciência, das identificações conscientes. Mas há, nessa retirada, ainda mais sutileza do que a receita acima, quando percebemos que, além do corpo físico, temos também corpos vital, mental, temático e sublime. Na visão tibetana, essa retirada é imaginada de maneira clara, com base na ideia de que somos formados por quatro elementos:

> Quando a morte se aproxima do elemento terra, o sentimento de solidez e de dureza do corpo começa a se esvair... Enquanto o elemento terra vai se dissolvendo no elemento água, há um sentimento de fluência, uma liquidez, pois a solidez que sempre intensificou a identificação com o corpo começa a se esvair, gerando um sentimento de fluidez. Com a dissolução gradual do elemento água

no elemento fogo, a sensação de fluidez torna-se mais como uma névoa cálida... Com a dissolução do elemento fogo no elemento ar... o sentimento de leveza, como um calor que sobe, torna-se dominante... Com a dissolução do elemento ar na consciência em si, há o sentimento de que não temos contornos (Levine, 1982).

Hoje, nós nos perdemos nessa conversa sobre terra, água, fogo e ar, mas há, nela, inegável sabedoria. Temos de perceber a natureza metafórica dos "elementos".

A terra é o mais espesso dos elementos e corresponde ao corpo físico denso. Logo, o processo da morte começa com a dissolução de boa parte de nossa identificação com o corpo físico denso. Os elementos seguintes – água e fogo – referem-se aos componentes vital e mental da mônada quântica. Depois que a consciência deixa de se identificar com o corpo físico denso, ela se identifica com esses componentes do corpo sutil, embora continue a causar o colapso de ondas de possibilidade correlacionadas de ambos, para que as experiências possam ter continuidade. Mas são experiências de leveza, de quem está fora do corpo, assim como relatam as pessoas que têm uma experiência de quase morte.

O próximo elemento é o ar – bem pouco substancial. Traduz o corpo temático ou do intelecto supramental, a morada dos arquétipos. Quando nos identificamos com ele, temos acesso a arquétipos, a partir dos quais podemos construir visões. A última identificação é com a consciência em seu êxtase original, ilimitado, sem contornos – o *Brahman* ou *shunyata*.

Perceba que o processo de dissolução na morte é a ascensão da consciência até a liberdade completa, e que os *bardos* da hora da morte complementam-na – a nova descida da consciência para a restrição da matéria.

É claro que as pessoas que passam por EQMs são lançadas pelo dissonante incidente que ameaça a vida para uma mudança de seu centro de identidade, passando-o para os componentes vital e mental da mônada quântica. A partir desse novo centro, elas conseguem vislumbrar ocasionalmente a identidade do corpo de temas – e daí suas visões arquetípicas; elas podem, até, enxergar fracamente a luz da própria consciência. Porém, como lembrou o guru de Sogyal Rinpoche, essas pessoas não estão passando pela experiência da dissolução que realmente leva à morte. Essa experiência é apenas um treinamento. É um autêntico *samadhi* a vivência de um estado de consciência que ultrapasse o ego, claro, mas não é a experiência do *bardo* do momento da morte; falta-lhe profundidade.

Daí, surgem as diferenças com as experiências da janela não local que intuí abrir-se tanto na EQM quanto no *bardo* do momento da morte, o terceiro *bardo*. Pessoas que têm EQMs vivenciam ambientes celestiais, mas raramente ambientes infernais. Pessoas que têm EQMs passam pela revisão da vida, mas raramente vislumbram vidas futuras. Tudo porque não "vão fundo" o suficiente. Geralmente, dizem-lhes que precisam voltar. Quem diz isso? Em última análise, elas mesmas.

Um comentário: o que acontece se a pessoa "for fundo" o suficiente? O suficiente, digamos, para ver a clara luz. Em estados cada vez mais profundos de *samadhi*, atingidos em vigília por meio da meditação ou de alguma graça, a pessoa passa pelo mesmo tipo de ascensão e de descida que experimentou nos *bardos*. No estado de *samadhi*, a divisão sujeito-objeto se mantém, e com isso conserva-se alguma identidade residual com o corpo físico. O estado *savikalpa samadhi* é a experiência mais comum de *samadhi*. Mas há, ainda, na literatura, a menção à variedade mais rara, *nirvikalpa samadhi*, na qual não há divisão entre sujeito e objeto e a identidade da pessoa se funde completamente com o corpo sublime, embora de forma temporária. Na Índia, acredita-se que ninguém consegue sobreviver a um deslocamento completo da identidade para o corpo sublime – para a clara luz – por mais de 21 dias.[1]

Voltando à experiência de quase morte, estou convencido de que, em uma autêntica experiência de morte, esses percalços do treinamento são superados, a janela não local se abre ainda

---

1. Li que o próprio sábio Ramakrishna fez tal declaração.

mais e ocorre, com mais freqüência, uma verdadeira comunicação e influência mútua entre encarnações.

Muito bem. E agora, como explicamos os *bardos* do pósvida? A abertura da janela não local no *bardo* do instante da morte explica os dados sobre recordação de Stevenson e de outros pesquisadores de vidas passadas: o deslocamento do centro de identidade do corpo denso para o sutil e para o sublime se encaixa com a descrição tibetana do *bardo* do momento da morte. Mas após a morte não existe corpo físico, apenas a mônada quântica, agora desencarnada. Vai-se, com o corpo físico, a possibilidade de experiência da divisão sujeito-objeto. Na verdade, existe apenas o processamento inconsciente, tal como ocorre no sono profundo. Como, então, devemos explicar os *bardos* do momento da morte?

Felizmente, há uma saída para esse dilema. Para vê-la, vamos perguntar como os grandes sábios tibetanos intuíram, enquanto viviam, os *bardos* do momento da morte. Outra pista surge quando percebemos que há dados, sob hipnose ou sob respiração holotrópica, de sujeitos que se recordam de experiências dos *bardos* do momento da morte, tal como a escolha dos futuros pais, que se encaixam na descrição tibetana. Por exemplo, um dos sujeitos da pesquisadora Helen Wambach disse: "Fiquei muito surpreso quando percebi que não estava propriamente dentro do feto. Para mim, a parte mais estranha da experiência foi o sentimento de que, de algum modo, eu estava ajudando a criar o feto" (Wambach, 1979). Essa afirmação sugere não localidade, bem como a modelagem cármica do feto durante o período de processamento inconsciente que conecta o feto à sua mônada desencarnada.

Logo, podemos reunir esses indícios e sugerir o seguinte: na mônada quântica, não existe experiência sujeito-objeto, mas há o processamento inconsciente das possibilidades quânticas dos corpos sutis. Isso cria diversos caminhos possíveis. No nascimento, quando um corpo físico está disponível, um desses caminhos se manifesta e, depois, os eventos de todo o caminho acontecem retroativamente. Não são percebidos como eventos conscientes, mas sua memória está disponível. Podem ser lembrados como tal, caso a memória possa ser ativada pela hipnose, por exemplo.

O estudo feito por Helen Wambach com a regressão hipnótica até a experiência do nascimento, envolvendo 750 sujeitos escolhidos a dedo para representarem um corte transversal do público americano (incluindo, assim, muitos cristãos e, até, católicos praticantes), revelou que sólidos 81% achavam que tinham escolhido nascer. E 100% revelaram que sentiram muito pouca identidade com o feto antes de este completar seis meses; eles se viram "entrando" e "saindo" (Wambach, 1979). No início, esse tipo de relato parece dualista. Mas, analisando-o do ponto de vista da teoria que apresentamos aqui, não faz sentido? Sim, há uma opção entre diferentes caminhos na experiência do nascimento. Na concepção, a identidade com o corpo físico ainda é fraca e, por isso, a tendência a estar fora do corpo. Em grande parte, a identidade ainda está na mônada quântica.

O *Livro tibetano dos mortos* na forma idealista moderna: edição revisada

Assim, finalmente, estamos prontos para reinterpretar partes do *Livro tibetano dos mortos* em uma linguagem adequada à mente moderna e que reflete nossa compreensão quântica de sua mensagem. No entanto, vamos fazê-lo de maneira divertida, mantendo-nos próximos do formato usado no original.

Ó nobre filho, ouça com atenção. A julgar por todos os sinais exteriores, você está prestes a adentrar o *bardo* do momento da morte. Esta é uma oportunidade única em sua vida para a libertação e o trabalho espiritual. Assim, mantenha-se consciente, embora isso seja difícil, porque a consciência está começando a dar sinais de afastamento de seu corpo físico.

Fique alerta. Quando você entrar no *bardo* do momento da morte, talvez o mundo pareça bem diferente. Provavelmente, você nunca teve uma experiência fora do corpo; pois bem, chegou a hora de ter uma. Você nunca imaginou que pudesse voar, não é? Só que você pode. Você está leve e provavelmente seu coração também está.

Ó, nobre filho. Ouça com atenção. Se você estiver fora de seu corpo, isso é bem normal. Quer dizer apenas que, agora, você está se identificando mais com sua mônada quântica – suas qualidades vitais e mentais – que, por trás dos bastidores, ajudou-o a dar forma às suas experiências enquanto você viveu.

Agora, você está tendo experiências não locais. Você consegue ver seu próprio corpo deitado em sua cama. Não se preocupe. A morte é um rito de passagem, um grande *samadhi*. Fique calmo, descansado e consciente. As maiores experiências estão por vir.

Ó, nobre filho. Se você não percebeu a experiência fora do corpo, não se preocupe. Concentre-se em suas visões. Você está atravessando um túnel? É que você consegue enxergar aquilo que cria. Era assim que você sempre imaginou, não? O túnel para o outro lado. Mas você ainda não chegou do outro lado. Você ainda consegue guiar suas experiências, como em um sonho lúcido.

Sua identidade primária está com a mônada quântica e, agora, você tem grandes poderes para construir visões, para dar forma ao mundo temático que orienta seus corpos mental e vital. Consegue ver a luz a distância? É a luz da consciência, a única, que chama você. Essas visões são um prelúdio. Preste muita atenção a elas. Muito karma pode ser destruído se você prestar atenção agora.

Está vendo um ser de luz? Jesus, Buda? Bom. Eles devem ajudá-lo. Agora, talvez você tenha de rever sua vida. Que seja. Se a revisão incluir suas vidas passadas, melhor ainda; acolha-as.

Fique alerta, fique alerta, meu amigo. Você está vislumbrando sua futura encarnação? A janela não local pela qual você está olhando está aberta para todas as suas encarnações – passadas e futuras. Você está criando experiências de sincronicidade para seu futuro, assim como está colhendo o benefício de sincronicidades que você criou da última vez. Sua jornada tem sido longa, Ó, nobre filho.

Se você não passou pela revisão da vida nem percebeu cenas da próxima, tudo bem. Você está tranqüilo a respeito da vida, não está julgando nada. Você não precisa se julgar antes de adentrar o próximo reino; se você viu claramente suas encarnações passadas e futuras, isso seria um bom sinal. Mas não importa.

Preste atenção. O que quer que você esteja observando agora, estará sendo construído a partir dos arquétipos de seu próprio corpo de temas. Seja forte. Não se apegue às imagens costumeiras que o mantiveram ocupado durante a vida. Veja suas emoções nuas, embora isso signifique encontrar deuses e anjos violentos. É uma exibição passageira de sua própria criação. Não se distraia, porque pode parecer o inferno.

Se você reprimir suas emoções agora, elas o acompanharão até o outro lado quando você estiver inconsciente. Por que não mostra coragem neste momento e acaba logo com isso? Você tem se ocultado demais de suas emoções.

Lembre-se: Céu ou Inferno só dependem de sua postura emocional. Lembra-se daquela história taoísta? A pessoa vai para o Inferno e descobre que é um grande banquete, nada como o fogo e o enxofre de que falam algumas tradições. As pessoas estão sentadas ao redor de grandes mesas redondas, com pilhas e pilhas de todos os tipos possíveis e imagináveis de pratos deliciosos. Só há um problema. Os garfos, colheres e facas são do mesmo tamanho que as mesas, e as pessoas estão se esforçando em vão para comer com esses talheres imensos. Quando alguém chega ao Céu, encontra o mesmo banquete, mas com uma diferença: as pessoas sentadas de lados opostos da mesa dão comida umas para as outras.

Se não viu os deuses violentos, não se aborreça. Prepare-se para conhecer os deuses bons do reino pacífico. Você sempre quis ir para o Céu. Então, eis o Céu. Está percebendo? Sinta o amor de seus deuses da compaixão prediletos. Veja um mundo onde a justiça se manifesta. Sua visão de um Deus benevolente e justo está manifestada na realidade em que você está agora. Mas preste atenção, garoto, se você chegou aqui, por que não aguardar mais?

É claro que você pode se identificar com este reino e tornar-se um anjo ou *bodhisattva*, se preferir, após a morte. Mas, à frente, está a clara luz de tudo que existe: a consciência em sua verdadeira forma. Agora, sua identidade está virtualmente afastada de seu corpo físico e sutil, até de seu corpo de temas. Você está com a vida pendurada pelo mais fino dos fios. Se ainda estiver consciente, abra mão de todas as suas identidades. Esta é a paz final, esta é a luz final. Isto é o nirvana. Isto é *moksha*. Isto é o Céu eterno. *Om*, paz! paz! paz!

Agora, você está morto. Você está do outro lado, Ó, nobre filho. Você está inconsciente, apenas com a possibilidade de processar. As palavras que pronunciamos em seus ouvidos não conseguem mais chegar a você pelos canais locais de costume. Mas glória à não localidade quântica!

Se você não deixou de perceber a clara luz, agora você é um com Deus, e eu o saúdo. *Namaste*. Se você não a percebeu, vamos analisar as possibilidades que o aguardam. Podem ser úteis mais tarde.

Com efeito, se você se identificou com o pacífico reino celeste ao entrar na morte, é bem provável que tenha transcendido o ciclo morte-renascimento. Você escolheu o caminho para o Céu, mas, em sua compaixão, a fim de ajudar outros seres, você não optou por sua própria salvação. Você estará sempre radiante em sua mônada quântica, até o final dos tempos, se quiser, ou, se me permite dizer, se for a vontade de Deus. Você sabe do que estou falando: a sua intenção é a intenção de Deus.

Se você não percebeu o reino celeste ao entrar na morte, mas percebeu e se identificou com o reino emocional-infernal, ainda está livre de novos renascimentos. Você ainda é um auxiliar angelical e vai nos ajudar a limpar nossas sombras. Eu o saúdo.

Se você não percebeu nem o reino infernal nem o celeste ao entrar na morte, as possibilidades anteriores não são relevantes para você, meu amigo, Ó, nobre filho. Você vai renascer, você está no *bardo* de vir a ser na morte, o sexto *bardo*, ou *sidpa*. À sua frente, há possibilidades que você está processando, embora esteja inconsciente. Quando você renascer, terá escolhido um desses caminhos possíveis.

Se você não se identificou nem com o reino infernal ou celeste, nem com o arquetípico ou temático, mas gostou do que viu, há a possibilidade de que sua jornada inclua esses reinos. Você não está com pressa para renascer. Quando renasce na Terra, você recebe esse fato como outra oportunidade para servir à vida, para servir à consciência. Não estou preocupado com você, meu amigo.

Se, ao morrer, você estava consciente e fez uma revisão da vida, se você se correlacionou e se comunicou com a criança que será na próxima rodada, no caminho de possibilidades para você, então sua opção já está feita. Em sua sabedoria, você sabe do que precisa, o tipo de vida que lhe dará a melhor oportunidade para tratar do seu karma e realizar suas responsabilidades monádicas.

Se você tem essa consciência, então mais tarde, nessa próxima vida, poderá se lembrar daquilo que fez no *bardo sidpa*, pois aquilo que hoje é possibilidade ter-se-á, nessa ocasião, tornado experiência manifestada. Talvez você tenha visto seus pais e como você foi concebido. Você ainda não se identificou com seu feto; você estava fora do corpo e observava telepaticamente as coisas pelos olhos de seus pais, por assim dizer, e talvez tenha sentido os anseios do desejo. É esse desejo que determinará seu sexo ao nascer — o espermatozóide apropriado encontrará o óvulo, mas isso é secundário. Se seu desejo estava dirigido para sua mãe, você será um menino; se, por outro lado, seu pai era seu objeto de desejo, você será menina.

Se você adquiriu boas tendências nesta vida, espero que escolha progenitores e uma família que aumentem suas tendências na próxima vida. Se a sua vida não foi boa, se você nunca encontrou seu propósito, espero que o encontre na próxima. Seja bom, seja autêntico consigo mesmo, realize sua jornada individual; depois, se puder, ajude os outros. *Om*, paz, paz, paz.

capítulo 9

do ego à mônada quântica em evolução: desenvolvendo um novo contexto para a vida

Deve ter ficado claro, nos últimos três capítulos, que a física quântica nos permite desenvolver um modelo satisfatório da sobrevivência após a morte e da reencarnação, um modelo que também concorde com a sabedoria das tradições expostas em livros como o *Livro tibetano dos mortos*. E quem somos? No nível mais óbvio, naturalmente, identificamo-nos com o nosso ego. Mas nossa criatividade, nossas experiências amorosas, momentos em que tomamos profundas decisões morais, dão-nos um vislumbre de quem talvez sejamos em um nível mais profundo — o *self* quântico.

Em algum ponto de nosso desenvolvimento, também começamos a suspeitar que nunca realizaremos plenamente nosso potencial criativo ou nosso potencial para sermos perfeitamente felizes, ou desenvolvermos nossa capacidade de amar incondicionalmente outra pessoa, enquanto nos identificarmos com o ego. Nesse ponto, começamos a jornada espiritual rumo à transferência de nossa identidade para o *self* quântico. Entretanto, o esquema reencarnatório adiciona algumas novas perspectivas e *insights* a respeito do modo como devemos lidar com a jornada espiritual. Esse é o assunto deste capítulo.

Perceba também que, de certo modo, o modelo da alma, a mônada quântica, desenvolvida nos capítulos anteriores, ainda está incompleto; falta explicar uma parte dos dados. No Capítulo 7, falei do acúmulo de karma; a cada encarnação, o karma se acumula. Por isso, neste modelo, a pessoa prosseguiria para sempre na roda do karma, assoberbada com mais e mais karma, à medida que reencarna. Além disso, no Capítulo 7, falei de anjos e espíritos-guias; mas como a alma atinge tais estados exaltados? Como ela sai da roda do karma e atinge a libertação? Neste capítulo e no seguinte, vamos estudar a evolução da alma por trás da roda do karma.

É necessário prestar atenção. De certo modo, estamos falando agora do fruto intelectual do modelo reencarnatório, e de como ele auxilia nossa jornada vivencial de desenvolvimento espiritual. Parte do capítulo é a revisão de temas até tradicionais; o modelo quântico só produz uma base satisfatória acerca daquilo que as tradições têm a dizer. Mas, em meio aos temas tradicionais, não deixemos de ver o enriquecimento quântico com ideias como salto quântico de criatividade e hierarquia entrelaçada de relacionamentos, incorporando-as à nossa própria jornada.

O projeto *atman*

Geralmente, pensamos que somos um ego com personalidade. Acreditamos que o ego, a partir do qual nossas ações parecem fluir continuamente, como um rio flui de uma geleira, escolhe nossas ações. E o mundo como um todo torna-se o parque de diversões desse ego e seu "livre-arbítrio".

O ego torna-se o organizador e intérprete de todas as nossas experiências. Nossas experiências com outras pessoas, assim organizadas, tornam-se secundárias – epifenômenos de nosso ego. Minha família, meus amigos e outras pessoas são toleradas, até amadas. Mas o outro que está fora do limite do meu ego perde a validade e pode até ser destruído, morto.

No alto da agenda do ego, fica a autoproteção, que o filósofo Ken Wilber chama de "projeto *atman*". A cada instante, diz Wilber, posicionamo-nos na encruzilhada de duas polaridades — vida e morte, Eros e Thanatos. Eros nos impele para a vida e para a imortalidade do ego, tornamo-nos realizadores, construímos impérios; Thanatos, o arquétipo da morte, impele-nos para a unidade cósmica que causa o sacrifício do ego. Porém, o ego é astuto: ele perverte o impulso rumo à unidade cósmica da morte, conduzindo a uma unidade falsa, com mais separação ainda. O desejo de morte do ego torna-se um sacrifício ritual pelo desejo da morte dos outros ou, até, levando a cabo, literalmente, a morte física (Wilber, 1980).

Eros e Thanatos. Quando eles se manifestam em nossas vidas de maneira equilibrada, a existência é uma linda dança sobre o fio da navalha. Como a morte é permitida a cada momento, a criatividade se torna possível — na verdade, imperativa. O poeta Rabindranath Tagore escreveu:

> No dia em que a morte bater à tua porta
> O que lhe oferecerás?
> Diante de meu convidado, porei o veículo total de minha vida,
> Nunca permitirei que parta com as mãos vazias.

Em contraste, quando Thanatos se perverte e se entrega ao serviço do ego, desenvolvemos um profundo medo da morte, e a criatividade se esgota. Uma vida assim parece não ter leme, perdemo-nos no espaço, buscando a imortalidade em um corpo que, por sua própria natureza, é mortal.

Pesquisas recentes sobre a morte, realizadas por Elizabeth Kübler-Ross e outros junto a pacientes terminais, confirmam essas tendências do ego (Imara, 1975). Tais pacientes parecem passar por certos estágios, bastante claros, a seguir arrolados.

1. Negação. Diante do choque da descoberta, o paciente nega que a morte seja iminente. "Isso não pode estar acontecendo comigo. Comigo, não. Eu, com um tumor maligno? Eu, com apenas alguns

meses de vida? Bobagem".[1] Essa negação leva à ausência de comunicação sobre o medo da morte. O paciente se sente solitário e isolado, cheio de conflitos internos e culpas. A ausência de significado da existência é um golpe particularmente difícil.

Conta-se uma história no épico indiano *Mahabharata*. Um dia, o príncipe Yudhisthira, seus irmãos e sua esposa em comum estavam viajando por uma floresta, procurando água. Parecia haver um lago a distância, ao qual Yudhisthira enviou primeiro sua mulher e, depois, cada um de seus quatro irmãos, um de cada vez, para buscar água, mas em vão; ninguém voltou. Finalmente, o próprio príncipe foi até lá e descobriu que o lago era protegido por um ser sobre-humano que se recusou a lhe dar água, a menos que ele respondesse a algumas charadas. A primeira foi: "Qual a coisa mais estranha do mundo?" Ao que o príncipe respondeu: "Milhões de pessoas morrem todos os dias; mesmo assim, sabendo disso, as pessoas não acreditam que um dia irão morrer". Esta era, com efeito, a resposta correta. A negação não se limita a pacientes terminais. A maioria da humanidade sofre do mal chamado negação da morte.

2. Raiva. Mais cedo ou mais tarde, a negação cede lugar a expressões, emoções, especialmente a raiva – por que eu? Por que não os malvados? "Está bem, estou morrendo, mas por que é tão doloroso? Não quero sua piedade."

3. Barganha: É a fase do "serei bonzinho, caso sobreviva". Avarentos prometem tornar-se dadivosos. Pessoas que se sentem culpadas por causa de sua sexualidade exacerbada juram que ficarão celibatárias – coisas do gênero. Mas quase ninguém é sincero e mantém a promessa. A barganha é sempre condicional, e não motivacional. O ego só se sacrifica se obtiver em troca alguma coisa que deseja ou cobiça.

4. Depressão. Quando a barganha fracassa, a realidade começa a se instalar – sim, vou morrer, não existirei mais. Agora, temos uma profunda intuição da impotência diante da morte. É o equivalente à "sombria noite da alma" de que falam as práticas espirituais. Há a rendição, muito processamento inconsciente, e a intuição da irrealidade do ego.

---

1. Estes comentários foram escritos pelo autor Thomas Bell, citado em Imara, 1975.

5. Aceitação. O estágio da depressão se encerra com uma mente aberta, a partir da qual um salto quântico criativo pode ocorrer, levando para além do jugo dos limites do ego, que se recusa a aceitar as possibilidades cósmicas da morte. Quando esse salto acontece, sobrevém certa paz interior. Neste estágio, as pessoas vivem mais no momento, e costumam mostrar-se criativas.

Duas coisas precisam ser mencionadas. Primeiro, os estágios não são cronológicos, como a lista parece implicar. As pessoas flutuam muito. A aceitação torna-se sincera depois de muitas dessas flutuações (Levine, 1982). Essa flutuação também é comum em atos criativos.

Segundo, nem todos passam pelos cinco estágios. Pessoas que o fazem são mais comunicativas com seus parceiros ao tratar de sua situação. Essas pessoas também não se tornam defensivas; repartem sua experiência com seus pares e falam de coisas que acontecem com elas, em vez de tratar de questões sem maior importância. Finalmente, essas pessoas aceitam a vida como boa e má, ao mesmo tempo; elas não polarizam (Imara, 1975). Em suma, já estão cientes de que existe vida além do ego e, portanto, receiam menos a morte.

O fato é que, quando procuramos esse ego/herói de nossas ações em nossa psique, não o encontramos. Com efeito, o ego é, antes de tudo, mero conteúdo, uma confluência de histórias pessoais. E, naturalmente, o ego também inventa e encena muitas *personas* para se adequar aos nossos diversos roteiros. (O conceito de *persona* se originou com a ideia grega de se usar uma máscara em representações teatrais.) Ego e *personas* são fictícios e, naturalmente, impermanentes. Se soubéssemos desde o início que são impermanentes, nunca sentiríamos a necessidade de negar a morte.

Repensando-nos

Na verdade, um modo mais sofisticado de pensar a nosso próprio respeito, por assim dizer, é como um caráter — um grupo de tendências ou disposições. A maioria de nossas ações provém desses padrões mentais. É esse caráter que o behaviorismo vê como resultante de nosso condicionamento social, e daí o próprio lema behaviorista: não existe liberdade de ação em nível individual.

Será que o behaviorista tem razão? Não temos livre-arbítrio no nível egoico de identidade? Em parte, sim, pois experimentos feitos conectando-se o cérebro a um eletroencefalógrafo revelam que, em demonstrações como erguer a mão por vontade própria, alguém que olhe para o aparelho pode prever que uma pessoa vai erguer a mão "por vontade própria". Que livre-arbítrio é esse que pode ser previsto? Ocorre que, em última análise, não pode, pois o neurofisiologista Benjamin Libet (1985) mostrou que, mesmo depois de o indivíduo dar início ao seu previsível ato de erguer o braço, ele pode se deter. Isso confere grande credibilidade à frase popular "basta dizer não".

Nosso caráter abrange mais do que um simples condicionamento psicossocial. Alguns de nossos hábitos resultam de aprendermos contextos de ação de maneira criativa; eles não podem ser ensinados, só exemplificados e propiciados. Um exemplo fácil é a matemática. O ensino da matemática é desafiador porque exige, às vezes, a participação criativa do aluno; parte desse ensino exige a descoberta de novos contextos. Outros exemplos são o amor e a justiça.

No decorrer de nosso desenvolvimento, descobrimos criativamente os contextos que modelam nosso caráter. O psicólogo francês Jean Piaget (1977) descreveu esse processo como uma série daquilo que chamava de "equilibrações" – chegar à homeostase. A criança usa equilibrações simples e recíprocas para manter a homeostase, e equilibração hierárquica para passar a um novo nível de assimilação, uma nova homeostase. Dê a um bebê um dedo e ele irá sugá-lo – eis uma criança que realizou um processo de equilibração simples. A equilibração simples consiste em desenvolver um ajuste unitário entre objeto e ação, como, por exemplo, entre dedo e sucção. A equilibração recíproca consiste em equilibrar dois esquemas e objetos em equilibração simples, formando um todo. Por exemplo: um bebê que aprendeu a agarrar um objeto e a sugar seus dedos vai aliar as duas habilidades para levar uma chupeta até a boca. O terceiro tipo de equilibração, a equilibração hierárquica, é um processo no qual sistemas e esquemas equilibrados são integrados contextualmente. A equilibração hierárquica exige criatividade – aprendizado criativo.

Quando criança, ao memorizar os primeiros números e aprender a contar até cem, fiz isso porque minha mãe me treinou. Ela fixou o contexto e eu aprendi pela memorização; os números em si não tinham significado para mim. Depois, ela me disse para pensar em conjuntos de dois – dois dedos, dois vasos – ou de três – três livros, três bolinhas de gude. Então, um dia, de repente, a diferença entre dois e três (e todos os outros números) ficou clara como a luz do dia para mim, pois aprendera a ver os números em um novo contexto, o conceito de conjunto (embora, nessa época, não pudesse expressá-lo dessa forma). E, apesar de as pessoas em meu ambiente terem facilitado minha tarefa, no final eu é que descobri o significado. Este é um exemplo de equilibração hierárquica.

Nossa nova ciência apoia as ideias de Piaget. Somos capazes de duas modalidades diferentes. Na modalidade quântica (*atman*), no modo criativo de hierarquia entrelaçada, descobrimos novos contextos. Na modalidade do ego de hierarquia simples, exploramos as diversas aplicações dos contextos recém-descobertos para compor ainda melhor nosso caráter.

Uma estrutura reencarnatória para podermos nos ver acrescenta ainda mais corpo ao nosso caráter. Nosso caráter não se define apenas por tendências, hábitos ou contextos descobertos adquiridos nesta vida, mas também pelos hábitos e contextos descobertos de vidas passadas. Como disse o Buda, o homem é tudo que já pensou, inclusive suas vidas passadas. Mas isso exige um reexame da estrutura de nosso *self*.

Em um nível, nós nos identificamos com nosso ego, nossos roteiros. Em um nível mais aprofundado, percebemos que dependemos de um *self* mais profundo, o *self* quântico, para descobrir o contexto de nossos roteiros. Nosso *self* quântico estabelece o contexto para o conteúdo que tece o ego. Um subproduto desse processo é o caráter, a disposição que formamos, o repertório aprendido. E nós nos identificamos com ele.

Sem uma estrutura reencarnatória, é fácil considerar o caráter como parte da atual identificação do ego, como a maioria dos autores já fez, inclusive este (Goswami, 1993). Em uma estrutura reencarnatória, isso muda, pois o caráter continua, mas as páginas específicas do roteiro (o conteúdo do ego) de uma vida específica não sobrevive a essa vida. Todavia, a disposição que atuou como contexto para essas histórias sobrevive. É esta identidade, a mônada quântica, que sobrevive de uma encarnação para outra e define um nível de individualidade entre o ego e o *self* quântico.

Se quisermos extrair sentido de nossas vidas, de nossos fracassos e sucessos, a mera análise desta vida não será suficiente. O novelista Norman Mailer escreveu, em sua biografia sobre Marilyn Monroe:

> Se quisermos compreender Monroe... por que não presumir que [ela] pode ter nascido com o desesperado imperativo formado por todas essas dívidas e fracassos de toda a sua família de almas... Para chegarmos a explicá-la, vamos adotar essa ideia cármica como mais uma ideia a sustentarmos na mente, enquanto tentamos acompanhar os caminhos sinuosos de sua vida (Mailer, 1973, p. 22-23).

Esse apelo se aplica a todos nós.

Na tradição da Índia Oriental, para evitar confusão, o *atman* – o *self* quântico, em nossa terminologia – é chamado *paramatman* ou grande *atman*. Em contraste, o nível intermediário da individualidade é chamado *jivatman*, ou apenas *jiva*. Em outras palavras, *jiva* é a expressão sânscrita para a mônada quântica (veja a Figura 7.3).

Karma

Os contextos que descobrimos e desenvolvemos em uma vida ficam conosco nas vidas subseqüentes e tornam-nas mais ricas. Isso é karma positivo. Mas não estamos falando de uma recompensa por termos feito algo bom; é mais um dos contextos aprendidos em uma vida passada, servindo de sabedoria inata para esculpirmos melhor nosso destino nesta vida. Um Einstein pode estar predisposto para ser gênio em física em uma vida, por causa da sabedoria acumulada em suas vidas anteriores.

O ser humano também precisa se lembrar de que o repertório aprendido não é tudo aquilo com que o caráter de uma vida contribuiu para sua mônada quântica. Como parte de seu caráter, ele também construiu defesas e barreiras contra a criatividade, contra o amor, contra a transcendência da identidade do ego, de modo geral. É isso que Ken Wilber (1980) chamou de projeto *atman* do ego – é o projeto para manter *atman*, o *self* quântico, a distância.

Esse condicionamento negativo, essas defesas do ego adquiridas ao se evitarem contextos criativos, também se torna parte do padrão habitual, a disposição levada adiante pelo corpo sutil por meio de sua memória quântica. Uma pessoa pode adquirir uma fobia nesta vida por causa do condicionamento negativo de uma vida passada. Isso é o karma negativo.

Outras pessoas podem ter se envolvido com alguém por mais de uma vida, através da correlação cármica. Pode ser que determinado indivíduo (ou indivíduos) se relacione com um outro em sua procura pelo significado do amor, por exemplo. Isso acaba envolvendo a manifestação e integração conscientes daquilo que Jung chamou de mulher arquetípica (*anima*) nos homens e de homem arquetípico (*animus*) nas mulheres; mas integrar a *anima* ou o *animus*, em nossa vida cotidiana, é uma tarefa árdua, que normalmente exige mais de uma vida. A compreensão da *anima* ou do *animus* também costuma exigir um parceiro do sexo oposto. Logo, a pessoa pode se envolver em um relacionamento equivalente a um passeio em montanha-russa com outra mônada quântica individual, enquanto tenta integrar o amor em seu caráter na dança da manifestação do tema da *anima* ou do *animus*. Se ela é um elemento de um par de pessoas que está num desses entrelaçados há diversas vidas, podem se ver um ao outro como almas companheiras.

Do lado negativo, podemos encontrar um adversário nesta vida, naquilo que Jung chamou de jornada do herói. Como os adversários ajudam a energizar o herói em sua jornada, são, na verdade, auxiliares disfarçados. E, durante muitas vidas, os papéis de herói e adversário podem se alternar. Isso pode dar origem à ideia de que, se fizermos mal a alguém nesta vida, essa pessoa pode se vingar na próxima. Duvido que a coisa seja tão melodramática. Mesmo assim, é certo que, se agirmos sem ética e magoarmos alguém, não teremos compreendido o amor ou a confiança, importantes temas arquetípicos. Podemos estar convictos de que, se morrermos nessa situação, deveremos voltar com uma nova oportunidade para aprender esses grandes temas em nossas vidas. E pode ser que a mônada quântica individual, ou *jiva*, que ludibriamos numa vida anterior, esteja enredada conosco nessa nova tentativa. No mínimo, a memória quântica do erro nos irá assombrar:

> Ou aqueles generosos anos se passaram
> E o velho mundo se perdeu,
> Eu era um rei na Babilônia
> E você uma escrava cristã.
> Eu a vi, a tomei, levei-a comigo,
> Verguei-a e quebrei seu orgulho...
> E milhares de sóis se ergueram e se puseram
> Desde então sobre a sepultura
> Erguida pelo rei da Babilônia
> para aquela que fora sua Escrava.
> O orgulho que solapei hoje é meu desprezo,
> Pois ele me assola novamente.
> Os antigos ressentimentos duram como a morte,

Pois você ama, mas se contém.
Quebro meu coração em seu duro desdém,
E quebro meu coração em vão.²*

Com o karma negativo assombrando-o, o indivíduo não consegue esperar aquilo que o poeta inglês John Masefield romanceou:

Com membros mais vigorosos e mentes mais brilhantes
A velha alma torna a percorrer a estrada
(citado em Cranston e Williams, 1994, p. 378.)**

Assim, o sábio queima seu karma negativo e as propensões deixadas de lado por meio de penitências apropriadas. Recentemente, a ideia de fechamento ganhou importância em relacionamentos que terminam. Isso é bom, mas o *connoisseur* da reencarnação deve conseguir um fechamento também em relacionamentos rompidos em vidas passadas. Há, na psicologia junguiana, a ideia da limpeza da sombra. No entanto, como enfatizou o psicólogo junguiano e terapeuta de regressão a vidas passadas Roger Woolger (1988), o ser humano precisa passar por uma terapia de regressão a vidas passadas para realmente conseguir limpar a sombra das repressões que o assustam.

Por que acontecem coisas boas com pessoas más ou coisas más com pessoas boas são perguntas que têm muita relação

---

2.   Estas belas linhas foram escritas pelo poeta William Henley e citadas em Cranston e Williams, 1994, p. 343.

*   No original: *Or ever the kindly years were gone / With the old world to the grave, / I was a king in Babylon / And you were a Christian Slave. / I saw, I took, I cast you by, / I bent and broke your pride... / And a myriad suns have set and shone / Since then upon the grave / Decreed by the king of Babylon / to her that had been his Slave. / The pride I trampled is now my scathe, / For it tramples me again. / The old resentments last like death, / For you love, yet you refrein. / I break my heart on your hard unfaith, / And I break my heart in vain.* [N. de E.]

** No original: *With studier limbs and brighter brains / The old soul takes the road again.* [N. de E.]

com karma passado. Ficamos intrigados com nossa situação atual porque estamos observando uma fatia muito pequena de todo um drama individual, esculpido pela totalidade de nossas existências.

É claro, deste ponto de vista, que a reencarnação é progressiva, ou que, na pior hipótese, envolve a manutenção do *status quo*; mas não há recuos, ela não é regressiva. Os antigos chineses não precisavam se preocupar – os contextos da vida humana abrangiam um cenário bem maior do que aquele disponível para uma barata; não faz sentido que um ser humano renasça como barata para compensar dívidas cármicas.

E o que dizer das histórias da mitologia hindu que afirmam o contrário? Há, por exemplo, a história de um sábio que, por ocasião da morte, viu um veado e teve o desejo momentâneo de renascer como veado. Essas histórias podem facilmente ser reinterpretadas como um renascimento com a qualidade do animal que encantou o sábio agonizante.

Por outro lado, também é possível ver que a lei cármica é implacável. Se a pessoa não descobrir e aprender a vivenciar um contexto nesta vida, o karma a manterá no ciclo morte-renascimento indefinidamente, até que ela aprenda.

É como o personagem de Bill Murray, no filme *Feitiço do Tempo*. Todas as manhãs, ele acorda em seu hotel, em uma cidadezinha na Pensilvânia, e descobre que precisa viver o mesmo dia em que as pessoas se reúnem para saber se a marmota vai conseguir enxergar sua sombra e prever a duração do inverno. No início, o personagem do filme está entediado e desesperado, mas não demora para que ele perceba o que fazer. Ele aprende a se observar; descobre relacionamentos; começa a ajudar as pessoas; torna-se criativo e acaba descobrindo o amor, conseguindo, então, passar para o dia seguinte.

A repetição cármica é similar, mas com uma pequena variação. Se o indivíduo for rico e não aprender suas lições, poderá voltar pobre. Mas ele vai em frente até aprender, até ficar pronto, até se entediar e começar a se perguntar sobre o significado da vida e a natureza do *self*, até compreender o significado dos relacionamentos e a beleza no auxílio ao próximo. Ah, sim, existe o dia do juízo, mas Deus não fica ali julgando cada um. O juiz é a própria pessoa, e só se ela estiver lá, consciente ao entrar no *bardo* do momento da morte. Um personagem representado por Woody Allen, em um de seus filmes, disse: "Não tenho medo de morrer. Só não quero estar lá quando isso acontecer". Essa tendência escapista é que perpetua a roda cármica.

Criamos karma ao aprender as lições que precisamos estudar, os contextos de nosso corpo de temas. Com a experiência, aprendemos melhor. Se aprendermos criativamente com um fechamento, "queimamos" karma, essas propensões de que não necessitamos mais. A verdade também é que temos a capacidade de ser criativos sem criarmos novo karma. Infelizmente, apesar dessa habilidade, temos outros impulsos que nos levam a um envolvimento cármico. Vamos tentar compreender esses impulsos, para os quais a palavra empregada no leste da Índia é *guna*, que quer dizer "qualidade".

Os *gunas*

Os filósofos e sábios do leste da Índia acreditam que as pessoas podem ser classificadas segundo o *guna* – *sattwa*, *rajas* e *tamas* – que domina sua psique. *Sattwa* significa iluminação; é a qualidade que ilumina, como a habilidade de amar ou a criatividade. *Rajas* é a qualidade da atividade; e *tamas* é a qualidade da preguiça, como se nos atolássemos em nosso condicionamento.

Em meus livros anteriores, identifiquei os *gunas*, segundo a terminologia atual – behaviorismo, Freud e Jung – para os impulsos psicológicos (Goswami, 1993). Logo, *tamas* é o impulso inconsciente devido ao condicionamento psicossocial que inclui a repressão; *rajas* é a libido de origem genética; e *sattwa* é o impulso da criatividade, um impulso de nosso inconsciente coletivo.

Embora essa classificação seja válida, ela não explica por que as pessoas parecem dominadas por esta ou por aquela qualidade.

Pessoas nascidas com herança genética similar acabam mostrando graus distintos de *rajas*. Pessoas que são criadas sob condições psicossociais mais ou menos iguais exibem graus diferentes de *rajas*. O mesmo se pode dizer de *sattwa*: por que algumas pessoas parecem nascer com *sattwa* como impulso dominante é um mistério — até incluirmos uma estrutura reencarnatória.

Agora, vamos aceitar o fato de que, ao falar dos *gunas*, os sábios-filósofos do leste da Índia estavam presumindo implicitamente uma estrutura reencarnatória. Os *gunas* são não apenas o resultado do condicionamento desta vida, como transportam as tendências acumuladas em outras vidas. Pessoas do *guna tamas* não só passaram por um forte condicionamento na infância desta vida, com relação a essa tendência, como sofreram o mesmo problema em existências prévias. Dá uma visão diferente para questões como seguridade social ou famílias sem-teto, não é? O dinheiro em si não vai ajudar aqueles que passaram diversas vidas na imobilidade de *tamas*; elas precisam ser educadas para identificar seus padrões de muitas vidas, a fim de poderem mudar nesta vida e agir mais, ou até começarem a criar. (Não estou negando, com isso, as contribuições da sociedade para a criação e manutenção desses problemas e suas soluções.)

No entanto, as pessoas também podem ficar travadas em *rajas*, perpetuando o ciclo cármico. A atividade costuma nos levar a explorar os menos afortunados. Isso dá combustível para muitas vidas sobre a montanha-russa cármica dos relacionamentos. E a atividade torna-se uma barreira à criatividade, porque ela é caprichosa e porque favorece modismos. Logo, o excesso de *rajas* nos impede de realizar nosso propósito criativo.

Até *sattwa*, a criatividade, a base de realização de nosso destino e vivência plena de nossos temas, pode nos deixar travados no karma. Na atividade criativa, se não formos cuidadosos, podemos incorrer em tremendas dívidas cármicas. Na época da guerra, os cientistas de Los Alamos eram muito criativos, mas o produto de sua criatividade, a bomba atômica, tem sido um pesadelo cármico para toda a espécie humana.

Do ego-*persona* à mônada quântica

Nas últimas frases da peça *The Great God Brown*, de Eugene O'Neill, há duas frases evocativas: "Faz tanto tempo! Mas ainda sou a mesma Margaret. Nossas vidas é que envelheceram. Estamos em um ponto onde séculos valem apenas segundos, e após mil vidas, nossos olhos começam a se abrir". Se nossos olhos estão abertos agora, como analisamos o trabalho espiritual? Se nossos olhos não estão abertos, o que podemos fazer para abri-los?

Geralmente, o trabalho espiritual é visto como parte de uma jornada além do ego. Chamo essa jornada de criatividade interior, porque a consciência se move para dentro e descobre que o ego não tem natureza própria além do Ser, em uma profunda unidade. Um ramo da psicologia, a psicologia transpessoal, está envolvido com essa dimensão espiritual de nós mesmos, e em como propiciá-la. Aqui, falamos da autocompreensão, a compreensão de que somos, na verdade, o *self* quântico universal, o *atman*, e que temos a verdadeira liberdade do Espírito Santo, para o qual entregamos ocasionalmente nosso limitado livre-arbítrio.

Contudo, na ausência de uma estrutura reencarnatória, a psicologia transpessoal tem, com certa freqüência, deixado de fora de suas equações a morte, o morrer e os estados do pós-morte. Logo, a pergunta que fazemos agora é: em vista do nível intermediário de nossa existência, à qual dou o nome de mônada quântica e que é chamado *jiva*, na Índia, entre o *atman* e o ego, qual deve ser nossa estratégia para nosso caminho espiritual? Em outras palavras, como vivemos como um *jiva*, e não como um ego? É possível? Será estrategicamente preferível viver como uma mônada quântica que transcende o ego?

Li sobre uma prática que Swami Sivananda, grande sábio da Índia que viveu no século 20, recomendou a um suplicante que pediu que fosse reativada sua memória reencarnatória. A prática consiste em se lembrar. No final de cada dia, a pessoa anota tudo aquilo de que puder se recordar dos eventos desse dia. No final da semana, além de anotar os eventos recordados desse dia, ela também registra tudo aquilo de que se lembrar daquela semana. No final de cada mês, faz o mesmo para o mês todo. E, no final do ano, escreve os eventos do ano todo. Sivananda disse que, se conseguirmos manter essa prática árdua durante dois anos, poderemos nos lembrar de propensões e vidas passadas.

Conforme as ideias expressadas neste livro ganhavam forma, pensei em adotar a prática de Sivananda, mas quem tem tempo para isso nesta atarefada vida americana? Finalmente, ocorreu-me fazê-lo por um período mais curto. Durante duas semanas, meditei com o único propósito de recordar minha infância, à procura de algum sinal de propensões reencarnatórias – propensões que não poderiam ser explicadas por condicionamento genético ou ambiental. No início, houve pouco progresso. Lentamente, porém, fui me dando conta de que tinha recebido um dom reencarnatório muito especial – a capacidade de sintetizar, de integrar diversos sistemas de conhecimento.

Lembro-me de que, com 8 anos, eu já estudava História Universal, não apenas do ponto de vista britânico e indiano, o que não é incomum para uma criança indiana, mas também do ponto de vista da Rússia, da China, da África, e assim por diante. Nenhum de meus familiares se interessava por ciência, mas, com 14 anos, abandonei a história, meu assunto predileto, e mergulhei na ciência. Será que o destino inconsciente da unificação da ciência e da espiritualidade já estava me impelindo? Estou convencido disso.

Também estou convencido de que, se o indivíduo pensar seriamente em sua infância ou mergulhar em suas recordações com a ajuda de meditação e de hipnose, estará bastante apto a conhecer o tipo de *jiva* que ele é. Vai ajudá-lo não só a se lembrar de eventos específicos de suas vidas passadas, como vai lhe dizer mais sobre aquele "eu maior" que ele é.

Agora, algo bem interessante. Os indianos do leste dividem o karma em três categorias. A primeira é chamada karma *sanchita* (acumulado) – todo o karma acumulado ao longo de todas as vidas passadas de uma mônada quântica individual. A segunda é o karma *prarabdha* – o karma que frutifica na vida atual. A terceira é chamada de karma *agami* – o karma que alguém acumula na vida atual.

O psicólogo David Cliness desenvolveu um método terapêutico para investigar tendências, propensões e contextos não resolvidos de existências passadas, e que geram dores e sofrimentos nesta vida. A partir de seus dados, Cliness conclui que os contextos que focalizamos nesta vida são uma composição dos contextos não solucionados, não de uma, mas de muitas vidas passadas. Também assumimos as habilidades aprendidas em mais de uma de nossas vidas passadas para lidar com os contextos que teremos nesta vida. Cliness compara a situação a um jogo de pôquer. O baralho tem 52 cartas, mas só recebemos cinco na mão. O número total de cartas representa metaforicamente as propensões que aprendemos em todas as nossas encarnações anteriores. As cinco cartas que recebemos representam as propensões dessas poucas encarnações que agora estão em foco.[3] Perceba-se como isso se parece com o conceito de *prarabdha* mencionado antes, o karma que frutifica nesta vida e que é apenas uma fração de todo o karma acumulado.

Inconscientemente, cada um já está seguindo um destino, o caminho certo para resolver, de forma criativa e ética, os problemas que sua mônada quântica lhe passou, um destino que os indianos do leste chamam de *dharma*. (Estamos falando de *dharma* com "d" minúsculo; Dharma com "D" maiúsculo significa a consciência, primeira e única, e, às vezes, também o deus da justiça.) Quando esse destino se torna consciente, porém, fica bem mais fácil deixar o ego para trás na jornada da criatividade. Além disso, o *dharma* inclui a ética em ação. Se o indivíduo conhece claramente o seu *dharma* e a ele se dedica com intenção pura, não há como errar, então consegue facilmente evitar a criação de novo karma.

---

3. O trabalho de Cliness, ainda inédito, está descrito em Bache, 1991.

Segundo o hinduísmo, a vida humana tem quatro metas: *dharma* (geralmente traduzido como ação correta ou deveres éticos); *artha* (dinheiro ou segurança); *kama* (desejo) e *moksha* (libertação). As pessoas costumam perguntar o que o *dharma* está fazendo na frente, antes mesmo de o ser humano ter se dedicado à segurança e ao desejo? A razão é que o *dharma* não é apenas o dever ético, mas um destino criativo escolhido pela pessoa antes mesmo de ela nascer. Por isso, nossa busca de segurança e desejo deve ser guiada pelo *dharma*. E *moksha*, a libertação, é, naturalmente, a meta final da vida humana, segundo o hinduísmo.

Havia um rei muito rico, capaz e justo, que viveu na Índia antiga. Muita gente morava no seu palácio, fazendo isto ou aquilo, e todos respeitavam muito esse rei. Um dia, uma mulher bonita lhe pediu refúgio e, como era hábito do rei, ele o concedeu. Mas esse evento começou a ter um efeito inesperado sobre os empregados do rei, porque a mulher era má e continuou a praticar o mal, mesmo sob a proteção do rei.

Primeiro, o chefe da segurança reclamou. "Ó, nobre rei", disse, "esta mulher a quem o senhor deu abrigo é o mal encarnado, Alakshmi. Eu a venho observando há dias. Não quero servir a ela. Por favor, expulse-a, ou terei de sair." O rei ficou triste porque sabia que o homem estava dizendo a verdade. Mesmo assim, recusou-se a atender o pedido e deixou o guarda sair.

Isso se tornou uma tendência. Um a um, os servos, parentes e até a rainha saíram em prantos. O palácio ficou lúgubre, sombrio. Finalmente, certa noite, o rei viu um idoso de porte altivo e aura dourada deixando o palácio. "Quem é você, e por que está saindo?", perguntou o rei.

"Sou Dharma", foi a resposta. "Estou saindo porque não desejo a proximidade do mal, Alakshmi." Dharma é o grande deus da justiça e da bondade.

"Mas, Ó Dharma, você está saindo de maneira injustificável", exclamou o rei. "Olhe! Não posso negar que a mulher a quem dei abrigo seja Alakshmi. Contudo, como eu poderia recusá-lo a ela? Meu *dharma* é proteger qualquer pessoa que busque minha proteção. Sou o rei que preside sobre bons e maus súditos. Não posso discriminar e ainda me manter sob meu *dharma*." O deus da justiça percebeu seu erro e retornou silenciosamente para o palácio. Com a volta do deus, pouco a pouco os outros foram voltando. Finalmente, Alakshmi procurou o rei e disse: "Como você preferiu o Dharma a mim, devo partir". E, de bom grado, o rei deixou-a partir.

Há histórias como essa em todas as culturas. Outro bom exemplo são as aventuras heroicas dos cavaleiros da Távola Redonda do Rei Arthur. Esses cavaleiros viveram pelo *dharma*; honraram seu caráter; cumpriram seu dever.

Vivendo como uma mônada quântica em evolução

Portanto, a primeira coisa que cada um deve fazer para viver como uma mônada quântica individual é descobrir seu *dharma*, seu destino, sua bênção, e segui-lo! O mitólogo Joseph Campbell costumava dizer: "Siga sua bênção!" Mas, naturalmente, para seguir sua bênção, o indivíduo precisa saber o que lhe proporciona bênçãos. Como mônada quântica individual, ou *jiva*, seu caráter é mais importante para ele do que seu melodrama específico, seu roteiro de vida. Cada um deve aprender a honrar seu caráter, seus deveres. Com freqüência, isso significa sacrificar suas exigências egoicas pelo melodrama. Que seja. Um ser humano faz isso porque lhe confere uma bênção, porque isso satisfaz sua alma. Suponha, contudo, que ele descobriu intuitivamente o seu *dharma* e percebeu um desajuste entre o *dharma* que trouxe consigo e a vida que está vivendo. Algumas tradições xamânicas têm remédio para isso — o resgate da alma. A tradução é a seguinte: como sua vida atual não está se adequando ao *dharma* que ele desejava, é necessário que ajuste seu *dharma* para que ele fique adequado à sua vida. Pode ser mais simples do que mudar de vida mais tarde, tentando viver conforme o *dharma* que desejava.

Como pessoa do destino, ele também conhece seu dever supremo — servir à intencionalidade criativo do universo, desde que se mantenha atado à roda do *samsara*. Sabendo disso, a criatividade se torna sua meta inarredável.

Criatividade é a descoberta de um novo contexto ou o encontro de um novo significado em um velho contexto, ou, mesmo, uma combinação de velhos contextos, inventando-se um novo modo de mostrar esse significado. Há dois tipos de criatividade. Na criatividade exterior, a pessoa procura descobrir contextos e significados no cenário externo da vida diária — artes, música, ciências. Nessas ações, porém, seu caráter adulto se mantém estático. Ela estará servindo à intencionalidade do universo da maneira como se preparou para viver, mas não estará aperfeiçoando seu caráter. Ela não estará pensando na próxima vida. Como tal pessoa está bastante inconsciente de seus padrões, tende também a criar karma (negativo) desnecessário, ao longo de seu caminho.

A criatividade exterior destina-se a gerar mais informações, com as quais a civilização progride. A meta da criatividade interior é a transformação, na qual a mônada quântica está centrada. Na criatividade interior, a pessoa trabalha para desenvolver seu caráter. Ela trabalha para ampliar o cenário de seus deveres. Ambas as tarefas envolvem ampliar os contextos nos quais a referida pessoa vive hoje. Essas tarefas também envolvem a descoberta de contextos da transformação interior — saber, em primeira mão, que ela é maior do que o seu ego. Na criatividade interior, ela também medita para obter uma maior percepção-consciente de seus padrões cármicos. Compreender esses padrões ajuda qualquer um a se libertar, queimando karma e evitando novos envolvimentos cármicos.

A nova ciência que tenho discutido neste livro sugere cinco caminhos para a viagem da autodescoberta, essenciais para uma mudança na identificação de alguém com o ego. Não é de surpreender que esses caminhos tenham sido descobertos há muito tempo por meios empíricos; são bem conhecidos nas grandes tradições esotéricas. Vou usar os paralelos hindus porque, para mim, eles são os mais familiares.

Um caminho consiste em tomar a pergunta "como posso chegar além do ego?" como algo premente e investigar a questão por meio do processo criativo. É preciso lembrar que o processo criativo consiste de quatro estágios — preparação, incubação, *insight* e manifestação. Para a preparação, o indivíduo lê a literatura disponível e pratica a meditação (de preferência, com um professor). A incubação é o processamento inconsciente, no qual ele permite que as ambigüidades da vida formem uma gama de superposições de possibilidades (que não foram postas em colapso) em sua mente. O *insight* acontece subitamente, quando a pessoa dá um salto quântico com sua mente até seu intelecto supramental e traz de volta um novo tema para a vida consciente.

Depois, a manifestação é o processo gradual de despertar para uma nova e mais fluida autoidentificação situada além do ego, uma identificação que chamo de despertar do *buddhi*, cuja melhor tradução é "inteligência supramental" (Goswami, 1993). Com o despertar do *buddhi*, mais cedo ou mais tarde o indivíduo ficará ciente de que, enquanto vive a vida, uma identidade maior, *jiva*, uma confluência de disposições aprendidas em evolução, está vivendo ele próprio. Nesse método, portanto, às vezes chamado de caminho da sabedoria (*jnana* yoga, em sânscrito), a pessoa usa sua mente para dar um salto quântico a partir da mente, transcendendo o ego.

Há uma segunda estratégia chamada *raja* (real) yoga, na qual a pessoa focaliza a própria descoberta criativa da natureza da percepção-consciente (dos processos mentais) para prosseguir. A *raja* yoga baseia-se no *Yoga Sutra* do famoso sábio do século 1, Patanjali. Ele deu instruções detalhadas sobre a maneira de se atingir o *samadhi* – a experiência quântica do *self* – e nenhum livro sobre *raja* yoga superou a qualidade de sua exposição abrangente.

Para esse método, é crucial o trio concentração, meditação e *samadhi*. A concentração pode ser entendida como o estágio preparatório para a criatividade. Mas o objeto da concentração de alguém é um objeto de sua percepção-consciente, não um objeto de conhecimento. A meditação sobre um mantra, por exemplo, se enquadra nesta categoria. Aquilo que Patanjali chama de meditação é mais sutil. Em parte, é a meditação sobre a consciência-testemunha, na qual o indivíduo se torna o observador indiferente de seus pensamentos (similar ao estágio relaxado de incubação do processo criativo).

Um passo básico, porém, é o encontro entre o ego e o *self* quântico, que só ocorre quando a pessoa adentra o pré-consciente, quando existe um fluxo quase sem esforço entre a sua percepção-consciente do sujeito e a dos objetos. A partir desse estado, é possível o salto quântico, pois as probabilidades das possibilidades entre as quais ela escolhe não estão mais quase que 100% tendenciosas a favor da reação passada. Quando aquela pessoa der um salto rumo a uma nova resposta, terá se identificado com o *self* quântico, que é o *samadhi*.

O caminho da devoção ou do amor (*bhakti* yoga, em sânscrito) é bem diferente desses dois mencionados. Nele, a questão criativa mais premente é "como devo amar?" Mas não se trata de uma questão intelectual e, por isso, a leitura ou meditação será de pouca ajuda. Em lugar de ler, o indivíduo começa com o desmanche das estruturas hierárquicas simples do ego, favorecendo a hierarquia entrelaçada do ser que está por trás do ego. Talvez o leitor já tenha notado, no ego, que nosso amor pelos outros é bastante autocentrado; amamos outras pessoas e coisas, em virtude do que podem fazer por nós ou porque, implicitamente, nós as consideramos nossas extensões. Mantemo-nos como o capataz de nossos relacionamentos de hierarquia simples com o resto de nossos limitados mundos. Quando desmontamos essa estrutura através de práticas como amar o próximo como a nós mesmos, ou amar nossos inimigos, ou ver Deus nos outros, ocorre um súbito salto quântico, no qual descobrimos diretamente a "alteridade" dos outros. Percebemos que os outros seres são *jivas* individuais, tal como nós, com o mesmo tipo de aspiração criativa, dedicados a seus dharmas e representando seus karmas. Chegamos, mesmo, a perceber que todos, nós e os demais, temos raízes em um único *self*, o *self* universal.

O quarto método é chamado, na literatura, de karma yoga. Karma yoga costuma ser traduzido como "caminho da ação ritual", mas essa definição é incompleta. Karma yoga é outro modo de desmontar a hierarquia simples do ego em favor do *self* de hierarquia entrelaçada, situado além do ego. Na hierarquia entrelaçada, não existe fazedor, só existe fazer; a ênfase está sempre no verbo. Logo, nessa prática, abrimos mão de nossa possibilidade de fazer. As coisas acontecem — sou apenas a conexão causal, geralmente conforme meus padrões de caráter e necessidade cármica, mas ocasionalmente com liberdade e criatividade.

O quinto método, tantra yoga, focaliza a criatividade do corpo vital-físico. Normalmente, a pessoa se identifica totalmente com sua mente, tal como mapeada em seu cérebro físico. Nestes métodos, ela se dedica a práticas iogues (*hatha* yoga) e técnicas de respiração (*pranayama*), meditando sobre o fluxo do prana; faz movimentos para ativar e sentir o seu *chi*, como no *tai chi*; energiza seu *ki* com a prática do *aikido* (artes marciais); ativa a energia vital por meio de esportes e dança. Prana, *chi*, *ki* ou energia vital são, naturalmente, a mesma coisa — modos quânticos de movimento do corpo vital. Normalmente, só experimentamos os movimentos ou modos condicionados do corpo vital, permeados pela mente-cérebro. Acontece um *insight* repentino quando vivenciamos diretamente um novo modo de prana, *chi* ou *ki*, sem intermediação interpretativa da mente-cérebro.

Em seguida, o indivíduo experimenta a abertura daqueles que as tradições esotéricas chamam de pontos de chakra, e que hoje estão sendo redescobertos por muitos cientistas do corpo vital-físico, tanto no Oriente como no Ocidente. (Veja, por exemplo, Motoyama, 1981; Joy, 1978.) Creio que esses pontos de chakra são os antigos nomes das regiões do corpo onde ocorre o colapso quântico do corpo físico, com o colapso correlacionado do corpo vital. Em outras palavras, são os lugares para o mapeamento do corpo vital no físico (Goswami, 2000).

A abertura dos chakras é importante porque a experiência abre a porta para que a pessoa ganhe acesso à identidade de seu corpo vital-físico, a fim de poder controlar o movimento da energia vital (em outras palavras, suas oscilações de sentimentos ou de humor). Ela pode até criar novos mapas ou representações de seus campos vitais morfogenéticos no corpo físico, se for necessário para a cura. Às vezes, todos os chakras podem se abrir ao mesmo tempo, dando-se a integração de todas as identidades vitais físicas dos diversos chakras. Nas tradições esotéricas, isso se chama ascensão do *kundalini*, o prana latente, desde o chakra básico até o coronário, o chakra mais elevado. Diz a lenda que essa energia prânica fica latente na base da espinha, que é o ponto chakra mais baixo.

A ascensão do *kundalini* significa acesso direto e renovado ao corpo vital e suas energias, e o potencial criativo para gerar novas representações do vital no físico. Mais importante ainda: conforme a experiência do *kundalini* é integrada à vida de alguém, sua identidade com o ego baseada no cérebro começa a se deslocar de forma irreversível.

Todos os métodos se apoiam reciprocamente. O ser humano pode ter um maravilhoso *insight* em *jnana* sobre a natureza de seu *self*, mas, quando procura manifestá-lo na vida, terá de fazê-lo no contexto de seus relacionamentos. Para isso, é preciso a yoga da sensibilidade e do amor — a *bhakti* yoga. Do mesmo modo, *bhakti* sem *jnana* é muito melosa. Ademais, sem obter alguma compreensão ou algum controle de nossos corpos vitais-físicos, que a prática da tantra yoga nos dá, como podemos manifestar de fato a alteridade em relação ao sexo oposto? De mais a mais, em minha opinião, todas as outras yogas dão sustento à karma yoga, cuja meta é a ação apropriada.

A verdade é que todas essas yogas continuam sendo úteis, mesmo depois que a identidade se deslocou para além do ego, mesmo após o despertar de *buddhi*. A *jnana* yoga só terminará quando atingirmos a *jnana*, que é a origem de todas as *jnanas*. A yoga do amor só terminará quando o mundo todo tiver se tornado nossa família, o que só acontecerá quando tivermos entregue nossa vontade à vontade do Uno. A *kundalini* yoga só terminará quando corpo, mente e espírito estiverem integrados. A karma yoga só terminará quando nossa ação for apropriada e firme. Vamos falar mais sobre isso no Capítulo 10.

Quando sua identidade estiver firmemente estabelecida na fluidez do nível *buddhi* da existência, o ser humano perceberá que seguir o seu destino e manter seu *dharma* tornaram-se tarefas fáceis e objetivas. Diante disto, ele poderá ser criativo no cenário externo sem criar novo karma; poderá servir à intencionalidade do universo através da criatividade exterior, a partir de um nível de existência mais abrangente. Cada um pode examinar sua vida e procurar temas que faltam, concentrando-se em sua descoberta. Isso envolve o trabalho com os arquétipos, muito enfatizado por Carl Jung — arquétipos como o herói, a *anima*, o prestidigitador, e assim por diante (Jung,

1971). Assim, o indivíduo está trabalhando conscientemente rumo à identificação com sua mônada quântica individual, seu *jiva* – um processo que termina com a individuação, a realização de suas responsabilidades monádicas contextuais, um termo idealizado por Jung. Quando essa identidade for atingida, todo o seu karma será "queimado". E o referido indivíduo não precisará mais dele.

Certa vez, alguém me disse: "Morrer não é difícil; difícil é manter-se morto". É bem provável que, após a morte, mais cedo ou mais tarde, a pessoa reencarne. Será que ela quer ter opções ou quer ser lançada à terra pelas forças inconscientes do acaso e da necessidade? Se ela desejar optar, fará bem em seguir aquilo que escreveu Kabir, grande poeta *sufi* indiano:

Se você não romper suas amarras enquanto está vivo
acredita
que os fantasmas o farão depois?

A ideia de que a alma se unirá ao extático
só porque o corpo se decompôs –
isso é mera fantasia.

Aquilo que encontramos hoje será encontrado depois.
Se você não vir nada de novo,
vai simplesmente acabar em um apartamento
na cidade da morte.

Se você fizer amor com o divino hoje, na
próxima vida
verá a face do desejo satisfeito.
(Bly, 1977, p. 24-25.)*

---

* No original: *If you don't break your ropes while you're alive / do you think / ghosts will do it after? / The idea that the soul will join the ecstatic / just because the body is rotten - / that is all fantasy. / What is found now is found then. / If you find nothing now, / you will simply end up with an apartment / in the city of death. / If you make love with the divine now, in the next / life / you will have the face of satisfied desire.* [N. de E.]

capítulo 10

yoga da morte: a morte criativa

Um dos grandes paradoxos da morte é o problema do medo da morte. De modo geral, as pessoas acreditam que a morte é uma coisa difícil, uma ocorrência ruim. Temem a morte, daí a tendência a negarem sua inevitabilidade.

É interessante observar que as pessoas primitivas não têm muito medo da morte, mas têm medo dos mortos. São mais sensíveis aos mortos e parecem ser afetadas por eles. E, quanto mais são afetadas por eles, mais os temem. Foi preciso descobrir que os mortos só podem nos afetar se os vivos cooperarem (tendo medo, mostrando-se sensíveis), para que mudássemos nosso medo dos mortos. A descrença tornou-se a proteção contra qualquer medo dos mortos.

Depois, um novo medo se apossou de nós — o medo da morte em si. Melhor dizendo, o medo da perda dos mortos revelou nosso medo da morte. Nos primeiros dias da civilização, intuímos que o estado do pós-morte é uma jornada da alma até o sombrio Hades, e ficamos com medo. Como escreveu um poeta grego: "A morte é terrível demais. Assustadoras as profundezas do Hades". Esse medo continua até hoje. "Agora, estou prestes a iniciar minha última viagem, um grande salto no escuro", escreveu Thomas Hobbes, ecoando esse medo.

O desenvolvimento da ciência materialista deveria ter eliminado nosso medo do Hades. Se somos apenas matéria, apenas átomos (ou genes) que sobrevivem à morte, então por que tememos o Hades? Porém, aquilo que a ciência tentou realizar filosoficamente não alterou o medo que as pessoas (inclusive os cientistas) têm da morte. A questão é que o medo da morte é irracional para a ciência materialista. O medo do irracional tornou-se um medo irracional.

Por que a morte é receada como algo ruim? Como podemos considerar alguma coisa ruim antes mesmo de tê-la conhecido? De onde vem a ideia de que é "ruim" a morte individual? Modelos materialistas e behavioristas do ser humano não conseguem responder muito bem a essas questões.

Contudo, existe também uma perspectiva diferente da morte. O psicólogo Carl Jung expressou-a muito bem quando escreveu: "A morte é a coisa mais difícil vista de fora, e enquanto nós estamos fora dela. Mas, quando estamos dentro, sentimos o gosto de sua plenitude, paz e satisfação, e não queremos voltar". A frase de Jung foi suscitada por uma experiência de quase morte que ele teve, ao sofrer um ataque cardíaco em 1944.

Em nossa cultura, muitas pessoas se beneficiaram das experiências de quase morte. Essas pessoas costumam se sentir fora do corpo e, normalmente, têm experiências espirituais. Como resultado de tais experiências, livres da dominante identidade com o corpo, libertam-se do medo da morte. É bom nos lembrarmos disso: vista de dentro, a morte pode ser bem diferente do que parece de fora.

É certo dizer que a morte, especialmente quando analisada de fora, segundo uma cosmovisão materialista, parece terminal para a vida, a mente e a consciência. Mas, de dentro, Jung considerou (tal como pessoas que têm EQMs em geral) que a morte significa que a consciência se libertou dos destroços do corpo. É impossível encontrar sentido nessa declaração, se adotamos um modelo de mundo materialista.

Alguém pode argumentar – e com razão, quero crer: "Como é possível essas pessoas estarem 'dentro' da morte se não chegaram a morrer?" Mas isso provoca uma questão ainda mais intrigante: será possível compreender a morte sem morrer, sem nem mesmo ter uma experiência de quase morte, de maneira a fazer desaparecer o medo da morte?

A afirmação de Jung implica que a consciência sobrevive à morte. E não é necessário passar por uma experiência de quase morte para chegar a essa conclusão. Muitas pessoas com vidas normais intuem que sua consciência não está limitada ao corpo e que, mesmo que seu corpo morra, a consciência deverá de algum modo sobreviver. É esse tipo de intuição direta que livra as pessoas do medo da morte.

O ponto é que só a verdade pode nos libertar do medo. Se o materialismo fosse a verdade, todos os verdadeiros fiéis do materialismo, incluindo-se aí a maioria dos cientistas, estariam livres desse medo da morte. Entretanto, não é assim. Por outro lado, as pessoas que compreendem a fundo que a consciência se estende para além do mundo material, além do ego, estão mais ou menos livres do medo da morte. Como Dorothy Parker disse: "Morte, onde é seu dingue-dingue-lingue?"

Sabe-se que, em culturas onde a reencarnação é aceita, o medo da morte é consideravelmente menor. A pessoa pode relaxar, pois, de algum modo, ela não morrerá, mas voltará. Não temos medo de perder a consciência enquanto dormimos! Como se pode ver, a reencarnação é outro modo de atingir uma espécie de imortalidade, não no mesmo corpo, mas por meio da continuidade de uma "essência de vida". O poeta Walt Whitman, que conhecia bem a reencarnação, expressou o mesmo sentimento:

> Sei que sou imortal,
> sei que esta minha órbita não pode ser traçada pelo
> compasso de um carpinteiro...
> Se a mim mesmo hoje eu chegar, ou
> daqui a dez mil ou dez milhões de anos,
> posso fazê-lo agora bem-disposto
> ou com igual disposição esperar mais...
> rio-me do que dizem ser dissolução,

> E conheço a amplitude do tempo...
> Estar em qualquer forma, o que é isso?
> (Vamos e voltamos, todos nós, e sempre
> para lá e para cá)...
> Acreditando que voltarei à terra
> após cinco mil anos...
> (Whitman; citado em Cranston e Williams, 1994, p. 319.)*

Para alguns de nós, "eu voltarei" é bem reconfortante, mas quão mais reconfortante seria se soubéssemos "como" voltaremos. Podemos ter algum controle sobre aquilo que acontece na morte? Essa questão dá margem à ideia de morrer conscientemente, morrer criativamente.

Morte criativa

Quando penso em morte criativa, penso às vezes em Franklin Merrell-Wolff. Conheci esse maravilhoso filósofo e mestre espiritual quando ele estava com 97 anos. No ano seguinte, seu último de vida, passei cerca de doze semanas em sua presença, inclusive um período de um mês, que considero a época mais feliz de minha vida. Ainda me refiro a ele como Shangri-lá.

Durante meu período em sua companhia, percebi que uma das preocupações do dr. Wolff era a morte, o que não me surpreendeu. Ele queria morrer conscientemente, disse-me repetidas vezes. Porém, na maior parte do tempo, ficávamos sentados quietos. Pela primeira vez, senti-me "estar" na presença do dr. Wolff.

Creio que ele queria morrer nesse estado de pura existência. Será que conseguiu? Eu não estava lá quando ele morreu; na ver-

---

* No original: *I know I am deathless, / I know this orbit of mine cannot be swept by a carpenter's compass... / And wheter I come to my own today or in ten thousand or ten million years, / I can cheerfully take it now, or with equal cheerfulness I can wait... / I laugh at what you call dissolution, / And I know the amplitude of time... / To be in any form, what is that? / (Round and round we go, all of us, and ever come back thither)... / Believing I shall come back again upon the earth after five thousand years...* [N. de E.]

dade, não havia ninguém com ele. Ele morreu de pneumonia, por volta da meia-noite, após adormecer sozinho, ao que parece, por alguns momentos. Quando Andréa, sua enfermeira e aluna, voltou, o dr. Wolff já estava morto. Os relatos que recebi de todos que cuidaram do dr. Wolff, nesse período de doença de duas semanas, dizem que ele manteve o seu senso de humor, sua bondade e sua existência, se me permitem dizê-lo, até o último minuto.

Como é possível morrer conscientemente? Será importante morrer conscientemente? A morte é uma maravilhosa oportunidade de libertação ou, no mínimo, de comunicação — por meio de nossa janela não local — com toda a nossa série de reencarnações; logo, nunca se pode enfatizar demais a importância de se morrer conscientemente. A primeira questão — como é possível morrer conscientemente? — é muito mais difícil de se responder, embora exista toda uma yoga, chamada yoga da morte, para nos ensinar.

A essência da realidade, quando a compreendemos com uma ciência dentro da consciência, é que não existe morte; existe apenas a representação criativa da consciência. No final, a representação é apenas uma aparência. O filósofo e sábio hindu Shankara é enfático: "Não existe nem nascimento, nem morte, nem alma limitada ou aspirante, nem alma libertada, nem quem busca a libertação — esta é a verdade suprema e absoluta". Assim, a morte criativa, a yoga da morte, a própria libertação, têm uma meta: compreender essa verdadeira natureza da realidade, que é a consciência.

Receamos a morte porque não percebemos a verdade — que somos um com o todo — e, por isso, sofremos. No capítulo anterior, falei dos vários estágios por que passam os pacientes ao descobrirem sua iminente mortalidade — negação, raiva, barganha etc. Cada um de nós também esteve nessa posição, se não (ainda) nesta vida, muitas vezes em encarnações passadas. Negamos que nosso ego vá morrer, ficamos com raiva porque isso era inevitável, tentamos barganhar com Deus, pensando que Deus seria algo separado de nós. E onde isso nos levou? Enquanto estivermos convencidos da realidade de nosso ego, o sofrimento volta.

Claro, quando se é jovem e saudável, pode-se filosofar. Vida e morte, alegria e sofrimento, doença e saúde – estas as polaridades da condição humana. Talvez a melhor estratégia seja aceitar essas polaridades. Quando alguém sofrer algum golpe, medite: "Isto também vai passar". Quando a morte bater à porta, é possível a pessoa lembrar-se de que irá nascer novamente em outra vida e, por isso, a morte nesta não é um drama. O problema com esse tipo de raciocínio é que a verdadeira aceitação dessa filosofia não vem tão facilmente. Com efeito, exige a libertação ou um estado de existência bem próximo dela.

Há 2.500 anos, um príncipe da Índia, que foi mantido isolado de todo sofrimento durante seus primeiros 29 anos, fez um passeio proibido por sua cidade e descobriu que existiam doenças, que as pessoas envelheciam e morriam. Esse príncipe Gautama, que mais tarde tornou-se Buda, o iluminado, percebeu que a vida é a recorrência do sofrimento. Ele descobriu a virtude de se viver com desapego, meditando sobre o "isto também vai passar" não só ao sofrer, como também ao ter prazeres, a fim de atingir o nirvana, a extinção dos desejos – a libertação.

A verdadeira aceitação das polaridades de nossa existência pode levar à ausência de desejos, à cessação das preferências; muitos sábios, ao longo da História, testemunharam isso. Observamos, contudo, algumas pessoas que buscam a libertação no caminho espiritual, aceitando a dor (no mínimo, a dor do tédio). E alguém pode se perguntar: "Será que não estão só trocando seis por meia dúzia?" Vale, aqui, a lembrança de uma história. Dois velhos amigos estão conversando. Um deles reclama da gota. O outro se gaba: "Nunca sofri de gota. Há muitos anos, acostumei-me a uma ducha fria de manhã, bem cedo. É ótimo para evitar a gota, sabia?" O outro ironizou: "É, mas em vez da gota você tem duchas frias".

Suponha que uma pessoa queira se libertar (do sofrimento), mas, para isso, não quer ter de tomar duchas frias. A boa notícia é que há um caminho para a libertação até para tal pessoa, um modo de fugir do ciclo nascimento-morte. Bem-vindos sejam à yoga da morte, com a qual se aprende a morrer conscientemente, com criatividade, e, assim, a se libertar. Qualquer experiência criativa é um encontro momentâneo com o *self* quântico, entretanto, em uma experiência criativa – externa ou interna –, enquanto se vive plenamente, é preciso voltar do encontro para a realidade cotidiana, onde o ego-identidade de cada um acaba dominando novamente. Só que, em um encontro criativo com Deus, na morte, não há volta. Essa experiência pode, mesmo, libertar o indivíduo.

E, se por acaso, o ser humano não estiver convencido de que essa filosofia da libertação é para si, porque "a vida é divertida apesar da morte, o prazer é divertido apesar da dor que vem depois", ele precisa ampliar seu conceito de libertação, intuindo uma filosofia até mais profunda do que a filosofia da libertação. A filosofia da libertação baseia-se no fato de que "a vida é sofrimento", o que é adequado para algumas pessoas. Afinal, tudo isto é *maya*, uma ilusória brincadeira da consciência. Ocorre que essa brincadeira ilusória tem um propósito – compreender criativamente tudo que é possível, todo o potencial da consciência. E a compreensão criativa é *ananda* – a alegria espiritual. Assim, nessa filosofia, a brincadeira é o principal, e a vida é alegria. Nesta filosofia, qual o papel da libertação? Atingir a verdadeira liberdade de escolha e viver criativamente o tempo todo.

Para aqueles que se dedicam à "vida como sofrimento", a libertação é a saída do ciclo nascimento-morte, e a morte leva à fusão permanente com a unidade da realidade. Para os adeptos da "vida como alegria", libertação é ter a opção; nascer ou não nascer é uma questão que eles gostariam de manter sempre em aberto, tendo sempre a opção de participar de tudo aquilo que a vida oferece, inclusive suas polaridades, mas participando de forma criativa.

Assim, podemos entender que a meta final da yoga da morte é uma saída do ciclo nascimento-morte ou um modo de atingir a liberdade suprema – a liberdade de escolher se (e quando) queremos voltar a nascer. No mínimo, a yoga da morte pode nos capacitar a nos manter conscientes durante partes do processo de morte, o que é vital para termos uma escolha de verdade em nossa próxima encarnação.

Por que a morte é uma oportunidade para a criatividade?

Suponha que um indivíduo procure meditar no meio de um mercado. É um desafio e tanto alguém concentrar-se em sua respiração ou em um mantra com tantas distrações à sua volta. Sons, visões, odores e sabores a granel. Pessoas comprando e vendendo têm uma energia frenética; isso também dificulta seus esforços. Não é mais fácil para ele meditar em um cantinho discreto sem distrações?

Do mesmo modo, a vida está repleta de distrações, pois ela também é um mercado de compra e venda, de troca de bens, de relacionamentos. Falando comparativamente, a morte é um cantinho sossegado, onde bens e coisas, pessoas e relacionamentos deixam-no à vontade.

A criatividade é um encontro entre o ego e o *self* quântico (May, 1975; Goswami, 1996). Na morte, como vimos, a consciência começa a se retirar do corpo físico. Enquanto ela continua a causar o colapso de ondas de possibilidade correlacionadas para que a experiência possa prosseguir, o centro de identidade se desloca primeiro para o corpo vital-mental, depois passa para aquele do mundo dos arquétipos (o corpo de temas). Quando a identidade se desloca dessa forma, o ego fica mais fluido, como um sonho; apresenta um mínimo de fixidez que tem durante a vigília, uma fixidez que é o maior obstáculo contra o encontro criativo.

Uma boa analogia é a experiência fluida que uma pessoa tem quando se esquece de si mesma na dança da criação com o *self* quântico. Flui-se quando a dança com ela dança, a música a toca, a caneta escreve no papel como se estivesse apenas acontecendo e ela não estivesse fazendo isso. Às vezes, entramos naturalmente nesse estado durante nossas atividades, mas também podemos praticar para maximizar a chance de adentrá-lo. A prática de se sentir no estado criativo do fluxo da morte é o propósito da yoga da morte.

Nos *Upanishads*, diz-se que, na morte, as pessoas vão para *Chandraloka* – o reino da lua (obviamente, uma estação entre o Céu, o transcendente, e a Terra, o reino imanente comum). Lá, pergunta-se: "Quem é você?" Quem não consegue responder continua a reencarnar, conforme determinam seus vínculos cármicos. Todavia, aqueles que respondem "eu sou você" podem prosseguir em sua grande jornada (Abhedananda, 1944). Que se perceba, no entanto, como a frase "eu sou você" é paradoxal: eu estou separado porque posso ver que "eu sou", mas também consigo perceber minha identidade com você. Esta é a natureza do encontro entre o ego e o *self* quântico.

Atos criativos requerem quatro estágios: preparação, incubação (processamento inconsciente), encontro e *insight*, e manifestação. A criatividade na morte não é exceção. Nas próximas páginas, vamos analisar esses estágios detalhadamente. Uma das coisas boas a respeito da morte é que não precisamos passar por argolas para chegar até ela. Não custa nada e tem o potencial de nos dar tudo. Que bom negócio!

Preparação para a morte

Quando devemos começar a nos preparar para a morte? Não há motivo para que não comecemos agora mesmo. Alguns indivíduos consideram que a vida como um todo é uma preparação para a morte (parecido com as pessoas que passam a refeição se preparando para a sobremesa), e não estão errados por pensarem e agirem dessa forma (a morte é sua "sobremesa"). Porém, para aquele que viveu "normalmente", então o momento de se preparar para a morte tem grande importância. É o começo de sua prática pessoal da yoga da morte.

Uma pessoa deve começar essa preparação quando souber que tem uma doença terminal – essa é fácil. Entretanto, e quando as indicações não são claras?

Quando o indivíduo for velho, se procurar bem, poderá perceber alguns sintomas preliminares da eventual retirada da consciência em sua vida. O corpo físico pode se tornar fraco. Pode haver períodos em que ele sinta a boca seca e tenha dificuldade para respirar. Pode ter, ainda, dificuldade para reconhecer as pessoas. Esses sintomas de retirada também podem aparecer como uma redução geral na necessidade de formar conceitos, a tendência a agir ou a se empenhar com menos agressividade, um enfraquecimento do desejo por coisas. Esses sintomas se fazem acompanhar pela tendência natural à inação, um desinteresse pelo conteúdo da mente, que está quase vazia. Por que essas tendências? Há o lento desacoplamento das ações correlacionadas entre mental e físico, ou entre físico, mental e vital. Quando isso se torna freqüente, é hora de a pessoa se preparar para valer.

No que consiste essa preparação? Embora seja algo melhor documentado em pacientes terminais, a verdade é que a maioria de nós passa pelos estágios de negação, raiva, barganha e depressão quando se confronta com a morte, mesmo que vagamente (se e quando estamos velhos, não tão saudáveis, e começamos a perceber os sintomas preliminares de retirada mencionados acima). O primeiro passo essencial da preparação consiste em atravessar esses estágios, que culminam na aceitação. Aceitação é a abertura da mente para as possibilidades criativas da morte. O psicólogo Carl Rogers valorizava bastante a mente aberta para a criatividade.

Em uma história zen, um professor procura um mestre zen para conhecer o Zen. Enquanto o mestre prepara o chá, o professor começa a contar para o mestre zen um monte de coisas que ele sabe sobre o Zen. Quando o chá fica pronto, o mestre zen despeja-o na xícara do professor. Mas ele continua a despejar, mesmo depois que a xícara ficou cheia, até o professor gritar: "A xícara transbordou!" Calmamente, o mestre zen diz: "Sua mente também está repleta de ideias sobre o Zen. Como posso ensinar alguém com uma mente tão cheia?"

No entanto, a preparação também recomenda a leitura de livros sobre a morte, o morrer e a reencarnação. O leitor vai descobrir o que acontece após a morte. A literatura mostra as intuições das outras pessoas, dá informações úteis. Mas ele deve se recordar da lição da história acima e tomar cuidado para não deixar que aquilo que ler faça parte de seu sistema de crenças.

Preparação alternativa e processamento inconsciente

Aquilo que normalmente chamamos de morrer de velhice é, na verdade, a morte causada por alguma enfermidade. Como diz o médico e escritor Sherwin Nuland, a morte é dolorosa e encardida. Preparar-se significa esforçar-se por fazer da morte uma experiência criativa, uma morte com dignidade. Também é um desapego.

A verdade é que já somos aquilo que procuramos – a consciência única, imortal e original. Aquilo que buscamos é o que nos está observando.* Mas, no processo de busca, há separação e dor. Essa separação se dissolve quando não nos esforçamos. É aí que ocorre o processamento inconsciente.

O leitor se lembra do experimento da fenda dupla? Elétrons passam pelas duas fendas de uma tela e criam seu padrão com muitas franjas na placa fluorescente situada por trás da tela (veja o Capítulo 2 e a Figura 2.1). Mas essa maravilha quântica só acontece se os elétrons não forem observados, passando assim pelas duas fendas; se olharmos, veremos apenas duas franjas (Figura 10.1), porque o ato de olhar provoca o colapso de cada elétron em apenas uma das duas fendas, e passa por ela. É isto. Esforçar-se é olhar sempre. É preciso processar, não olhar. O processamento inconsciente permite-nos acumular e fazer proliferar a ambigüidade por meio da dinâmica quântica dos corpos cérebro-mental/vital-físico.

Assim, quando a dor surgir, o indivíduo pode reagir a ela fazendo e não fazendo. Fazer significa algo ativo, como, por exemplo, algumas das práticas descritas a seguir. Não fazer significa exatamente isso – abrir mão, não resistir e não se identificar com a dor. A primeira requer vontade; a segunda, a submissão. Esse jogo entre ambas pode levar ao encontro pré-

---

* O autor faz um jogo de palavras intraduzível: procurar ("*look for*") e observar ("*look*") [N. de T.]

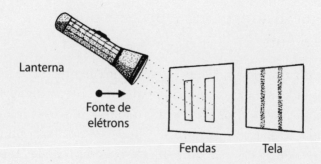

Figura 10.1. Em um arranjo no qual se aponta uma lanterna para as fendas, de modo a podermos ver por qual fenda o elétron passa, o padrão de interferência desaparece e os elétrons se comportam como minúsculas e clássicas bolas de gude.

-consciente, o encontro entre seu ego e o *self* quântico, entre quem tal indivíduo pensa que é e Deus.

O cineasta Mel Brooks disse:

> Se você está vivo, precisa mexer braços e pernas, pular bastante, fazer muito barulho, porque a vida é o oposto da morte. Portanto, no meu modo de ver, se você está quieto, não está vivendo. Você precisa fazer barulho, ou, no mínimo, seus pensamentos precisam ser ruidosos, animados e pitorescos.

Em contraste, há um *hai-kai* zen que diz: "Sentado em silêncio, fazendo nada. A primavera chega e a grama cresce sozinha". Assim, a estrada que leva ao encontro criativo combina a sabedoria de Mel Brooks e a do Zen.

Encontro: três práticas tibetanas

Já se conhece o *bardo* do momento da morte, no qual se tem uma experiência fora do corpo, fazem-se viagens oníricas e visionárias pelos reinos transcendentes, procede-se à revisão da vida e coisas assim (veja o Capítulo 8). O problema está em manter a percepção-consciente ao longo desse processo. É o equilíbrio perfeito entre o fazer e o não fazer que pode levar o ser humano até a clara luz.

Os tibetanos sugerem três práticas para auxiliar a ação e a dinâmica da dupla fazer/não fazer na abordagem criativa da morte.[1] São elas: a prece da morte, que é uma prática de devoção; o sacrifício perfeito, que é uma prática de virtude ativa; e a contemplação sem esforço, que é a prática de *jnana* (sabedoria/inquirição). Cada uma dessas práticas também é encontrada em diversas outras tradições.

Na versão tibetana, a prece da morte significa rezar para o Buda Amitabha, enquanto se pensa na Terra das Bênçãos, a versão budista do Céu. É similar aos últimos ritos da tradição católica, nos quais o sacerdote conduz a pessoa por uma confissão final e uma prece para Jesus. É claro que, se fazemos da prece da morte nossa prática da yoga da morte, não poderemos esperar que o sacerdote esteja presente sempre que fizermos essa prática. De modo análogo, os muçulmanos aprendem a dizer quando estão morrendo "Não Deus mas Alá, e Maomé é o mensageiro". Os hindus praticam *japa*, a meditação interior sobre um nome de Deus.

Quando Gandhi levou o tiro fatal, sua prece da morte estava tão internalizada, ele estava tão pronto, que sua última palavra, instantânea, foi "*Ram*" – um dos nomes de Deus. A ideia da prece da morte é justamente ter esse tipo de prontidão, para que o momento da morte se torne um encontro autêntico entre Deus e cada um de nós, nosso *self* quântico e nós mesmos.

Como praticar? A pessoa cria um breve mantra para ela, com um arquétipo de sua tradição específica (a imagem pela qual ela tem devoção natural) como peça central da prece, e depois a repete em todos os momentos conscientes. Se for "Deus, eu me entrego a você", então ela estará dizendo isso em sua mente sempre que estiver consciente. Aparece uma dor. "Deus, eu me entrego a você." Ela cochila, acorda. "Deus, eu me entre-

---

1. Recebi muita ajuda do professor espiritual Joel Morwood na redação desta seção.

go a você." Ela se distrai. Conscientiza-se de que está distraída. "Deus, eu me entrego a você." Após fazer isso por algum tempo, a prece deverá se internalizar e prosseguirá por conta própria, na forma de processamento inconsciente. Agora, a referida pessoa chegou ao equilíbrio perfeito entre o fazer e o não fazer. Os hindus dão a isso o nome de *ajapa-japa* (*japa* sem *japa*).

O que acontece? Todas as tradições afirmam que a prática da prece permite-nos identificar a consciência em sua verdadeira forma (a clara luz do *Livro tibetano dos mortos*).

A segunda prática, o sacrifício perfeito, é a prática de um dos mais elevados ideais das tradições espirituais. Baseia-se na intuição de que o sacrifício voluntário é um modo altamente eficaz de chegarmos à natureza da verdade. Jesus escolheu a crucificação para redimir a humanidade e, nesse processo, ele próprio atingiu a ressurreição. Os budistas chamam-na de prática *boddhisattva*, o sacrifício da própria libertação, enquanto todos os seres não se libertarem. O *Bhagavad Gita* fala de *tyaga*, sacrifício, como a prática mais elevada; é o tema do capítulo final do *Gita*, "A yoga da libertação".

Logo, em vez de contemplarmos a dor e o sofrimento, recuando diante deles, acolhemos a dor e o sofrimento para aliviar não a nossa dor individual, mas a dor da humanidade.

Como é essa prática? Se estamos passando por um sofrimento específico (o que não é incomum em pessoas que sabem que vão morrer), imaginemos que assumimos esse sofrimento em prol dos demais. Se não temos nenhum sofrimento específico, podemos nos imaginar assumindo um sofrimento específico, em benefício dos outros. Sintamos a felicidade dos que se sentiriam aliviados daquele sofrimento específico. Coordenemos nossa respiração: ao inspirarmos, assumamos o sofrimento de todos os seres; ao expirarmos, enviemos a felicidade da libertação para todos os seres. Vejamos: não é possível fazer isso por meio de esforços; precisamos chegar a um equilíbrio entre vontade e entrega.

Como funciona essa prática? Percebemos que ela é semelhante à *bhakti* yoga, com um toque de karma yoga (veja o Capítulo 9). Normalmente, em nosso ego, pensamos ou nos comportamos literalmente como se fôssemos o centro do universo e como se tudo o mais só fosse real na medida de nossa relação. A partir desse estado, é impossível nos sacrificarmos por alguém, a menos que "amemos" essa pessoa. Amo minha mulher, meus filhos, meu país e, assim, posso me sacrificar por essas entidades. A prática do sacrifício pelos demais leva à descoberta da alteridade nos outros, que é a descoberta do verdadeiro amor – um amor que não é condicionado por a outra pessoa ou entidade ter parentesco comigo. Quanto mais o ser humano percebe que pode amar os outros, menor o domínio de seu ego sobre ele. Se puder realmente morrer para aliviar o sofrimento das pessoas, levando-lhes alegria, ele terá transcendido os limites autoimpostos do ego, certamente conquistando o direito de ver a luz da consciência.

O psiquiatra Stan Grof descobriu acidentalmente um método maravilhoso e eficiente para essa prática – a respiração holotrópica, a respiração que leva literalmente a uma identificação mais holística. Inicialmente, quando Grof começou a aplicar essa prática em seus clientes, eles passaram por algo que se parecia com experiências pré-natais e perinatais no canal do nascimento. Contudo, quando as pessoas foram mais a fundo, as experiências que afloraram envolviam a dor coletiva, o sofrimento de toda a humanidade. Leia, em particular, a experiência do filósofo Christopher Bache com essa técnica para ver o seu poder (Grof, 1998; Bache, 2000).

O caminho *jnana*, discutido no capítulo anterior, pode ser usado, mas dizem que esse método para desenvolver a contemplação sem esforço é o mais difícil – consiste em descobrir a consciência, mantendo-se dentro de sua natureza, dentro do momento presente, sem permitir distrações. Este é o verdadeiro significado da frase "morrer conscientemente".

"De todas as meditações de atenção plena*", disse o Buda, no *Parinirvana Sutra*, "a meditação sobre a morte é suprema".

---

* Também chamada de *mindfulness*. [N. de E.]

Na prática, porém, só as pessoas que já têm a prática da meditação e conseguem manter a atenção por longos períodos de tempo podem esperar sucesso e ficar firmes com a dor, o sofrimento, a distração e a sujeira que a morte costuma acarretar.

Por outro lado, há uma historinha sobre um sábio indiano chamado Tukaram. Um discípulo perguntou a Tukaram como ele se transformara, como nunca se enfurecia, como estava sempre amável, e assim por diante; ele quis saber qual era o "segredo" de Tukaram. "Não sei o que posso lhe dizer sobre o meu segredo", disse Tukaram, "mas conheço o seu segredo."

"E qual é?", perguntou, curioso, o discípulo.

"Você vai morrer em uma semana", afirmou Tukaram, compenetrado. Como Tukaram era um grande sábio, o discípulo levou a sério suas palavras. Na semana seguinte, ele se redimiu. Tratou seus amigos e familiares com afeto. Meditou e rezou. Fez tudo o que pôde para se preparar para a morte. No sétimo dia, sentindo-se fraco, deitou-se na cama e pediu que chamassem Tukaram. "Abençoe-me, sábio, estou morrendo", disse.

"Minhas bênçãos estarão sempre com você", disse o sábio, "mas, diga-me, como passou esta semana? Ficou zangado com sua família, com seus amigos?"

"Claro que não. Tive apenas sete dias para amá-los. E foi o que fiz. Amei-os intensamente", respondeu o discípulo.

"Agora, você conhece meu segredo", exclamou o sábio. "Sei que posso morrer a qualquer momento. Por isso, sou sempre amável com todas as pessoas de minhas relações."

É isso – o bônus especial que a situação da morte traz a cada um é a intensidade, o componente mais essencial da concentração.

A contemplação sem esforço da natureza da realidade não é pensar, mas, paradoxalmente, transcende o pensar através do pensar. Franklin Merrell-Wolff disse: "A substancialidade é inversamente proporcional à ponderabilidade". Quanto mais substancial se torna a contemplação da realidade, menos ponderável ela é. E, quanto menos ponderável ela é, menos esforço exige. Finalmente, chega um estágio em que o ser humano percebe que, como Ramana Maharshi sempre lembrava as pessoas, "seu esforço é a submissão". Quando o esforço se mistura com a entrega, tudo é feito sem esforço – *sahaj*, em sânscrito.

Quando a contemplação se torna substancial e imponderável, e não exige esforço, o indivíduo encontra-se no fluxo natural da consciência – *sahaj samadhi*. Como diz Bokar Rinpoche: "Quando finalmente chega a morte, se o praticante se mantém na natureza da mente [consciência], conseguirá despertar plenamente, tornando-se um Buda no estágio chamado de corpo absoluto ou clara luz do momento da morte".

O indivíduo não precisa esperar a morte para praticar a yoga da morte

Conta-se uma ótima história nos *Upanishads*. Havia um garoto, Nakicheta, cujo pai preparou um grande *yajna* (palavra sânscrita que significa sacrifício ritual), um festim, para garantir seu lugar no Céu. Mas o pai era calculista: manteve para si as melhores vacas, por exemplo, dando as magras. Nakicheta, percebendo a doação pouco entusiástica, provocou-o: "Pai, para quem você está me dando?" Não obteve resposta. Mas Nakicheta insistiu. Ao perguntar pela terceira vez, o pai respondeu, zangado: "Yama, o deus da morte. Decidi dá-lo para o deus da morte".

Mas promessa é promessa, e Nakicheta foi até a morada de Yama. Como ele apareceu antes da hora, não encontrou ninguém à sua espera. Nakicheta esperou por três noites, após o que o deus da morte voltou. Yama ficou envergonhado pelo fato de um convidado ter sido ignorado durante três dias e, para compensar o transtorno, concedeu três desejos a Nakicheta.

Os dois primeiros desejos foram triviais, mas, como terceiro desejo, Nakicheta quis conhecer o segredo da morte – o que acontecia após a morte: "Alguns dizem que morremos, outros dizem que não. Na verdade, o que acontece?"

Yama viu-se em uma enrascada e tentou se livrar da obrigação de responder, mas nada conseguiu. Finalmente, ensinou a Nakicheta a verdade acerca da existência – a consciência não morre com a morte. "Percebendo essa verdade em seu íntimo", disse Yama, "você aprende o mistério da morte."

Pois bem. Ramana Maharshi tinha 16 anos. Um dia, teve a estranha sensação de que iria morrer e "um violento medo da morte tomou conta de mim". Ele começou a pensar no que deveria fazer a respeito da morte. O que significava a morte? O que estava morrendo? Ele também encenou a chegada da morte. Esticou-se todo, como se o *rigor mortis* já se tivesse instalado, imitando um cadáver. E pensou: "Agora que este corpo está morto, com a morte deste corpo, estarei morto? Este corpo sou eu?" A força de sua inquirição desencadeou uma inesperada transformação nele. Mais tarde, escreveu:

> Ocorreu-me claramente como a verdade viva, que percebi diretamente, quase sem processo mental. "Eu" era algo bem real, a única coisa real no meu presente estado, e toda a atividade consciente ligada a meu corpo estava centrada nesse "eu". Desse ponto em diante, o "eu" ou *self* focalizou a atenção sobre si, com um poderoso fascínio. O medo da morte desaparecera. A absorção no *self* tornou-se inabalável desde então. Estivesse o corpo falando, lendo ou outra coisa qualquer, eu ainda estava centralizado no "eu" (citado em Osborne, 1995).

capítulo 11

perguntas e respostas

Com freqüência, apresento palestras e seminários sobre os *insights* oferecidos pela teoria quântica acerca da sobrevivência após a morte e da reencarnação. A ideia deste capítulo surgiu das muitas questões que me fazem nessas palestras e seminários, após perceber que o formato "perguntas-e-respostas" é o mais adequado para certas questões pessoais (distintas das questões filosóficas ou científicas). No entanto, no decorrer do trabalho, não pude resistir e fiz esta espécie de capítulo-resumo. Divirta-se.

P: Qual é o propósito da vida?
R: O propósito da vida individual é o mesmo que o propósito cósmico, ou seja, manifestar o possível, dedicar-se ao jogo criativo de se descobrir o potencial da consciência. A consciência, vendo-se a si mesma, parece se expressar dentro de certos contextos. Há contextos que o ser humano deve viver plenamente, deve expressar criativamente.

P: Qual é o propósito da morte?
R: À primeira vista, não parece haver propósito na morte. Por que a intencionalidade da vida não se esgota apenas em uma longa existência? Mas a demanda da manifestação é di-

ferente. Na visão idealista, a vida é o campo de batalha entre duas forças: criatividade e entropia. A entropia causa desgaste no corpo físico, que é o *hardware* para o qual a criatividade produz novos programas, aos quais chamamos de aprendizado. Mais cedo ou mais tarde, a entropia vence a batalha e o organismo deixa de se envolver com a criatividade. É aí que a consciência começa a se retirar. Essa retirada termina na morte.

Há muito tempo, li uma série de histórias de ficção científica do escritor inglês Michael Moorcock, sobre um anti-herói chamado Jerry Cornelius (elas podem ser encontradas como *The Cornelius Chronicles*), que mostram esse conflito entre criatividade e entropia: Jerry e seus amigos pulam de uma realidade para outra em uma Londres multirreal, de episódio em episódio, sempre procurando a manifestação em que a criatividade reina e a vida derrota a morte. Naturalmente, Jerry nunca descobre essa realidade, pois ele próprio carrega a semente da entropia.

Mas, por que considerar isso como um fracasso? Qual a necessidade de terminar nosso propósito criativo em uma vida? Certo, morremos, mas voltaremos em outra época e lugar, com a oportunidade de começar do zero e ter a chance de pôr em prática a criatividade.

P: Agora, você me deixou confuso. Se a reencarnação permite que comecemos do zero, como podemos nos lembrar de vidas passadas, e por que motivo? Isso não iria prejudicar o registro? E o que dizer do karma? Como o karma se propaga de vida para vida da pessoa, sem tirar o indicador do zero?

R: Esse "começar do zero" refere-se apenas ao corpo físico que morre após se sobrecarregar com a memória clássica. Em contraste, os corpos vital e mental da mônada quântica que sobrevivem à morte portam a memória quântica. A memória quântica privilegia as probabilidades a favor das experiências passadas; isso cria uma predisposição, e é por meio dessa predisposição que o karma viaja de uma encarnação física para outra. E a recordação do conteúdo de vidas passadas advém da não localidade da consciência e processos quânticos. A conexão não local entre encarnações fica disponível, mas não é fácil acessá-la.

A memória quântica está escrita nas equações matemáticas que governam a mônada quântica. Como ela não está codificada em forma manifestada, não se deteriora. Naturalmente, as predisposições podem ser uma barreira quando são usadas para se evitar o colapso de certos contextos. No entanto, as tradições afirmam que não levamos todas as predisposições passadas (propensões ou karmas) para cada encarnação, apenas umas poucas escolhidas (chamadas *prarabdha*).

A ideia das predisposições que se tornam uma barreira também é o motivo para a advertência de se evitar o karma negativo. E é nisso que o karma positivo nos ajuda, na tarefa de descobrir e aprender criativamente os nossos contextos potenciais.

P: A que leva o aprendizado? À descoberta criativa dos temas de nossas vidas?

R: À descoberta e à manifestação na vida. A menos que vivenciemos o tema que descobrimos (que "usemos" nossa descoberta), o tema descoberto não se tornará uma propensão condicionada da mente. Pessoas que não "usam" as descobertas dos temas do intelecto supramental são chamadas intelectuais, em contraponto a inteligentes. Entendeu?

P: Acho que sim. Pode repetir a definição de karma positivo e negativo?

R: O karma é mal compreendido, especialmente na mente popular. Muitos indianos do leste (para não falar do Ocidente) acham que, se realizarem boas ações – doações para os pobres, servir aos pais e coisas assim – acumulam bom karma positivo. Não necessariamente. O único karma positivo é a memória quântica dispositiva, que lhe permite descobrir e expressar criativamente a sua intencionalidade, vivendo os contextos por meio dos quais a consciência se conhece. Por outro lado, se suas ações produzem a disposição para hábitos, fobias e outras coisas que diminuem sua criatividade na próxima vida, obviamente você está acumulando karma negativo.

P: Ainda não me convenci da necessidade da reencarnação para manifestar a intencionalidade do universo. Concordo que uma única vida tem escopo limitado. No entanto, em vez de muitas vidas, por que não ter muitas pessoas? Não existe limite quanto ao número de pessoas que pode haver aqui, existe?

R: Acha que não? Obviamente, o planeta só pode sustentar uma população limitada. Sem a reencarnação, abreviaríamos severamente a oportunidade de criar boas disposições, que fomentem a criatividade exigida para a descoberta de contextos realmente sofisticados, nos quais a civilização pode prosperar. Pense no fenômeno dos sábios e das crianças prodígios, nas realizações de pessoas como Einstein e Shankara, que, com quase toda certeza, nasceram com a propensão para a grandeza em virtude de vidas passadas.

P: Ah, acabo de pensar numa coisa. Se as pessoas compreendessem o que você disse sobre karma positivo, viveriam de maneira ética, não? Porque a ética está diretamente relacionada com a criatividade. A ética consiste em reforçar sua criatividade e a dos outros e, no mínimo, não prejudicá-la. Em sociedades onde o karma é mal compreendido ou ignorado, as pessoas se tornam sem ética.

R: Você tem toda razão. Veja a Índia. Acreditam no karma, mas o interpretam erroneamente, com ideias muito limitadas e míopes sobre o que é bom e o que é mau. Raramente se desenvolvem disposições criativas, boas. Por outro lado, veja os Estados Unidos, onde não se acredita no karma; desenvolvem-se disposições criativas, boas, mas também as más.

P: Então, o que podemos fazer para manifestar a intencionalidade de nossas vidas, além de prestar atenção ao karma criado por nossas ações?

R: Prestar atenção à morte. Lembrar as lições do *Livro tibetano dos mortos* e de nosso modelo de reencarnação. A morte consciente pode levar a experiências não locais, que seriam muito valiosas para a próxima vida.

P: Mas só se o modelo for o correto.

R: Claro. Os modelos científicos são idealizados para nosso uso. Agora, você tem um modelo científico; ponha-o em uso e verá por si mesmo se ele é válido. Segundo minha intuição, a experiência da morte é, potencialmente, muito valiosa para nós.

P: Na literatura hindu, encontramos o conceito de "queima de karma". O karma pode ser "queimado"?

R: De certo modo, sim. Trazemos propensões (karma) de vidas passadas para esta vida, a fim de trabalharmos com certa agenda de aprendizado. Quando essa agenda for cumprida, poderão não ser mais necessárias essas propensões específicas. Assim, poderíamos dizer que, por meio de nossa ação criativa, aprendendo novos temas de vida, teremos "queimado" algum karma.

P: E o que dizer da questão do número de almas? Sabe, há muito mais pessoas nascendo hoje e não haverá almas antigas em número suficiente para tantos corpos.

R: Nada. Nosso modelo proíbe que passem a existir novas almas, a qualquer momento; tampouco os corpos temáticos, mentais e vitais são redutíveis a qualquer número contável. Todos nós usamos as mesmas funções mentais e vitais, só que elas se propagam segundo padrões distintos. São esses padrões distintos que dão individualidade ao nosso ser mental e vital. Sabemos que a propagação tem um fim (libertação). Por que não um começo?

Além disso, há outro fator em ação aqui. Muitas mônadas quânticas antigas estão hoje além do ciclo de renascimentos. A vida espiritual era mais fácil antigamente, mais apoiada pela cultura. Os hindus chamavam essa era de *Satya yuga* (era de ouro). Hoje, é tão grande o número de distrações materiais que fica difícil manter a atenção focada no aprendizado. (Não é à toa que os hindus chamam esta nossa era atual de *Kali yuga*, era da ignorância.) Logo, as mônadas quânticas nascem muitas vezes mais em corpos físicos antes de "verem a luz". Esta é uma conclusão que também se depreende dos dados de Helen Wambach (veja o Capítulo 5). Naturalmente, é bem maior o número de pessoas nascendo hoje.

Contudo, em última análise, toda essa questão do número de almas surge e ressurge porque nos tornamos vítimas do pensamento dualista — um número finito de almas eternas, independentes de Deus (o todo). A visão quântica (tal como a mística) é que a alma não tem existência à parte de Deus (ou consciência). A alma é uma identificação limitada que a consciência assume com o propósito de explorar possibilidades. Quando esta tarefa tiver sido cumprida, a identificação com a alma se funde com o todo.

P: Um livro recente diz que a morte costuma ser uma experiência muito dolorosa e desprovida de dignidade (Nuland, 1994). Parece que você ignora esses aspectos da morte.

R: A julgar pelos dados sobre visões em leitos de morte, parece que, embora a doença seja dolorosa, a morte em si pode não o ser. Com nosso modelo, entendemos a razão. Pode haver dor no momento da morte, mas não precisamos nos identificar com ela. Se prestarmos atenção, podemos captar a beleza atemporal desse momento e nos libertarmos.

Qualquer falta de dignidade provém de nosso medo da morte. Tive um amigo e professor, o filósofo místico Franklin Merrell-Wolff, que morreu de pneumonia aos 98 anos. Sua doença causou-lhe dor, mas ele não foi privado de sua dignidade. Wolff manteve o senso de humor até quando suas funções corporais foram perdendo a capacidade. Ele estava preparado para a morte.[1]

P: Na qualidade de cientista, como você vê isso de corpos sutis, mesmo com o nome pomposo de mônada quântica? Não é como acreditar em fantasmas?

---

1. Leia Merrell-Wolff, 1994, para ter uma ideia da profundidade espiritual desse homem.

R: Tenho evitado a ideia de corpos "sutis" há um bom tempo, justamente por esse motivo. Soa muito dualista. Naturalmente, o problema do dualismo desaparece quando percebemos que as mônadas quânticas não têm interação direta, seja qual for, com corpos materiais; a consciência intermedeia essa interação.

P: Mas por que nós os vemos como fantasmas, aparições?

R: Pode ser que, quando ocorre uma comunicação telepática entre um ser encarnado e uma mônada quântica, mediada pela consciência não local, algumas pessoas reajam a ela, externando a experiência como sendo a de um ser que está tentando se comunicar com elas. O fantasma, portanto, é uma projeção da própria pessoa. O importante é perceber que fantasmas e aparições são um fenômeno interno; eles não aparecem em uma realidade externa compartilhada; portanto, são fundamentalmente consistentes com o modelo proposto aqui.

P: Quando eu morrer, o que vai acontecer comigo? Para dizer a verdade, tenho um pouco de medo de me tornar um fantasma, ou mesmo uma mônada quântica não interativa, perambulando sem saber o que fazer.

R: Depende do seu karma e de quão consciente você estiver ao morrer. Sim, caso não tenhamos muita percepção-consciente ao morrer, podemos ficar confusos; podemos criar, sem querer, uma experiência infernal para nós mesmos. Lembre-se: após a morte, se você não tiver mais qualquer conexão com um corpo físico, você não terá uma experiência manifestada, como na percepção-consciente de vigília normal. Contudo, as possibilidades vão se acumular, e algumas dessas possibilidades serão vivenciadas retroativamente quando você renascer, dando-lhe memórias para trabalhar; assim, é preciso tomar cuidado ao morrer. As possibilidades que irão aflorar em seus corpos sutis, quando você estiver morto e inconsciente, vão depender do estado de sua consciência agonizante.

P: Como posso me assegurar de que não irei para o Inferno?

R: Uma coisa é certa. Você vai levar todos os seus desejos com você, desejos que você não conseguiu satisfazer em sua vida, e dos quais não conseguiu abrir mão.

Um rabino foi para o Céu e, depois de algum tempo, descobriu onde vivia seu venerável professor. Ele foi logo visitá-lo. O venerável rabino estava trabalhando em seu escritório, mas, para espanto do rabino visitante, havia uma bela mulher nua na cama do professor, pronta para a ação. O visitante deu uma piscadela para seu antigo professor e disse: "Rabino, esta deve ser sua recompensa por todas as suas boas ações". Ao que o anfitrião respondeu com ironia: "Não, sou o castigo dela". Isso é o Inferno.

Os desejos envolvem eventos de todos os três corpos individualizados – mental, vital e físico. O corpo do intelecto ou corpo de temas não tem mapeamento no físico; por isso, não pode ser condicionado, não pode ser individualizado; aquilo que experimentamos como intelecto discriminatório é parte de nossa mente. Se vivermos a vida em completa identificação com o cérebro-mente, com pouca percepção-consciente de nosso corpo vital/físico e seus modos quânticos – prana, se preferir –, o desejo surgirá inconscientemente. Essa predisposição continua de uma encarnação para outra até tornarmos consciente o inconsciente em nossas vidas. Quando o inconsciente se torna consciente e vivenciamos esse desejo de forma plena e consciente, a predisposição pode se esvair. Quando isso acontece, você não precisa mais se preocupar com o Inferno.

P: Pode parecer tolo, mas para onde vai a mônada quântica? Onde fica o Céu ou todos esses *lokas* de que falam as histórias hindus?

R: Boa pergunta. Antigamente, as pessoas pensavam de maneira dualista. Os hindus situavam *lokas* específicos em certos locais dos Himalaias. Os gregos imaginavam que o espaço exterior fosse o Céu. Mas os mestres espirituais do mundo sempre souberam a verdade; Platão ou os sábios dos *Upanishads* responderiam à sua pergunta, dizendo que o Céu é transcendente. Uma das maiores realizações conceituais da física quântica é o conceito da não localidade quântica, que nos dá algo a que nos referirmos quando as tradições espirituais empregam a palavra "transcendente". Mas, o que é a não localidade? É uma conexão entre potencialidades externas ao espaço-tempo que podem afetar eventos do espaço-tempo. Onde se situa? Está tanto em toda parte (porque cada ponto do espaço e do tempo pode ser conectado através da não localidade) e em parte alguma (porque não podemos localizá-la).

P: Será que vou encontrar meus amigos e parentes mortos no além?

R: Você me lembra Woody Allen, que escreveu: "Existe o medo de que haja um pós-vida e ninguém saiba onde ele está acontecendo". Antes de mais nada, quando entramos na morte por aquela grande janela não local que se abre para nós, muitas experiências são possíveis. Tudo o que podemos dizer a respeito do que acontece depois que morremos é que há um processamento inconsciente. Estados dos corpos vital e mental podem continuar a se desenvolver — como possibilidade —, mediante alguma dinâmica interna que ainda desconhecemos. Um desses caminhos possíveis vai se manifestar retroativamente quando ocorrer a próxima encarnação. O caminho manifestado pode conter experiências com seus amigos, mas você criou essas experiências com seu corpo mental. Elas não são experiências no mesmo sentido que essas que você tem na percepção-consciente de vigília; parecem-se mais com sonhos (veja o Capítulo 5).

P: Quando eu estiver pronto para renascer, como vou descobrir minha encarnação específica? Eu escolho os meus pais?

R: A correlação não local escolhe o útero específico de pronto, sem ter de ir a parte alguma; lembre-se: não existe espaço ou tempo no domínio não local. Se escolhemos nossos pais? Todas as correlações não locais que nos ligam a nossas futuras encarnações existem como possibilidades; logo, pode haver alguma escolha. Há dados de regressões hipnóticas que sugerem que podemos, de fato, escolher nossos pais. Essa escolha pode ser devida a padrões passados e não ser livre, ou pode ser livre, dependendo de meu estado de identificação no momento da morte.

P: Quando eu renascer, meus amigos e pessoas queridas renascerão comigo?

R: Pode ser, caso as vidas deles estejam carmicamente correlacionadas com a sua. Barbara Young, biógrafa do poeta Kahlil Gibran, fala de uma ocasião em que, ao trabalhar com o poeta, sentou-se sobre almofadas no chão em vez de se sentar em sua cadeira habitual, sentindo uma estranha familiaridade naquela posição. Ela disse: "Sinto-me como se já tivesse me sentado assim ao seu lado muitas vezes antes – mas nunca o fiz". Ao que Gibran respondeu: "Fizemos isto há mil anos, e o faremos novamente daqui a mil anos".

P: Nascemos sempre com a mesma raça, sexo e nacionalidade?

R: Tive um dentista (homem branco americano) que quase entrou em estado de choque quando lhe perguntei se ele já tinha pensado em renascer como mulher. Infelizmente, para ele, a mônada quântica não tem sexo, credo, raça ou nacionalidade, só hábitos, tendências e contextos para aprender. Qualquer que seja nosso caráter de nascença – homem ou mulher, branco, negro, pardo ou amarelo, oriental ou ocidental –, ele nos dará a maior oportunidade de aprendizado, o qual escolhemos, sempre de acordo com nosso karma passado. Como disse o novelista Romain Rolland: "Para a alma nua, não existe leste ou oeste. Coisas assim são apenas suas armadilhas. O mundo todo é seu lar".

P: Uma mônada quântica desencarnada pode afetar uma pessoa viva? Caso possa, de que formas?

R: Como disse antes, para que o conceito de mônada quântica seja cientificamente sustentável, não devemos postular interação direta entre ele e a realidade material. Entretanto, a consciência pode decidir causar o colapso de ondas de possibilidade ao mesmo tempo na mônada e em uma pessoa na Terra; logo, é possível a comunicação, por exemplo, com um médium ou canalizador. Pode ser essa a explicação para o modo de atuação dos canalizadores, pois, geralmente, eles exibem a disposição da pessoa morta que estão canalizando. Outras pessoas podem interpretar esses estados alterados como "possessão". Pode haver outros exemplos dessa comunicação, como a escrita automática inspirada. Esta também é uma boa pergunta para os experimentalistas.

P: Essa comunicação afeta as propensões cármicas da mônada?

R: Sim. Este é o motivo pelo qual a mediunidade e a canalização não são estimuladas na literatura esotérica. (Leia, por exemplo, Barker, 1975.) As exceções são os seres angelicais que já transcenderam o karma. Estão livres para nos servir. Se tivermos pureza de intenções, eles podem ajudar nossa criatividade, e o fazem.

P: O que você pode dizer sobre o suicídio?

R: Depende. Lembre-se: estamos aprendendo aqui. A morte não nos livra de nossa existência. Continuamos como mônadas quânticas desencarnadas, com a memória quântica de nossas disposições, hábitos e condicionamentos. Por isso, levamos conosco, após a morte, os problemas que nos impeliram ao suicídio. E é assim que, como negação ou alienação, o suicídio não resolve nada. O dramaturgo inglês J. B. Priestley, em uma de suas peças, expressa esse sentimento de maneira perfeita:

> *Ormund:* Se eu tivesse juízo, usaria [meu revólver para me matar]. Nada de perguntas que não podem ser respondidas, rodando como facas em suas entranhas. Sono, um bom sono, o único bom sono.
> *Dr. Goertler:* Receio que você ficará desapontado... As perguntas ainda estarão presentes. Não dá para esmigalhá-las com um tiro.
> *Ormund:* Acho que você pensa que, se eu der um pulo no escuro, voltarei a me ver na velha roda da terra. Mas não acredito nisso. Posso encontrar paz.

Dr. Goertler: Não pode. A paz não está solta em algum canto, esperando você... Você precisa criá-la... A vida não é fácil. Não proporciona atalhos, saídas sem esforço... Cada um de nós vive um conto de fadas inventado por nós mesmos.
Ormund: Como assim? Retornando ao mesmo safado e triste círculo de existências, tal como você acredita?
Dr. Goertler: Não ficamos rodando em círculos... Movemo-nos ao longo de uma espiral. A cada vez, é diferente a jornada entre o berço e a sepultura... Cada vez, devemos passar pela mesma estrada, mas ao longo dela temos como escolher as aventuras.
(Citado em Cranston e Williams, 1994, p. 387-88.)

P: Então, por princípio, você deve ser contra a eutanásia.

R: Será que pacientes terminais têm o direito de pôr fim à vida quando seu corpo está sendo mantido vivo artificialmente ou quando a dor está insuportável? Essa questão é bem mais complicada.

Gosto do costume dos nativos americanos. Quando um deles acha que chegou sua hora, vai até o alto do morro e se deita, esperando a natureza agir. Claro que você se lembra do filme *Pequeno grande homem* — às vezes dá certo; às vezes, não. É por isso que os tibetanos desenvolveram métodos bastante sofisticados para a morte voluntária.

P: Li sobre um sobrevivente de suicídio que quase morreu e teve uma experiência fora do corpo, na qual viu um menino seguindo o pai e dizendo repetidamente: "Não sabia que a mamãe seria afetada dessa maneira. Não teria feito isso se soubesse". Isso é compatível com seu modelo científico?

R: Sim, a história ilustra muito bem isso que eu disse sobre suicídio, não acha?

P: Mas como alguém pode ouvir alguma coisa no além?

R: Essa pessoa estava ouvindo telepaticamente; lembre-se: ela ainda não tinha morrido. É possível ter uma onda de possibilidade correlacionada percorrendo o corpo sutil, e a consciência pode causar seu colapso, desde que exista uma conexão com o corpo físico. Então, podemos ouvir a mensagem diretamente, sem sinais. Talvez a imagem que essa pessoa tenha recebido fosse sua própria projeção.

P: Eis outra pergunta complicada: em que momento a mônada quântica entra no novo corpo encarnado?

R: O corpo vital (da mônada quântica) pode ser mapeado imediatamente até no embrião monocelular. Mas o corpo mental da mônada quântica só pode ser mapeado quando o feto desenvolver um cérebro, o que leva de quatorze a dezesseis semanas. Assim, a vida como ser humano só pode ter início por volta dessa época.

P: Quando estamos desencarnados, como lidamos com alimentos e sexo?

R: Alimentos e sexo servem o corpo físico em papéis específicos de metabolismo e reprodução. Não têm função correspondente para a mônada quântica.

P: Sempre me perguntei como poderia evitar o tédio durante meu longo hiato após a morte. Mesmo nos sonhos, detesto ficar entediado.

R: Vou contar outra história. Um homem morre e se vê em um belo lugar. Após algum tempo, o mero fato de desfrutar do cenário fica aborrecido e ele começa a pensar em comida. No mesmo instante, aparece um atendente. "Como a gente consegue alguma coisa para comer aqui?", pergunta. "Ah, você pensa em comida e ela aparece", responde o atendente. Ele come bem, mas, depois de algum tempo, surge outro tipo de desejo. O atendente volta e, novamente, diz-lhe para pensar naquilo que deseja. Imediatamente, aparece uma bela mulher. Eles fazem sexo algumas vezes, mas logo ele torna a se entediar. Ele chama novamente o atendente e reclama, irritado: "Eu pensei que no Céu a gente nunca se entediasse. Achava que o tédio só poderia existir no Inferno". O atendente ficou surpreso. "E onde você pensa que está?", perguntou.

Levamos nossas disposições ao morrer. Se você é afetado pelo tédio (um problema sério nesta era da informação), então, com todo o processamento inconsciente que o aguarda (na verdade, isto é a morte), você vai criar para si uma experiência infernal em torno do tédio; e a lembrança disso vai incomodá-lo quando você reencarnar. Lide agora com suas disposições antes que seja tarde.

P: **Quando as crianças morrem, ainda não adquiriram muito condicionamento. O que acontece com suas mônadas quânticas?**

R: As experiências das crianças após a morte costumam ser puras e belas. Naturalmente, no caso de crianças muito jovens, as disposições da vida anterior ainda podem dominar a experiência após a morte.

P: **Fale-me mais sobre os anjos.**

R: Achei que você nunca ia perguntar. As mônadas quânticas carmicamente realizadas que "renascem" na forma *sambhogakaya* são quem chamamos de anjos. Estão disponíveis para ajudar as pessoas mediante a canalização, embora seja pouco provável que tornem a encarnar em corpo físico. Pode não ser bem como no filme *A felicidade não se compra* [*It's a Wonderful Life*], mas é bem parecido.

No budismo *Mahayana*, o ideal mais elevado não é a libertação na clara luz do quarto *bardo* após a morte, mas sim tornar-se um *bodhisattva* (alguém que espera no portão e ajuda os outros, até todos se libertarem). Creio que a espera no portão se refere ao renascimento na forma desencarnada da mônada quântica no reino angelical de *sambhogakaya*.

P: **O que acontece com aqueles que optam pela clara luz?**

R: Fundem sua identidade com a consciência, ou, se preferir, com Deus; tornam-se, na não localidade atemporal, testemunhas de toda a ação.

P: Ah, Deus. Isso me lembra uma coisa. Não sei se compreendi bem a diferença entre seus conceitos de Deus e do *self* quântico.

R: Deus e o *self* quântico são conceitos muito similares, pois o *self* quântico, como Deus, também é a consciência universal. Mas usamos uma terminologia ou outra em função do ponto de vista. Se o ponto de vista é deste lado (o lado manifestado) da hierarquia entrelaçada, o *self* quântico é o termo mais apropriado para o criador, pois está ocorrendo em conexão com um complexo corpo-mente específico. Se, por outro lado, estamos conceituando o lado transcendente, por exemplo, ao falar do criador como um todo, a totalidade de todas as auto-experiências quânticas de todas as pessoas, Deus é o termo apropriado.

P: Os animais têm alma?

R: Esta cultura desenvolveu um preconceito contra as almas dos animais, em parte porque a Igreja era contrária à ideia, e em parte porque Descartes achava que os animais eram apenas máquinas sem mente. É fato que os animais são guiados por instintos condicionados, mas cada espécie tem seu próprio tema coletivo, que é satisfeito. Assim, no mínimo, os animais têm alma-grupo, uma mônada para toda a espécie.[2]

P: Por que um cristão deve acreditar na reencarnação? Temos ótimos conceitos cristãos sobre as realidades após a morte. Quando morremos, vamos para o purgatório, onde esperamos até o dia do Juízo. Os cristãos autênticos, no dia do Juízo, serão ressuscitados em corpos físicos, tornando-se imortais e desfrutando a vida eterna no Céu – a morada de Deus.

R: São ótimos conceitos, e não vejo incompatibilidade entre esses conceitos e o cenário reencarnatório. O purgatório é mais do que a espera no limbo. Santa Catarina de Gênova disse:

---

2. O filósofo Arthur Young concorda comigo neste tema. Veja Young, 1976.

"A alma, percebendo que não pode, por causa do impedimento, chegar a seu fim, que é Deus, e que o impedimento não pode ser removido dela, exceto por meio do purgatório, rapidamente, e por vontade própria, lança-se sobre ele". Veja como isso se aproxima do conceito oriental, e que, agora, a nova ciência está propondo – escolhemos nossa próxima encarnação, segundo as necessidades de nossa realização monádica. Como enfatizou o filósofo Geddes MacGregor, os dois conceitos – purgatório e reencarnação – podem ser integrados, com alguns ajustes necessários. "Quando adaptadas", diz ele, "as séries de encarnações ou a cadeia de renascimento podem ser vistas de maneira tão similar ao purgatório que, apesar da intensidade de sua angústia, não são, de modo algum, sem alegrias, pois são as dores do amor, que suscita tanto os sofrimentos mais agudos como as alegrias mais extáticas" (MacGregor, 1992, p. 150).

P: De que ajustes você está falando?
R: A meta clássica das religiões reencarnatórias orientais é a libertação e a reidentificação com a consciência, a base da existência, que popularmente chamam de fusão com Deus. Nas religiões monoteístas ocidentais (que também são dualistas – Deus separado do mundo), a ênfase recai sobre atingir-se um reino celestial, mantendo-se com Deus como seres perfeitos, mas em separado.

Os ajustes que você precisa fazer consistem em reconhecer que, em cada uma dessas tradições, existe também a outra meta, embora não seja proeminente. Nas tradições esotéricas, inclusive os ramos místicos das religiões ocidentais, vemos que a meta suprema da humanidade é perceber que somos isso, e que temos de abrir mão de nossa identidade separada – em outras palavras, a grande libertação na fusão com Deus. Por outro lado, muitos ramos das tradições orientais enfatizam que devemos nos manter separados de Deus, mesmo após atingirmos a perfeição. Para muitos budistas, por exemplo, a meta consiste em nos tornarmos *bodhisattvas*; e o que são *bodhisattvas* se não seres perfeitos no Céu, embora com identidades separadas? Muitos hindus da tradição *vaishnavita* acreditam que a *jiva* (mônada quântica) nunca abdica da identidade para o ser supremo.

P: Você não falou da ressurreição. Como você reconcilia essa ideia com sua ciência?

R: Repito, é a visão convencional e popular que nos põe confusos. Em I Coríntios, São Paulo ensina que o corpo ressuscitado é diferente do corpo físico perecível; ele é *pneumatikos*, um corpo espiritual e imperecível. É possível interpretar o corpo espiritual como um corpo *sambhogakaya* fora do ciclo morte-renascimento, uma mônada quântica desencarnada, cuja tarefa no plano terrestre foi cumprida.

Se Jesus renasceu em espírito ou corpo *sambhogakaya*, os apóstolos poderiam vê-lo renascido? Sim. Não há nada na história da ressurreição que não se ajuste. Os apóstolos estavam correlacionados com o corpo espiritual desencarnado de Jesus; logo, puderam experimentar as propensões de Jesus, memorizadas no corpo sutil. Com a pureza de suas intenções, que repartiram com Jesus, puderam ter acesso simultâneo à janela não local das encarnações de Jesus. As projeções que viram poderiam ter sido formadas pelos mesmos mecanismos que as aparições. A experiência de São Paulo na estrada para Damasco, uma experiência na qual viu uma luz forte e ouviu as palavras "Saulo, Saulo, por que você está me perseguindo?" também se encaixa nessa interpretação da ressurreição (contudo, veja, no Capítulo 12, uma interpretação mais otimista).

P: Assim, em sua abalizada opinião, a reencarnação é científica?

R: A resposta é um retumbante sim. Pense. Os dados sobre reencarnação dão-nos evidência definitiva de que a mente não é o cérebro, pois ela sobrevive à morte do corpo físico. Além disso, o propósito da ciência é levar as realizações, experiências e sabedoria das pessoas ao cenário público, por meio de teorias e experimentos em desenvolvimento, dos quais todos podem participar e todos julgam úteis. Creio que o modelo que estudamos aqui cumpre esse propósito.

P: A vida já é bem complicada sem que tenhamos de nos preocupar com vidas passadas e futuras. Por que devemos nos incomodar com elas? O pensamento reencarnatório é útil para as pessoas em geral, pessoas que não têm, por exemplo, qualquer necessidade terapêutica para conhecê-lo?

R: Definitivamente. Primeiro, o pensamento reencarnatório pode ser de grande valia para que as pessoas comuns vejam o valor da ética em suas vidas. Nas sociedades materialistas, a ética é considerada relativa; isso corrói a moralidade, a legalidade não consegue ocupar o papel da moralidade com a velocidade desejada, e as sociedades degeneram, como vemos hoje com freqüência. Porém, se as pessoas sabem que a transgressão ética desta vida conduz a repercussões cármicas na próxima, a ética se torna importante. Segundo, a ideia da reencarnação nos permite ver que a morte faz parte de uma jornada criativa; essa percepção pode alterar nossa atitude para com a morte e minimizar nosso medo dela, além de mudar, por implicação, nossa atitude perante a vida. Por último, mas não menos importante, a teoria da reencarnação nos diz que voltamos à Terra em cada encarnação para realizar algum trabalho significativo, para aprender alguns contextos e remover algum karma negativo. Em outras palavras, temos um destino a cumprir. Pessoas que estão conscientes de seu destino não são atormentadas por questionamentos acerca do significado da vida; elas "sabem".

P: Com a mudança da atual cosmovisão materialista para outra baseada na primazia da consciência, que aceita uma visão reencarnatória da vida e da morte, como você acha que o ser humano irá mudar?

R: O foco das sociedades materialistas é o prazer e o consumo, propelidos por novos e novos artefatos de entretenimento. O foco está sempre sobre a matéria ou a mente em seu mínimo denominador comum – a informação. Perceber que o objeto da vida humana não é nem o prazer, o consumo ou o entretenimento, mas a alegria de aprender e criar, reorientará o foco de volta para nós. Como posso manipular melhor a matéria para produzir novos artefatos de entretenimento? Ou, como posso usar a mente para processar cada vez mais informação? Essas perguntas vão dar lugar a "como posso me transformar e manifestar a intencionalidade criativa que escolhi para mim mesmo antes de nascer?" Não que devamos encerrar as pesquisas sobre materiais e informação, mas que também nos direcionemos para a transformação, para o verdadeiro serviço para a humanidade. O foco importante recai sobre nós, nossa criatividade, nossa felicidade (o que não devemos confundir com mero prazer sensorial).

No contexto reencarnatório, nossa relação com o ambiente não se encerra nesta vida. Tornamo-nos amigos de nosso ambiente, não apenas em prol de nossos netos, mas em nosso próprio benefício. Nós mesmos, em futuras encarnações, teremos de lidar com os danos que causarmos hoje ao meio ambiente. As pessoas com quem eu lidar nesta vida podem estar ligadas carmicamente a mim por muitas vidas. Como soluciono esta rede de karmas passados?

P: Assim, as pessoas ficarão mais sensíveis consigo mesmas, seus relacionamentos e seu ambiente. Algum conselho para aumentarmos hoje essa sensibilidade e seguirmos em frente, realizando nosso trabalho?

R: Devemos nos perguntar: como podemos abrir mão de nossa identificação com o atual melodrama centrado no conteúdo, identificando-nos com o viajante centrado nos contextos que somos e temos sido ao longo de muitas reencarnações? (Leia o Capítulo 9.)

capítulo 12

a física da imortalidade

As pessoas receiam a morte e, por isso, procuram a imortalidade. Livros sobre imortalidade chegam facilmente à lista dos mais vendidos, o que demonstra a crença popular de que a imortalidade é possível. Alguns cientistas aceitam essa ideia, e dirigem suas pesquisas à invenção de uma droga da imortalidade, ou coisa assim. Formalmente, a ciência materialista substituiu a busca da imortalidade pessoal pela busca de leis científicas imortais. Mas o que a ciência tem procurado realizar formalmente não mudou a busca da imortalidade do corpo físico encetada por pessoas leigas e cientistas.

Em termos atômicos, os átomos de nosso corpo são praticamente imortais e estão sendo reciclados continuamente. Às vezes, dou aulas de fundamentos da física para leigos. Os livros didáticos desse nível costumam repetir que todos nós temos alguns átomos que, um dia, constituíram os corpos de Cleópatra, Gandhi e John Lennon. Acho que isso é a versão materialista da reencarnação. "Mesmo durante a sua vida, e certamente quando você morre, os átomos e moléculas que hoje estão inseridos em sua estrutura e aparência estão saindo e se espalhando por outras formas e modos de construção", diz o filósofo John Bowker. Não há importância na morte, exceto ser ela a maneira como o universo atua:

átomos se agregam em estruturas, dissipam-se e formam outras estruturas.

Alguns biólogos adotam a visão da imortalidade dos genes no lugar dos átomos. Primeiro, dizem, perceba que criaturas monocelulares como as bactérias não morrem da maneira habitual; elas apenas se reproduzem de vez em quando, e não há nenhuma individualidade nisso. É fato que, com a reprodução sexual, o DNA de uma criatura se combina com o de outra, ocorrem algumas recombinações genéticas e a individualidade entra em cena. Mas a esse respeito, também, segundo esses biólogos, devemos observar que os genes são imortais; eles apenas tornam a circular para formar novas combinações.

Se nos considerarmos máquinas genéticas (Dawkins, 1976) ("uma pessoa é apenas o modo encontrado pelo gene para criar outro gene"), como não mais do que a vestimenta externa dos genes, então nossas vidas não têm significado após termos produzido bebês; nisso, a morte nada é exceto a reciclagem da matéria-prima para a sobrevivência de novas gerações de máquinas genéticas. Mas essa visão restrita não dá espaço para as esperanças, aspirações e propósitos pelos quais vivemos até a morte, e que a morte parece encerrar. Logo, não é à toa que o desejo da imortalidade não se satisfaça com a informação de que átomos e genes são virtualmente imortais. A procura continua.

A procura pela imortalidade costuma ser discutida em vários contextos diferentes.

1. A procura por um remédio que desafia a morte e rejuvenesce uma pessoa morta.
2. A procura pela imortalidade no corpo físico, seja na forma de uma droga para a imortalidade ou na busca de um corpo atemporal que, de algum modo, desative os agentes ou mecanismos de envelhecimento do corpo.
3. A imortalidade como ressurreição no corpo físico mediante a graça ou plano divino, tal como muitos cristãos a imaginam.
4. A imortalidade fora do corpo, mediante a procura espiritual da libertação. É assim que os filósofos espirituais falam da imortalidade.

As pessoas também procuram a imortalidade através da fama. A ideia é que, se o indivíduo for suficientemente famoso, viverá na mente das pessoas, nos livros de história, no folclore. Podemos citar, como exemplos, Alexandre, o Grande, a Rainha Anne ou Robin Hood, que se tornaram imortais em nossas mentes. Mas não precisamos falar deste tipo de imortalidade em um contexto científico.

Ademais, perceba-se que os proponentes da imortalidade espiritual alegam que os três primeiros contextos para falar da imortalidade não são infalíveis. A imortalidade no corpo físico, atemporal ou ressuscitado dos mortos, mediante drogas ou graça divina, não é a verdadeira imortalidade. Nem pode ser, dizem eles, porque esse tipo de imortalidade é entendida como algo que ocorre dentro do tempo. Com o fim do tempo, esse tipo de imortalidade deve ter fim. E o tempo, como o conhecemos, tem um fim. Nosso planeta Terra será destruído com toda a vida senciente quando o Sol se tornar um gigante vermelho – esse será o fim da vida na Terra. O universo chegará a uma inglória morte pelo fogo ao perder, finalmente, a luta contra a entropia; bem antes disso, as condições para a vida e a senciência serão impossíveis em qualquer lugar do universo – será o final do tempo para todo o universo manifestado.

No entanto, a busca por uma droga para a imortalidade ou por um corpo atemporal merece discussão porque são desejos com embasamento material e geram muito interesse. E a ressurreição, como no cristianismo, merece ser discutida, pois, juntamente com a reencarnação, é, provavelmente, o mais intrigante cenário do pós-morte já intuído pelo ser humano. Com efeito, esses cenários têm suas próprias respostas para o argumento do "fim do tempo". Naturalmente, se a imortalidade além do tempo é a verdadeira imortalidade, com certeza merece discussão.

Em última análise, parece que há apenas dois modos de buscar a imortalidade – um material e outro espiritual. Se pensarmos bem, todas as buscas acima recaem numa ou noutra dessas duas categorias.

Entretanto, o propósito deste capítulo não é apenas discutir essas duas grandes buscas humanas, mas também mostrar que um terceiro caminho para definir a busca da imortalidade está surgindo lentamente, englobando tanto a imortalidade material como a espiritual.

A busca da imortalidade material

Talvez a mais antiga alusão a uma droga que pode fazer alguém voltar da morte surja no mito sumério de Gilgamesh, cuja procura pela referida droga começou quando seu amigo morreu. Após uma longa busca, Gilgamesh descobriu uma planta que rejuvenesce até os mortos, porém, por descuido, ele a perdeu para uma cobra.

No épico indiano *Ramayana*, porém, a planta *bishalyakarani* é encontrada e levada pelo famoso deus-macaco Hanuman para rejuvenescer Rama (herói do *Ramayana*) e suas tropas, que foram mortas em um episódio de sua guerra contra o rei-demônio Ravana, para salvar Sita, mulher de Rama, que fora raptada por Ravana. Rama e seu exército foram rejuvenescidos, acabaram vencendo a guerra e salvando Sita, mas toda a planta foi usada nesse processo e, desde então, ninguém a encontrou mais.

Há ainda uma história no *Mahabharata*, na qual o grande oceano é vaporizado pelo poder reunido de *suras* e *asuras*, deuses e demônios, à procura de *amrita* – a poção da imortalidade, que os deuses bebiam para se tornar imortais. Mas os demônios foram sub-repticiamente impedidos de beber a poção e, assim, puderam ser mortos. (Na verdade, este mito tem grande importância metafórica. Os demônios representam emoções negativas; como não podem obter a poção da imortalidade, podem ser mortos. Só deuses representando emoções positivas podem ser imortais.)

Naturalmente, o Ocidente também conhece uma poção da imortalidade, chamada ambrosia – o alimento dos deuses, que nunca esteve disponível para consumo humano. No entanto, há dados sugerindo que, se vivermos corretamente, limitando o estresse, comendo os alimentos certos e não tomando mais do que um copo de vinho à refeição, podemos ter uma vida longa e saudável (Pelletier, 1981). (Veja também Chopra, 1993.) Se uma vida longa e saudável está à nossa disposição, será que a imortalidade está muito longe? Talvez possamos aumentar essa vida adequada com uma planta da imortalidade – cogumelos, talvez? Que o leitor não ria. O pesquisador de cogumelos psicodélicos Terence McKenna sugere isso a sério. Ele acredita que ingerir "doses heroicas" de cogumelos psicodélicos é o modo de chegar à imortalidade no fim dos tempos (McKenna, 1991).

Outros caminhos para a imortalidade material também estão sendo propostos. Em um episódio do programa de tevê *Picket Fences*, o enredo se desenvolve em torno do dilema ético criado pela tecnologia do congelamento de um ser humano – nesse caso, um garoto com câncer terminal –, até a época em que estiver disponível uma cura para o câncer. Devemos apostar na pequena chance de sucesso do congelamento com a futura descoberta de uma cura, ou deixar o garoto aproveitar seus últimos meses de vida?

A ideia do prolongamento da vida por meio do congelamento foi proposta pelos pensadores da Nova Era, Robert Ettinger e Timothy Leary. No programa de congelamento de Ettinger, a ideia consiste em congelar o corpo para suspender toda a degeneração orgânica até a engenharia genética ou outros milagres da ciência poderem ser usados para rejuvenescer o corpo e resgatar sua juventude (Ettinger, 1964). A isso, Leary acrescentou a ideia de se preservarem memórias digitalizadas da pessoa, só como garantia.

Por que morremos? Morremos por causa do avanço da entropia, o desgaste a que nosso corpo se submete no processo da vida adulta. A vida é o campo de batalha de duas forças: criatividade e condicionamento. O condicionamento permite que nossos corpos funcionem dentro de padrões estabelecidos. Infelizmente, quando esses padrões se desagregam em função do avanço da entropia, ficamos doentes.[1] A criatividade do corpo-mente é necessária para estabelecer novos caminhos saudáveis de vida.

Pesquisas sobre a criatividade mostram que o ato da criação envolve processamento inconsciente, que é o processamento sem percepção-consciente, sem a experiência da divisão sujeito--objeto, de possibilidades quânticas acumuladas no complexo corporal físico/vital/mental/corpo de temas. O processamento inconsciente leva a *insights* repentinos, que são saltos quânticos de escolha da consciência dentre essas possibilidades (Goswami, 1996). A cura — a criatividade do corpo — envolve processamento quântico inconsciente de visualizações mentais de saúde, carregadas de emoção, alternadas com o esforço contra a doença que leva a saltos quânticos de *insight*; isso está sendo chamado de cura quântica (Chopra, 1989).

Todavia, mesmo que sejamos criativos com nosso corpo, durante a evolução a consciência opta por impor um limite último à duração da vida. A maioria de nossas células só se reproduz um número finito de vezes, mais ou menos umas cinqüenta. Toda vez que os cromossomos das células do corpo se reproduzem, a quantidade de reprodução se reduz um pouco. Mais cedo ou mais tarde, não ocorre mais a reprodução e as células morrem. Essa morte celular programada é chamada, às vezes, de efeito Hayflick; o médico Leonard Hayflick (1965) descobriu esse efeito, ao fazer experimentos com células humanas cultivadas em laboratório. Acredita-se, contudo, que seus resultados tenham validade universal.

Para os humanos, o efeito Hayflick se traduz em uma duração de vida de uns cem anos. Por que a consciência decidiu nos limitar assim? A sobrevivência é um fator vital para a evolução. Em um ecossistema finito, faz sentido limitar a duração da vida de toda criatura viva, e a natureza parece garantir isso.

---

1. Como os corpos sutis não diferenciam entre micro e macro e seu movimento é sempre quântico, nunca degenerando para o clássico, nem mesmo aproximadamente, os mundos sutis não apresentam entropia ou deterioração.

Quando revivemos animais congelados, eles só vivem o tempo que resta da duração normal da vida, não mais. Logo, o congelamento não altera os comandos do efeito Hayflick – os cromossomos, lembram-se? Mas pessoas do porte de Ettinger e de Leary esperam que a ciência do futuro supere os limites do efeito Hayflick.

K. Eric Drexler (1986) imaginou máquinas de reparo de células, baseadas na tecnologia de pequena escala: a nanotecnologia. Ele afirma que o envelhecimento "não é diferente de qualquer outro distúrbio físico". O envelhecimento ocorre porque, em algum lugar do corpo, as máquinas moleculares não estão funcionando direito. Conserte-se a máquina com nanotecnologia e o ser humano terá juventude ilimitada e um corpo atemporal.

De qualquer forma, o fantasma do efeito Hayflick paira sobre a cabeça de todas essas ideias. Existe algum modo de superar tal efeito?

O médico Deepak Chopra conhece tudo sobre o efeito Hayflick, mas não acredita que seu comando seja invencível (Chopra, 1993). Com uma alimentação saudável, redução do estresse, yoga, meditação e equilíbrio corporal por meio de técnicas expostas no livro védico de medicina, o *Ayurveda*, Chopra diz que podemos chegar perto de um corpo atemporal. Afinal, os antigos iogues da Índia e do Tibete podem ter sido capazes de reduzir suas funções corporais pelas práticas citadas, a ponto de viverem até centenas de anos.

É preciso admitir, porém, que tudo é promissor. Se temos de depender de promessas, por que não ouvir as promessas dos mestres religiosos do passado e do presente? Podemos começar com Zoroastro, fundador da religião que leva seu nome. Na visão de Zoroastro, no fim dos tempos, o poder do grande Ahura Mazda vai ressuscitar o corpo de todas as pessoas, e elas vão se divertir a valer. "Manterão intercurso com suas esposas, tal como hoje fazem na Terra, mas não nascerão crianças por isso". Imortalidade com sexo, só por amor. Que mais se poderia desejar?

Todavia, as ideias de Zoroastro encontram eco em algumas interpretações cristãs da ressurreição e, assim, são populares até hoje. Muitos cristãos (como as Testemunhas de Jeová, por exemplo) acreditam no *Armageddon*, após o que algumas pessoas terão seus corpos físicos restaurados pela graça e viverão para sempre (só os salvos, claro) na presença de Deus. Até um livro baseado na física materialista procura sustentar essa visão com uma nova proposta para as equações da física (Tipler, 1994).

Dá para se ter uma noção das ideias em jogo na busca pela imortalidade em um corpo material. O filósofo Michael Grosso resume isso muito bem quando diz: "Assim, fechamos o círculo com Zoroastro, que, como Terence McKenna, vê o fim da história como uma gigantesca festa – uma festa para a qual toda a família humana, inclusive os mortos, será convidada" (Grosso, 1995).[2]

A busca pela imortalidade espiritual e a ciência da libertação

Parece justo afirmar que a verdadeira imortalidade é atemporal, que ela acontece fora do tempo. O tempo traz tristeza, medo e aflição, dificuldades e males que nos privam da liberdade. Quando descobrimos isso, tornamo-nos livres em vida (*jivan mukta*) e atingimos a imortalidade após a morte. O novelista Herman Hesse, em *Sidarta*, captou a atemporalidade do Ser imortal nesta conversa entre Siddharta e seu amigo Govinda:

> Você também aprendeu [este] segredo com o rio, que não existe isso de tempo? O rio está em toda parte ao mesmo tempo, na fonte e na boca, na queda d'água, na balsa, na corrente, no oceano e nas montanhas, em toda parte, e o presente só existe por si, não como sombra do passado, nem como sombra do futuro?

---

2. Recebi muita ajuda de Grosso (Capítulo 11) na pesquisa do material para esta sessão.

Assim é [disse Sidarta], e, quando aprendi isso, revi minha vida e ela também era um rio, e o garoto Sidarta, o homem maduro Sidarta e o velho Sidarta estavam separados apenas por sombras, não pela realidade. As vidas passadas de Sidarta tampouco estavam no passado, e sua morte e seu retorno para *Brahman* não estão no futuro (Hesse, 1973).

Como superamos o tempo? Experiências atemporais, chamadas *samadhi* em sânscrito, não são muito incomuns. Por exemplo, na área da criatividade, quando temos um *insight* do tipo *ahá*, damos momentaneamente um salto quântico descontínuo até a atemporalidade. Mas atuamos no tempo quando se manifestam atos criativos comuns nas artes, música e ciência, atos de criatividade exterior. Mesmo a criatividade interior, *insights* criativos sobre nossa verdadeira natureza que ajudam a deslocar nossa identidade para além do ego, tem uma meta – a transformação. Transformação é mudança e, portanto, está inserida no tempo. "Perceber que o Ser está além do tempo é ir além da criatividade; é libertação", diz o sábio Krishnamurti (Krishnamurti, 1992).

A jornada para a libertação não pode começar de fato enquanto estivermos apaixonados pela mente e suas flutuações de humor. Ela não pode começar enquanto estivermos em conflito com os princípios éticos de nossas ações. Ela não começa a sério enquanto estivermos apegados a este ou a aquele *guna* – em última análise, nem *sattwa*, a criatividade, pode nos libertar.

A "percepção" da verdade é que nos liberta – a verdade que eu sou o todo, eu sou *Brahman*. Quando a verdade sobre a realidade de *Brahman* for conhecida, e a natureza epifenomenal do mundo manifestado se revelar, então não haverá mais a identificação com um complexo corpo-mente específico, exceto como necessidade funcional.

E o que acontece com o karma que estava administrando esse complexo corpo-mente específico, o *prarabdha*? "O karma *prarabdha* segue seu curso de forma behaviorista", diz o sábio, "mas o libertado não se identifica mais com ele".

Essa compreensão da verdade sobre o *self* – que o *self* é tudo – é um salto verdadeiramente descontínuo, um gigantesco salto quântico. Mas há certa discussão sobre a necessidade desse salto quântico nas tradições. Alguns afirmam que a jornada para a liberação é contínua: chegar à verdade não precisa ser um salto descontínuo, e inicia outras contemplações sobre a verdade, aprofundando e purificando nossa compreensão pela meditação.

Pergunte-se: "Quem é que estaria contemplando a verdade para aprofundar a compreensão?" Não existe um realizador individual. Se for da vontade de Deus, a vontade do todo, certos complexos corpo-mente serão atraídos para esse programa de purificação.

Nesse programa de purificação para o complexo corpo-mente, concentramo-nos em opostos transcendentais: bem e mal, sujeito e objeto, os *gunas*, corpo e mente. Sacrificamos nossas preferências e chegamos à equanimidade. Nossos desejos caem por terra. Isso é karma yoga; ainda agimos, mas a atitude é nova. Nossas ações não são apáticas (é impossível agir apropriadamente com apatia), mas levamos um grau daquilo que Franklin Merrell-Wolff chamou de "suma indiferença" — a equanimidade com compaixão (Merrell-Wolff, 1994). Quando nos entregamos à vontade do Uno de forma tão completa que nossa vontade se torna a vontade do Uno e vice-versa, então damos um salto quântico para a completa liberdade.

A verdade é que, para a libertação, temos de compreender um detalhe sutil: temos de "perceber" que já estamos libertados, que não precisamos de transformação, de realização. Abrir mão de nossas realizações arremessa nossa prática de *jnana* à adoção natural da felicidade espiritual. De modo análogo, agora a prática do amor torna-se doce, o que em sânscrito se chama *madhurang*. Doce, doce entrega.

Como levamos isso a cabo, essa entrega total da vontade à vontade de Deus? Esta é a transição descontínua que não pode ser contornada, mesmo nesta linha de pensamento. Quando nos libertamos, não há mais renascimento. Assim, quando alguém morre, encontra a imortalidade no espírito; a mônada quântica nunca mais nascerá – ela encontrou o fim do tempo.

Como alguém assim vive no mundo, alguém que é *jivanmukta* – livre em vida? O que acontece quando a liberdade de Deus fica disponível em uma mente-corpo humano encarnado? A resposta de que agora o karma acumulado é vivenciado sem apegos não satisfaz. Felizmente, está emergindo outra resposta, especialmente graças aos *insights* do sábio Sri Aurobindo (1955).

Fico arrepiado ao saber que aquilo de que estou falando se encontra dentro de nossas possibilidades. Um dia, eu estava lendo um dos livros de Sri Aurobindo, no qual ele escreve sobre estar na supermente, o plano supramental de existência (Aurobindo, 1989). Quem se interessa por filosofia consegue identificar essas ideias. Entretanto, compreender seu significado é algo bem diferente. Pessoas que comumente se mantêm em vigília normal, exceto por passagens ocasionais e fugazes pela supermente (em momentos de *insight* criativo, por exemplo), como nós, como podem compreender a supermente? Não sei se jamais chegarei à existência supramental, mas, mesmo assim, a ideia me intriga tanto hoje quanto naquele dia.

Minha mente ficou bastante clara, aberta e maleável. Estava lendo um parágrafo no qual Aurobindo parece expressar a ideia de que pessoas dotadas de supermente, tendo alinhado sua vontade com a vontade divina, têm agora a capacidade de explorar um novo reino da criatividade: a criatividade além das leis da ciência. De repente, comecei a compreender. Arrepios percorreram minha espinha, e tive a nítida sensação de que Aurobindo estava bem ali, ajudando-me a compreender a enormidade dessa ideia.

Também compreendi, com a ajuda e a orientação invisível que estava pressentindo, que existe a possibilidade de se buscar a imortalidade como parte dessa expressão supramental. Nós só compreenderemos totalmente a imortalidade quando descobrirmos a existência estabilizada na supermente.

No *Katha Upanishad*, quando Nachiketa procurou o deus da morte, Yama, para encontrar a chave da imortalidade, tudo o que Yama lhe ensinou, após ficar totalmente satisfeito com as qualificações de Nachiketa para receber o ensinamento, foi a prática da libertação espiritual, a imortalidade atemporal. E por um bom motivo: a libertação espiritual é um pré-requisito para a exploração da supermente.

Há muito, os chineses estabeleceram uma tradição chamada Religião do Elixir de Ouro da Vida, cujos rituais foram publicados como o *Segredo da Flor de Ouro*. É um manifesto, um manual, para se construir um corpo espiritual imortal. Pela meditação, pelo controle da respiração e outras disciplinas espirituais, a ideia é não só morrer conscientemente, como manter a consciência total da percepção-consciente mesmo depois da morte, sem se tornar inconsciente.

Aurobindo tem a mesma ideia, exceto que ele diria que é preciso ir além da mente, que é governada pelas leis causais do corpo de temas da consciência, a fim de manter a consciência total da percepção-consciente além da morte.

Ser supramental e milagres

Que evidências temos de seres supramentais, situados além do plano físico, vital e mental? As evidências estão se acumulando lentamente.

Um tipo de evidência se refere a fatores decididamente milagrosos acontecendo em torno desses seres – milagrosos além das leis causais, não só da ciência conhecida como da ciência dentro da consciência. Há, no cristianismo, histórias de estigmatizados (Padre Pio), de sobrevivência sem alimentos ou água (Teresa Neumann), materialização e muitos casos de cura. Entre os hindus, há muitas histórias de seres que materializam coisas (um exemplo famoso e vivo é Sai Baba), seres que aparecem em dois lugares ao mesmo tempo (Neem Karoli Baba, guru de Ram Dass, que faleceu recentemente), seres que levitam (Shyamacharan Lahiri, que ficou conhecido no livro *Autobiografia de um iogue*) e muitos casos de curas absolutamente maravilhosas. São muitas as histórias *sufi* sugerindo que há mestres, cujo comportamento se situa além da compreensão da lógica normal, que dançam segundo leis diferentes, além do domínio das leis físicas.[3]

Em 1993, visitei o neurofisiologista Jacobo Grinberg-Zylberbaum na Universidade do México. Estávamos colaborando em um texto sobre potenciais transferidos (veja o Capítulo 4) nessa época. Em uma de nossas inúmeras conversas, Jacobo mencionou sua experiência pessoal com uma médica/cirurgiã xamânica conhecida como Pochita (hoje, falecida). Jacobo testemunhou uma operação feita por essa médica xamã, na qual ela tirou literalmente o coração do corpo de um paciente, consertou-o com as mãos e colocou-o de volta. Jacobo escreveu um livro (disponível apenas em espanhol) sobre essa grande praticante. *Don Juan*, de Carlos Castañeda, vem à mente: será tudo ficção ou o texto de Castañeda se baseia mesmo em um personagem real? Se aceitarmos como possibilidade o ser supramental, as façanhas de Don Juan não serão recebidas com incredulidade.

Pessoalmente, não tive a sorte de testemunhar diretamente seres supramentais realizando milagres. No entanto, intuí diretamente que a existência pode ser estabilizada no nível supramental, no corpo de temas, e que, a partir desse lugar intuitivo, a única interpretação de milagres que faz sentido é que essas pessoas milagrosas chegaram ao nível supramental da existência, no qual conseguem operar além das leis da física, onde têm algum controle sobre o corpo de temas de leis; em outras palavras, esses seres milagrosos são, de certo modo, os deuses e deusas da mitologia. Mas o controle que essas pessoas ganham é um controle baseado na entrega do controle a Deus, à consciência.

Aurobindo identificou quatro poderes dos seres supramentais: *mahakali* (o poder de transformar negativo em positivo); *mahasaraswati* (o poder da expressão criativa, além das leis da

---

3. Para uma análise de diversos casos documentados, leia Murphy, 1992.

física); *mahalakshmi* (o poder do amor incondicional); e *maheswari* (o poder da harmonia e da equanimidade).

Por lógica, esse nível da existência é expressado como ação apropriada (que é o poder de *maheswari*). Além disso, diz-se que aquilo que essas pessoas desejam torna-se a vontade de Deus – esse é o poder de *mahasaraswati*. Às vezes, a sábia indiana Anandamayi Ma falava de seus *kheyals*, cuja tradução apropriada é extravagância. Mas suas extravagâncias sempre se tornavam reais. Tanto a realização de milagres como a vontade dessas pessoas sempre ocorrem em total harmonia com o propósito cósmico. Em outras palavras, quando Jesus converte a água em vinho, ele sabe que esse ato está em consonância com a vontade divina.

A ressurreição como criatividade supramental

O que acontece quando morre uma pessoa que atingiu o nível supramental? No cristianismo, temos uma resposta na história da ressurreição de Jesus. O que significa ressurreição? Normalmente, ela é interpretada como a reanimação do corpo que uma pessoa morta ocupava: "Todos se levantarão com seus próprios corpos, os corpos que hoje possuem".

Em contraste, em I Coríntios, São Paulo é explícito ao afirmar que o corpo ressuscitado é diferente do corpo físico perecível; é um corpo espiritual – imperecível. A visão do corpo ressuscitado de Jesus, que os apóstolos tiveram, e a visão de São Paulo na estrada para Damasco se encaixam no conceito de visões angelicais, como mencionado antes (veja o Capítulo 11), mas creio que esta ideia não é suficientemente radical. Talvez a realidade seja ainda mais radical do que essas duas visões possam expressar.

O ponto é que alguma coisa na intuição criativa humana, a começar pelo mito de Gilgamesh e os ensinamentos de Zoroastro, sempre sugeriu que a ressurreição consiste em se erguer dos mortos dentro do domínio público compartilhável, e em corpo imperecível, no qual é possível a experiência. A experiência sujeito-objeto (colapso quântico) não é possível em um corpo espiritual, nem o corpo espiritual pertence a um domínio público consensual.

Se a ressurreição se dá em um corpo físico comum, novo ou velho, não é imortalidade – o corpo físico precisa morrer, segundo as leis da física. Se a ressurreição se dá em corpo espiritual (*sambhogakaya*), não terá experiências sem a ajuda de algum corpo físico encarnado. Como é possível ressuscitar em corpo físico e ainda ser imortal? Só superando as leis da física. A imortalidade pela ressurreição é um milagre absoluto! É um ato supramental de primeira grandeza.

Atos supramentais envolvendo a mente (criatividade mental) não violam as leis da ciência. Todos os fenômenos paranormais sobre os quais realizamos experimentos hoje são chamados "para" ou além do normal, mas isso se deve a uma falta de compreensão. Na nova ciência, já estamos criando bons modelos para compreender o paranormal dentro de leis mais gerais.

No entanto, a criatividade supramental, tal como a envolvida na ressurreição, com a criação arbitrária, do nada, de um corpo físico para que a mônada quântica desencarnada se correlacione, está situada além de todas as leis da ciência – qualquer ciência. A criatividade supramental também pode ser a base do fenômeno de *avatara* – pessoas que nascem com plena noção de sua raiz na consciência e têm a missão especial de restabelecer, em nossas sociedades, a metafísica da supremacia causal de Dharma – a consciência.

Talvez você já tenha assistido a reapresentações da série de tevê *Jornada nas Estrelas: a Nova Geração*. O programa tem dois subtextos permanentes: um é bom, mas o outro é ótimo. O bom trata dos esforços de um andróide (Data) para se tornar humano. Os autores desses episódios veem o problema como a tentativa de achar o *software* certo para as emoções. É bem distante daquilo que é preciso para ser consciente, autorreferente, com hierarquia entrelaçada e tudo o mais.

O ótimo é a história de Q, um ser supramental que entra e sai do espaço-tempo à vontade. Nessas histórias, vê-se a verdadeira imaginação, a verdadeira visão. Essa visão ocorreu na condição humana há dois mil anos, com a ressurreição de Jesus, e ainda está ocorrendo.

Vamos analisar um aspecto da história da ressurreição de Jesus, tal como contada na Bíblia. Diz-se que, em dado momento, Jesus gritou, alto e em agonia: "Senhor, Senhor, por que me abandonaste?" Para um homem iluminado, essa manifestação de angústia é desconcertante. (Há outras traduções do original em aramaico que são menos desconcertantes.) Entretanto, começa a fazer sentido quando compreendemos que, até na cruz, Jesus pode ter se dedicado a um ato criativo ou criatividade supramental; ele quis demonstrar a falsidade da morte através do ato supremo de desafio à morte: a ressurreição. E aconteceu. Jesus deve ter sido um dos primeiros a demonstrar a ressurreição. Mais tarde, outros mestres replicaram-na, assemelhando-se a seres de ficção científica, como Q. Conseguiram criar um corpo material que se manifesta à vontade (sempre em harmonia com a vontade do todo). Logo, podemos dizer que um ser assim é imortal, tanto em espírito quanto em corpo (conforme necessário). Leia a *Autobiografia de um iogue*, de Paramahansa Yogananda, para conhecer um pouco de um ser assim: Babaji, o inspirador dos gurus de Yogananda.

O futuro evolucionário da humanidade

Como diria Aurobindo, a imortalidade em um ser *bodhisattva* desencarnado ainda é um escape, porque se detém antes da realização do potencial humano pleno, que inclui a criatividade supramental. Reencarnação, sim. Mas além do ciclo cármico de nascimento e morte, não é apenas a libertação no corpo espiritual de *sambhogakaya* que nos aguarda. Há ainda o convite para a grande exploração da supermente. Vamos ouvir as palavras de Sri Aurobindo:

> Este mundo se apaixonou por sua própria ignorância
> Suas trevas se afastam de sua luz salvadora
> Ele dá a cruz em pagamento pela coroa.

Sua obra é um fio de esplendor em uma longa noite;
Ele vê a longa marcha do tempo, o pouco que ganhou,
Uns se salvaram, os outros tentaram e fracassaram;

Mostra-se uma saída, a estrada da árdua fuga
Da tristeza, das trevas e das correntes;
Mas como uns poucos salvos podem libertar o mundo?

Contudo, a fuga redime no alto não a vida,
A vida que foi deixada para trás em uma terra decaída.
A fuga não pode levantar a raça abandonada,
Nem trazer-lhe vitória ou o reino de Deus.
Um poder maior deve vir, uma luz maior
(Aurobindo, 1970, L. 6, canto 2.)*

Durante os últimos séculos – melhor, o último milênio, com algumas poucas exceções, buscamos os valores da mente e do ego mental. Isso levou a um aumento da separação, mas também nos deu maior compreensão, uma base para o próximo salto quântico de nossa evolução como espécie. Talvez o milênio em que acabamos de entrar seja o milênio do florescer desse "poder maior" – a supermente. Como isto acontecerá? Podemos obter um vislumbre a partir da obra do próprio Aurobindo, vista à luz da física quântica desenvolvida aqui.

---

*   No original: *This world is in love with its own ignorance, / Its darkness turns away from its savior light, / It gives the cross in payment for the crown. / His work is a trickle of slendor in a long night; / He sees the long march of time, the little won, / A few are saved, the rest strive and fail; / An exit is shown, a road of hard escape / From the sorrow and the darkness and the chain; / But how can a few escaped release the world? / Escape however high redeems not life, / Life that is left behind on a fallen earth. / Escape cannot uplift the abandoned race / or bring to it victory or reign of God. / A greater power must come, a larger light.* [N. de E.]

Involução e evolução

O esoterismo tem um aspecto que dois filósofos de tempos recentes, Sri Aurobindo e, depois dele, Ken Wilber, enfatizaram (Aurobindo, s/d; Wilber, 1981). É a ideia de que a descida, ou involução da consciência, deve ocorrer antes que a ascensão, ou evolução, possa acontecer.

Aurobindo e Wilber apresentam um modelo de involução e evolução da consciência que está implícito, se não explícito, nos ramos místicos de todas as grandes tradições — misticismo cristão, shivaismo da Cachemira (um ramo do hinduísmo), budismo Mahayana, sufismo, cabala, e assim por diante.

Segundo as cosmologias espirituais que Aurobindo e Wilber adaptam, a título de brincadeira, a Divindade transcendente ou a consciência de *Brahman* se lança para baixo e para fora, adentrando níveis manifestados cada vez mais densos. Com a descida da consciência, ela também se esquece de si mesma; logo, cada nível descendente corresponde a um esquecimento maior e a uma liberdade menor. Além disso, em cada nível, o nível anterior mais sutil é esquecido, relegado ao inconsciente. No nível mais baixo, tudo é inconsciente, tudo é potencial. Este é o nível material. Ele é chamado involução porque todos os níveis mais elevados estão presentes na matéria como potencial, prontos para aflorar.

Quando a involução se completa, começa a evolução. Mas, nesse cenário, a evolução da matéria é bem diferente da evolução proposta pelos materialistas. Logo, a vida não emerge apenas da matéria, das propriedades e interações materiais; um nível mais elevado nunca pode emergir das interações e causações de um nível inferior. A vida emerge em certo nível de complexidade da matéria porque já estava lá em potencial. De modo análogo, a mente emerge de certa complexidade da vida porque já estava lá como potencial (Figura 12.1).

Finalmente, não devemos pensar que todos esses níveis envolvem algum dualismo. Toda essa separação da consciência é ilusória, mera aparência. A consciência se esquece de si mesma como parte do jogo — ela finge que se esquece, por assim dizer.

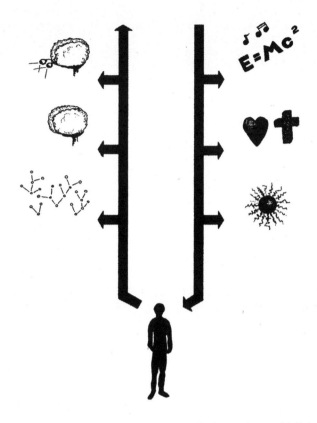

Figura 12.1   Involução e evolução da consciência (segundo Aurobindo). Primeiro, a consciência involui, limitando-se e esquecendo-se mais e mais. Nessa imagem, a evolução é a evolução da criação da representação do corpo vital e mental no físico (*hardware*). Será que as representações físicas do supramental estão em nosso futuro evolucionário?

A imagem, naturalmente, é típica das tradições esotéricas. De certo modo, faz sentido e é bastante satisfatória. O que lhe falta, porém, é a descrição de como aquilo que a matéria tem de potencial se torna manifestado. E como o esquecimento ou *maya* entra nisso?

Como já disse, a ciência idealista oferece uma resposta satisfatória à primeira pergunta. A manifestação ocorre por meio de uma hierarquia entrelaçada, causando uma separação ilusória que, por sua vez, causa amnésia temporária. Logo, no nível do corpo de temas, o tema coletivo apresenta leis ou contextos de movimentos de níveis subseqüentes de existência como ondas de possibilidades, impondo assim restrições ou limites sobre aquilo que a consciência pode fazer, mas nada acontece. Com a involução subseqüente do nível mental, a substância sutil da mente apresenta à consciência estruturas de possibilidade que contêm o processamento do significado. Mas a consciência e suas possibilidades mentais ainda são um todo indiviso. Do mesmo modo, no nível do corpo vital, a consciência se limita ainda mais para a exploração de um conjunto específico de funções vitais, entre todas as possibilidades, e o esquecimento se dá mais uma vez. Entretanto, como explicado no Capítulo 7, não ocorre colapso ou separação de fato enquanto o corpo físico não entrar em cena.

Como é que aquilo que é potencial na matéria se manifesta? Em certo nível de complexidade das possibilidades existentes na matéria física, entram em cena a hierarquia entrelaçada e a mensuração quântica. Agora, a consciência pode interferir na matéria (ela própria sempre transcendente) mediante o colapso autorreferencial da onda de possibilidade quânticas, iniciando-se a manifestação efetiva. E a consciência se recorda do nível anterior, o nível da vida, prana. Ela emprega a matéria, assim como empregamos um computador, para fazer representações em *software*, que chamamos de vida na célula viva e seus conglomerados, de funções vitais (perceba aqui a semelhança com a ideia de Sheldrake sobre os campos morfogenéticos que guiam o desenvolvimento da forma adulta a partir de um embrião). Agora, podem ocorrer a evolução e a morfogênese da vida. Mais cedo ou mais tarde, o conglomerado de células conhecidas como cérebro evolui, e as representações em *software* da mente podem ser programadas diretamente no *hardware* do cérebro.

E ei-nos aqui – seres humanos, mentais. A partir deste ponto de vista, qual é o próximo passo de nossa evolução? É fácil ver. Deve ser a evolução da capacidade de fazer representações do corpo de temas.

Já mencionei a existência dentro do corpo de temas – os *arupadevas*, deuses, *bodhisattvas* sem forma, anjos. São formas atemporais; sua existência limita-se a ondas de possibilidade. No ser mental, nosso acesso a tais seres exige um salto quântico, e o acesso é apenas momentâneo. Só uma boa dose de dedicação à criatividade interior pode nos levar à estabilidade na existência supramental. Contudo, quando nosso corpo físico desenvolver a capacidade de fazer representações desses seres, todo ser humano terá acesso imediato a tais seres, tão facilmente como hoje temos acesso à mente por meio do cérebro.

O leitor consegue imaginar o que significa para um ser biológico sem cérebro visualizar a mente? Por isso, é muito difícil para seres mentais visualizar o que seremos, ao atingirmos essa próxima etapa da evolução. De uma coisa, porém, podemos ter certeza: quando atingirmos esse nível de existência com um *hardware* que pode desenvolver *software* supramental, seremos todos deuses. Esta era a grande visão de Aurobindo. É isso que ele queria dizer quando contemplou a ideia — tão deturpada pelos demais — de se trazer a divindade para se manifestar na Terra.

Os teosofistas têm a mesma visão. O teosofista e filósofo William Judge explica:

> Embora a reencarnação seja a lei da natureza, a trindade completa da tríade *Atma-Buddhi-Manas* [corpo sublime-corpo de temas--corpo mental] não se encarna plenamente nesta raça [humana]. Eles usam e ocupam o corpo por meio da entrada de *Manas*, o mais baixo deles, e os outros dois brilham sobre ele desde cima, constituindo o Deus no céu... Por esse motivo, o homem ainda não está plenamente consciente, e serão necessárias reencarnações para, no mínimo, completar a encarnação da trindade no corpo. Quando isso for realizado, a raça se tornará praticamente divina (Judge, 1973).

Estaremos destinados a nos tornar super-humanos — deuses, nesse sentido — no próximo estágio de uma evolução? O poeta *sufi* Rumi escreveu:

Morri como mineral e me tornei uma planta
Morri como planta e subi ao animal
Morri como animal e me tornei homem.
Por que devo ter receio?
Quando a morte me tornou menor?
(Citado em *The Sages Speak about Life and Death*.)*

Quando "morrermos" como humanos mentais, seremos seres supramentais, super-humanos. Esta é a evolução suprema à nossa espera.

---

* No original: *I died as a mineral and became a plant / I died as a plant and rose to animal / I died as an animal and I became a man. / Why should I fear? / When was I less by dying?* [N. de E.]

capítulo 13

ufologia, imortalidade e evolução

O que a ufologia – o estudo de objetos alienígenas não identificados – tem a ver com a morte, o morrer, reencarnação e imortalidade? Superficialmente, nada. Na mente popular, OVNIs são naves, foguetes avançados do espaço exterior, pilotados por seres que estão tentando nos visitar, e o governo faz o que pode para suprimir essas informações. O filme *Contatos imediatos do terceiro grau*, de Steven Spielberg, resume esse sentimento.

Alguns autores acreditam que esses contatos entre extraterrestres e humanos já vêm acontecendo (há éons); alguns de seus livros tornaram-se *best-sellers*, sugerindo que esse conceito desperta muita simpatia.

É desse tipo de coisa que vive a ficção científica, e eu, pessoalmente, sempre tive uma queda pela ficção científica. Há anos, estava escrevendo um livro sobre o assunto e, por isso, pesquisei em detalhes o tema da propulsão por foguetes. A pergunta que ficou na minha mente foi: "Será que foguetes do espaço exterior, de planetas de outros sistemas estelares, viajam até nós, levando em conta as vastas distâncias que esses foguetes precisam percorrer?"

De modo geral, os autores de ficção científica não se incomodam muito com esse problema, pois a física moderna enriqueceu os seus arsenais. Nas décadas de 1930, 40 e 50, a ficção científica já se valia da teoria da relatividade de Einstein. A relatividade diz que o tempo se desacelera dentro de uma nave que se move em alta velocidade, próxima da velocidade da luz e, assim, os passageiros envelhecem mais devagar do que se estivessem em seu planeta natal. Desde a década de 1960, a ficção científica usou o conceito de propulsão no hiperespaço para viagens celestes. Como se sabe, a relatividade limita as espaçonaves a velocidades inferiores à da luz, mas as distâncias entre as estrelas, mesmo dentro de nossa galáxia, podem chegar a cem mil anos-luz. Não dá para falar de impérios galácticos com pífias velocidades inferiores à da luz para a frota imperial. No hiperespaço, as naves podem viajar mais depressa que a luz, em velocidades *warp* ou de "dobra".

Embora ambas as ideias sejam cientificamente razoáveis, graças a Einstein, não são ideias práticas. Pensemos: nossos foguetes com combustível químico se deslocam a dezenas de quilômetros por segundo, mas a luz se desloca a trezentos mil quilômetros por segundo. A lacuna não pode ser coberta por qualquer tecnologia física. Cientistas espaciais já estudaram todas: foguetes a plasma, a fusão nuclear, propulsão por matéria-antimatéria (bem popular na ficção científica); para o que se queira imaginar, alguém já calculou os números. Todos deixam bem claro uma coisa: não há foguete físico capaz de viajar a uma velocidade alta o suficiente para que o retardamento relativista do envelhecimento possa ajudar. Em velocidades realistas, até uma viagem de ida e volta para as estrelas mais próximas levaria tanto tempo, que seria impossível imaginar que qualquer ser vivo, com duração razoável de vida, possa fazer uma viagem dessas (embora a ideia de congelar pessoas para essas viagens ainda seja popular).

Por falar nisso, o hiperespaço é uma "quarta" dimensão espacial plausível; plausível porque, segundo a teoria de Einstein, o espaço é curvo, o que pode ser interpretado em conjunto com o conceito de que vivemos na (hiper) superfície tridimensional de um volume tetradimensional. Alguns autores de ficção científica imaginam que é para o hiperespaço que vai o elétron ao dar um salto quântico. É fato que, quando o elétron dá um salto quântico, ele não viaja pelo espaço convencional: está aqui e, depois, está lá. Mas ninguém imaginou alguma fonte macrofísica de propulsão para nos levar ao hiperespaço, seja por salto quântico, seja por qualquer outro meio.

Assim, o resultado de minha pesquisa foi o seguinte: é impossível para qualquer extraterrestre viajar até nós. Por falar nisso, foguetes levando robôs são uma exceção a essa regra. É um minimistério o fato de foguetes transportando robôs ainda não terem chegado aqui. Como o famoso físico Enrico Fermi costumava dizer: "Onde estão eles?" Muitas pessoas dizem que esse mistério se deve ao fato de não haver vida extraterrestre para lançar robôs pelo espaço e que estamos solitários no universo! Gostaria de mostrar, neste capítulo, que não precisamos ser tão pessimistas.

Naturalmente, pessoas que encontram OVNIs e seres extraterrestres nunca mencionam robôs; elas se defrontam com criaturas vivas, principalmente aquelas com a já famosa imagem do rosto encovado, queixo pontudo e corpo pequeno. Se foguetes do espaço exterior são uma impossibilidade, o que as pessoas estão vendo? Embora os cientistas, de modo geral, tenham sido pouco simpáticos com relação a essas aventuras, descartando seus avistamentos (e até abduções) como alucinações, uma coisa não pode ser negada: muitas das pessoas que avistaram OVNIs ficaram traumatizadas e precisaram de ajuda psicológica.

Assim, uma ideia que foi se tornando popular entre psicólogos, a começar por Carl Jung, é que os OVNIs são observações em estado alterado de consciência de arquétipos mentais e emocionais. Antigamente, as pessoas viam esses arquétipos em seus sonhos e fantasias como deuses e demônios. Nesta era científica e tecnológica, os arquétipos aparecem nessa forma tecnológica do superespaço.

Enquanto trabalhava em meu livro sobre a física da ficção científica, essa ideia de OVNIs e seres associados como arquétipos da consciência humana fez muito sentido para mim (Goswami,

1983). Com efeito, eu já havia percebido o paralelo em um contexto levemente diferente. O neurofisiologista John Lilly descreveu muitos de seus experimentos induzidos por drogas em termos de contatos com alienígenas (Lilly, 1978). Todavia, seus experimentos não pareceram muito diferentes, digamos, dos realizados por Swami Muktananda, mestre espiritual do leste da Índia, que escreveu sobre suas viagens no estado de *samadhi* até os reinos dos deuses (Muktananda, 1994).

Quando eu me interessei pela morte e pelo morrer, e por experiências de quase morte, descobri o trabalho do psicólogo Kenneth Ring (na verdade, meu amigo Hugh Harrison me deu um dos livros de Ken sobre o assunto, *The Omega Project*). Descobri que Ring levou um pouco mais longe a ideia de que OVNIs alienígenas representam arquétipos. Uma das ideias de Ring foi particularmente interessante para mim.

Por que há tantos avistamentos de OVNIs hoje em dia? Por meio de uma pesquisa que idealizou, Ring descobriu que um grande número de abduzidos por OVNIs sofreu, mais tarde, uma transformação em sua identidade além do ego. Eles não estavam mais focados no "eu"; tornaram-se mais amáveis para com seu ambiente humano e natural (Ring, 1992). Ring descobrira antes que esse tipo de transformação era bem comum em pessoas que passavam por experiências de quase morte. Bingo! Talvez essas duas experiências sejam um indício de que a consciência de Gaia, nossa mãe-terra, esteja tentando nos alertar (com letras garrafais, do contrário não prestaríamos mesmo atenção) sobre um desastre ecológico iminente. É grande o número de profecias sobre tal desastre a ocorrer em nossa época, com a transição entre milênios (outro tema de livros populares). Naturalmente, qualquer um pode observar a exploração hedonista da Terra e seu ambiente nos últimos cem anos e prever um desastre; e isso também tem sido corriqueiro.

Nessa mesma época, eu estava viajando e parei em Portland, no Oregon, para gravar uma entrevista. Robert McGowan é um astrônomo amador que tinha idealizado uma nova ilustração do universo que inclui, juntamente com o *Big Bang* e coisas do gênero, a ideia de que o universo é autoconsciente. Ele ia me entrevistar para que eu falasse de meu livro, *O universo autoconsciente*. Começamos a conversar, uma coisa levou a outra, e ele me perguntou sobre o significado dos avistamentos e abduções por OVNIs. Eu falei sobre a impossibilidade física de alienígenas chegando em foguetes, mas me ouvi respondendo: "Creio que os avistamentos e abduções por OVNIs estejam sugerindo que, em algum estado alterado de consciência, algumas pessoas estão se comunicando com seres sencientes de uma civilização extraterrestre". Quando Robert me pressionou para dar mais detalhes, tudo o que pude dizer foi que a consciência é não local e pode causar o colapso de possibilidades similares em dois cérebros correlacionados intencionalmente, embora estejam situados a distâncias interestelares.

Mais tarde, pensei naquilo que tinha dito a Robert (o que me surpreendeu bastante) naquela entrevista, e percebi que, inconscientemente, eu estava processando a tese de Ring e que algo nela não estava satisfatório. Claro, posso acreditar que a experiência com OVNIs, como a experiência de quase morte, seja transformadora. Mas a experiência de quase morte não é apenas uma experiência transformadora. Muita gente pensa, e minhas próprias pesquisas concordam, que as experiências de quase morte também estão nos dizendo algo sobre a própria experiência da morte. De forma análoga, suponho que a experiência com OVNIs também possa estar nos dizendo algo sobre os extraterrestres. Mas o problema de se afirmar que isto era a comunicação não local entre humanos terrestres e alienígenas era, naturalmente, que tal comunicação exige correlação quântica entre os sujeitos.

Enquanto isso, Kenneth estava se dirigindo a Los Angeles, para uma conferência, e Hugh estava ansioso para organizar um encontro entre nós. Encontramo-nos num hotel do centro de Los Angeles, em uma sala de conferências reservada para nós. Éramos Hugh, eu, um psicólogo chamado Mike Davidson, Dick Robb, teosofista, e, claro, Kenneth Ring.

Demoramos quase duas horas até nos "aquecermos". Às vezes, é bem difícil passar por esses preâmbulos. Finalmente, porém, fiz minha pergunta a Ring: "Ken, embora concorde que a experiência OVNI, como a experiência de quase morte, seja transformadora, certamente você não está descartando a hipótese de que ela também possa estar nos dizendo algo sobre a verdadeira consciência extraterrestre. Será que os abduzidos por OVNIs podem se comunicar de fato com alienígenas de uma civilização extraterrestre por meio da consciência não local?"

Ken não me deu uma resposta direta, mas tampouco disse que discordava. No entanto, ficou claro que sua simpatia estava na ideia que ele havia proposto em seu livro – a de que há uma catástrofe iminente, geológica, ambiental ou de que natureza for, e que os OVNIs e as experiências de quase morte sejam a maneira de que dispõe Gaia para avisar a humanidade de que ela deve se transformar antes desse desastre. Mas depois as coisas ficaram bastante interessantes. Eu estava expondo a Ken algumas das ideias deste livro, sobre seres desencarnados, mônadas quânticas e outras, quando Ken me fez uma pergunta: "Diga-me uma coisa. Você acha que, se um grande desastre atingisse a Terra, nós poderíamos sobreviver a ele como seres desencarnados? Suponha que transcendamos a necessidade de corpos físicos. Poderíamos tocar a civilização como seres desencarnados? Será esse nosso futuro?"

"Certamente sobreviveríamos como seres desencarnados, assim como faz qualquer um que morra hoje em dia", respondi. "Mas, Ken, há um problema. Segundo meu modelo, não é possível termos experiências sem um corpo físico. O estado de consciência de um ser desencarnado é como o sono; a onda de possibilidades não entra em colapso. Assim, como civilização, dificilmente ficaríamos satisfeitos ao escolher esse estado de limbo."

Dick Robb disse que estava de acordo com aquilo que eu disse. "A literatura teosófica tem a mesma postura", insistiu. É preciso o nascimento humano para tratar do karma. É por isso que o nascimento humano é tão precioso. Fiquei satisfeito ao saber que ele pensa assim.

Ken ficou um pouco desapontado; pelo menos, foi o que me pareceu. Tentei consolá-lo: "Naturalmente, é bem possível escolhermos em massa a existência desencarnada para sobreviver ao *Armageddon* na Terra, e depois, por meio de processamento inconsciente, possamos encontrar outro planeta habitável e comecemos a nascer lá". O que é a distância interestelar na não localidade? Tudo é "perto".

Tratamos de outros pontos depois disso. Mas o grupo se dispersou após algum tempo e voltei ao meu hotel. De repente, um raio me atingiu! Ora, eu não deveria afirmar que a ideia que tive tem o valor de um autêntico ato de criação, pois, analisando em retrospectiva, não tenho como saber. Só que a ideia era nova e me fez arrepiar.

E se invertêssemos o que eu disse a Ken? Suponha que os alienígenas ligados às abduções e experiências com OVNIs sejam seres desencarnados de um planeta extraterrestre que estão aqui porque seu planeta está extinto. Eles não podem renascer na Terra, porque sua espécie não é idêntica à humana (e assim os contextos do corpo de temas não são os mesmos). Mas eles podem, com certeza, comunicar-se conosco, tal como seres desencarnados se comunicam com médiuns.

Essa ideia simples explicaria muitas facetas estranhas da experiência com OVNIs; por exemplo, como é possível uma pessoa ser abduzida enquanto sua esposa, deitada a seu lado, na cama, não tem noção do que está acontecendo? Quem ler a crível história de Whitley Strieber, em *Comunhão* (1988), verá do que estou falando.

Não estou dizendo que a alternativa, hipnose de massa, esteja excluída; é que ela é bem menos provável. Menos provável ainda é a possibilidade da presença de seres reais, fisicamente encarnados.

É claro que levo a sério a ideia de mônadas quânticas alienígenas desencarnadas buscando relacionar-se conosco, mas muitos estudos serão necessários antes de sabermos se tal teoria é útil para explicar dados ou orientar novas pesquisas. O ponto é o seguinte: quando estivermos prontos para basear nossa ciência na primazia da consciência, poderemos compreender melhor alguns fenômenos com os quais podemos lidar. O raio já era conhecido dos seres humanos desde o início da civilização. Todavia, antes da ciência da eletricidade, nunca percebêramos muitas das sutilezas desse fenômeno. A mesma coisa está acontecendo com a morte, a reencarnação e, talvez, até com a ufologia.

E não me surpreendeu saber que há dados sobre esse assunto controvertido que dão suporte à minha ideia. Um pesquisador da visão a distância, chamado Courtney Brown (1999), afirma ter descoberto um protocolo para levar a cabo um experimento de visão a distância com seres alienígenas desencarnados. Uma de suas descobertas é que existe, hoje, uma raça de alienígenas desencarnados na Terra, onde estão tentando encontrar um abrigo, nascendo como humanos, mesmo que isso exija uma alteração genética do genoma humano. A metodologia da pesquisa me pareceu lógica. Vale dar uma olhada.

OVNIs e imortalidade

Afinal, o que têm os OVNIs a ver com a imortalidade? Há uns dois anos, participei de discussões bastante interessantes com ufólogos. As discussões tiveram lugar num dos mais idílicos lugares que se possa imaginar: Paradise Island, nas Bahamas. Ora, como ufólogos e um físico quântico podem pagar um programa desses? Fomos convidados por Swami Swaroopananda, diretor do Centro Sivananda de Retiros de Yoga, situado na ilha.

Saí dessas discussões com novo respeito pelos avistamentos de OVNIs. Os materialistas discutem esses dados incessantemente e com tanta veemência quanto demonstram pelos dados paranormais. Após muitos anos, pude perceber que a visão do cientista materialista com referência ao paranormal é preconceituosa. Em parte, porque eu mesmo tive experiências paranormais e, em segundo lugar, porque a não localidade quântica nos proporciona uma estrutura explicativa para o paranormal, desde que coloquemos a consciência na equação (veja o Capítulo 2). De qualquer maneira, continuei a aceitar parte das críticas feitas pelos materialistas a respeito dos avistamentos de OVNIs sem muito rigor crítico — até essas discussões terem lugar.

Os dados sobre avistamentos são muito bons e sua implicação pode ser muito mais radical do que poderíamos presumir. Como o leitor situa a informação quando ouve alguém falar de OVNIs? Provavelmente, como eu (até essas discussões), presumindo que, se a alegação é verídica, então alguns seres alienígenas estão chegando à Terra em uma nave espacial, e todo o julgamento acerca da autenticidade dos avistamentos se mistura com essa premissa implícita já pressuposta. Pelo menos era a minha premissa implícita, e já forneci antes, neste capítulo, todos os motivos científicos para me convencer de que nenhuma nave ou foguete alienígena de outra estrela poderia visitar a Terra. Logo, a discussão íntima com esses ufólogos de boa credibilidade criou em mim um conflito entre dois sistemas de crenças. Uma crença se baseia em minha teoria de que os dados não fazem sentido; outra é que, como os colecionadores de dados eram dignos de crédito, eu, como cientista, precisaria ter a mente aberta para levar esses dados a sério.

Sofri esse conflito durante algum tempo, mas uma nova ideia acabou surgindo. E se as espaçonaves que as pessoas que avistam OVNIs mencionam fossem reais, mas não viessem do espaço exterior? E que tampouco são sobre-humanos? Será possível? Sim, desde que possamos aceitar a ideia da materialização e da desmaterialização. Suponha que essas pessoas mantêm contato com alienígenas (nem todos os que avistam OVNIs mencionam seres em relação às espaçonaves que veem, mas alguns, sim) que são tão avançados em sua civilização que conseguem materializar e desmaterializar espaçonaves inteiras!

O que é uma civilização avançada? Normalmente, pensamos em avanço como tecnologia material, mas as leis físicas excluem certas direções desse avanço, como a materialização e a desmaterialização. Contudo, como vislumbrou Aurobindo, a próxima evolução da humanidade deve nos direcionar para o supramental.

Como mencionei no capítulo anterior, seres dotados de supermente que estão firmes no comando do corpo de temas podem, à sua vontade (sempre em harmonia com a vontade e com o propósito divinos), superar as leis convencionais da física. Logo, nos dados sobre OVNIs, estaríamos vendo a comprovação da ideia dos seres supramentais de Aurobindo, seres que já evoluíram até o estágio supramental de evolução que estamos nos esforçando hoje para atingir?

Evolução do cérebro ou evolução da matéria?

Ao ensinar as ideias de Aurobindo, a psiquiatra Uma Goswami gosta de falar da estrutura em camadas do cérebro. O fígado é um lóbulo; o coração, um músculo; mas a estrutura em camadas não é encontrada em outro lugar do corpo. Então, o que significa essa estrutura do cérebro? Deve ser uma assinatura da evolução cerebral. Enquanto as outras partes do corpo não evoluíram muito desde o passado, o cérebro evoluiu. O cérebro mais antigo e mais profundo é o dos répteis, o do meio é dos mamíferos e o mais proeminente, o neocórtex, é o cérebro humano. A estrutura em camadas do cérebro fala de nossa herança animal. E ela cita Aurobindo: "O animal foi o laboratório para a evolução do homem; e o homem deve, de modo análogo, ser o laboratório para a criação do super-homem". Talvez isso ocorra por meio da evolução do cérebro — uma nova camada, um "neo-neocórtex"? (Krishnamurthy, 2000.)

Este é um modo de abordar a questão da evolução humana. No entanto, consegui encontrar uma falha nela. Todos os três cérebros fazem a representação da mente. As duas primeiras camadas, em termos de evolução, fazem a representação de pensamentos emocionais, primeiro as emoções rudimentares e, depois, as mais sutis; o neocórtex evoluiu para fazer representações de pensamentos abstratos (para os quais a linguagem é necessária). Será que alguma evolução do cérebro pode fazer a representação de algo que não é pensamento, que se situa além do pensamento?

Aurobindo, bem como sua associada, a Mãe, já fez experiências com outra ideia. Eles intuíram que, para mapear o supramental, para fazer representações físicas do corpo de temas, a própria matéria precisa evoluir, precisa se tornar mais refinada. Logo, Aurobindo e a Mãe passaram boa parte da vida tentando transformar a matéria de seus corpos. Mas, a julgar pelos relatos mais neutros, não foram bem-sucedidos. Quando Aurobindo morreu, muitos discípulos pensaram que a transformação do corpo pode se revelar no fato de que ele não se decompõe, como ocorre com cadáveres normais; muitos até pensaram que o corpo deveria ser preservado porque, tal como Jesus, Aurobindo poderia ressuscitar. O corpo foi preservado durante algum tempo, mas se decompôs. Não foi encontrada evidência alguma de transformação ou ressurreição do corpo físico.

Será cientificamente sustentável a ideia da transformação da matéria em uma forma mais refinada? Não seria o antigo problema do dualismo – como a matéria sutil interage com a matéria atual – novamente a nos atormentar? Pessoalmente, nunca fui fã da ideia de outra forma de matéria, mais refinada, justamente por isso. É muito mais fácil pensar na evolução de uma nova estrutura do corpo além do cérebro – talvez um supercérebro. O supercérebro faria representações do corpo de temas, integraria as funções dos três cérebros e constituiria nossa nova identidade divina!

Já mencionei o Swami Swaroopananda, de Paradise Island. Nascido em Israel e, conhecendo bem a cabala, tornou-se um *vedantin* (especialista nas escrituras Vedantas da Índia) após estudar com o famoso Swami voador, *Vishnudevananda* (voador porque gostava de pilotar seu próprio avião). Swami Swaroopa é aquilo que as tradições chamam de iogue *jnana*, alguém que descobre a natureza da realidade pelo caminho da sabedoria, um salto quântico do pensamento. Assim, naturalmente, ele e eu gostamos de conversar e, de modo geral, ele aprova a nova ciência dentro da consciência.

Em uma de nossas discussões sobre o trabalho de Aurobindo, ele me surpreendeu: "Você não está prejulgando cedo demais a questão da outra forma da matéria e de como ela interagiria com a matéria normal?", indagou ele. "Por que a consciência não pode mediar sua interação, tal como faz com a matéria e a psique?"

E um véu se levantou. De fato, por que não? O dualismo não deve mesmo nos impedir de reconhecer a validade da empreitada de Aurobindo e da Mãe. Nesse caso, devemos também prestar atenção ao método de yoga integral que eles desenvolveram com o propósito de transformar a matéria.

Não é o momento nem o lugar para discutir as ideias da yoga integral. Em síntese, a proposta consiste em concentrar o impulso integrador de todas as yogas conhecidas (veja o Capítulo 9) sobre a criatividade do corpo vital, primeiro, e do físico, depois. A chave consiste em ser firme na intenção de transformar o corpo, para que ele possa mapear o corpo de temas supramental, da maneira como isso ocorrer, ou o desenvolvimento do supercérebro, ou o desenvolvimento da supermatéria.

Além disso, creio que o fenômeno do *kundalini* discutido antes pode ser uma chave. A ascensão do *kundalini* parece liberar o poder latente da consciência para fazer novas representações do vital no físico. Há evidências. Pessoas nas quais o *kundalini* se ergueu e foi adequadamente integrado passaram por extraordinárias alterações corporais (como, por exemplo, o desenvolvimento de nódulos corporais com a figura de uma serpente). Há um mestre *kundalini* vivo, chamado U. G. Krishnamurthy, que mora em Bangalore, na Índia. Seu corpo exibe sinais físicos do *kundalini* tão notáveis, que qualquer um pode observá-los.

Se temos a intenção de usar criativamente o impulso do poder do *kundalini* para criar o supercérebro ou a supermatéria, conforme desejado, e se o fizermos adequadamente, talvez possamos acelerar os processos evolucionários da natureza, que até hoje são quase todos inconscientes. O filósofo místico Teilhard de Chardin (cuja ideia da evolução da humanidade até o ponto ômega é bem semelhante à ideia da evolução da supermente, de Aurobindo) costumava falar do controle da energia do amor. (Leia, em especial, Teilhard de Chardin, 1964). Hoje, penso que ele estava falando literalmente do controle da energia do *kundalini*. E há maneira melhor de controlá-la do que abrir caminho para a evolução da humanidade até o ponto ômega?

epílogo

as nove vidas da alma

Afinal, existe a alma? E existe a física da alma? Cada um decide. Vou resumir as ideias da física que levaram progressivamente a um modelo convincente e razoavelmente completo da alma. Só por diversão, vou usar a metáfora das nove vidas do gato, mas com uma variação. Quanto mais vidas o gato vive, mais perto chega de sua eventual morte. Aqui, é o contrário. Com a expansão da física, com o aperfeiçoamento do modelo da alma, a alma se aproxima da imortalidade. E, como bônus, maior o número de dados que podem ser acomodados no modelo.

1. Na primeira vida, a alma é dualista, o que significa que ela é concebida como um mundo à parte feito de uma substância não material, e a física é usada para negá-la. A alma dualista é distinta da matéria e do corpo material, e sobrevive à morte do corpo material. A alma dualista é individual e também separada de Deus (que pode ser imaginado como alma mundial, ou sobre-alma, *paramatman*, em sânscrito), mas é eterna como Deus. Essa alma morre, em virtude de críticas baseadas na física. E surgem questões do tipo: "como é que a alma não material interage com o corpo material sem um mediador?" ou "como podemos explicar o princípio de conservação da energia, que

apenas a energia do mundo material seja conservada?" E mais: "uma alma que interagisse com o mundo material não consumiria ou daria energia para esse mundo material?" Outro espinho a atormentar esse modelo é este: "se as almas são eternas e o número de almas se conserva, então, como podemos explicar a atual explosão populacional, ou seja, de onde vêm essas novas almas?"

2. No segundo modelo da alma, esta é material e natimorta; ela não sobrevive, ou seja, ela é um epifenômeno do corpo material e morre com ele. Contudo, podemos nos consolar com o fato de que, embora o epifenômeno, a alma individual, morra, a essência básica — a matéria na forma de átomos e partículas elementares — vive e é reciclada. Aqui, a física é conservadora e não controvertida, mas de nada vale para explicar dados de sobrevivência e reencarnação.

3. Na terceira encarnação, a alma é idêntica à consciência, a primeira e única, que é a base da existência. A matéria é uma manifestação aparente sobre essa base, e é um epifenômeno dessa base. Logo, a matéria é efêmera, passando a uma aparente existência quando é registrada na experiência de um ser senciente, dissolvendo-se depois no todo. O corpo material perece, mas a alma vive eternamente. Nesta vida, a alma individual morre porque nunca existe; a alma é sempre cósmica e não tem atributos. A física da alma começa aqui e consiste na física quântica em sua interpretação idealista — a ideia de que a consciência não local e unitiva cria a experiência manifestada a partir das possibilidades quânticas da matéria.

4. Na quarta encarnação, postula-se a ideia de que a alma cósmica tem um atributo, e este atributo é reconhecido como um corpo de temas. Todos que pertencem à espécie humana têm de aprender esses temas — esse é o propósito de nossas vidas. Naturalmente, levamos muitas encarnações para descobri-los criativamente e aprender a vivenciá-los, pois alguns desses temas, como o amor, por exemplo, são muito sutis. Nossas diversas encarnações se correlacionam por meio da não localidade através do espaço e do tempo, e se conectam pelo corpo de temas como um fio une as flores de uma guirlanda.

É por isso que o corpo de temas pode ser identificado por meio daquilo a que chamamos *sutratman* (*sutra* significa fio, e *atman* significa alma, em sânscrito). Mas a física da alma ainda é inadequada; a alma individual não existe, o que sobrevive à morte do corpo físico é o corpo de temas, que é uma mônada universal para toda a espécie humana. A parte interessante do modelo é que ele explica parte dos dados importantes da reencarnação, especialmente a recordação de vidas passadas em crianças.

5. Na quinta vida da alma, propõe-se que a alma cósmica tenha atributos adicionais, uma mente para o processamento de significados e um corpo vital para as matrizes por trás das formas que se manifestam na evolução da vida. Agora, podemos ver que o corpo de temas estabelece o contexto do movimento, tanto para o corpo mental como para o vital (e para o físico). Em seu papel de orientador do contexto do significado, agora ele pode ser reconhecido como aquilo que chamamos de intelecto (supramental) – a facilidade da criatividade, do amor incondicional, da discriminação moral etc.
O trio de corpos (intelecto supramental, mental e vital) que, juntos, hoje formam a alma ou mônada, são não físicos, mas, por causa de sua natureza quântica (que também é a natureza do corpo físico), a consciência faz a mediação de sua interação com o corpo físico. Todos os quatro corpos são possibilidades quânticas da consciência. Para sua experiência manifestada, a consciência causa o colapso de possibilidades correlacionadas desses corpos, criando eventos efetivos do (aparente) fenômeno da divisão sujeito-objeto.
É claro que a física da alma vigora nessa encarnação, mas a alma, vista como mônada quântica, ainda não está madura; ela ainda não tem o poder de explicar a alma individual.

6. Na sexta encarnação da alma, a física da alma amadurece. Com a aceitação da dinâmica da mente e do corpo vital, podemos ver que ocorre a individualização da alma ou mônada. Embora os corpos de intelecto supramental, mental e vital também sejam universais (sem estrutura individual) e todos nós possamos usá-los, a universalidade fica comprometida em função do acúmulo da experiência.

Enquanto as experiências são vivenciadas, as probabilidades das possibilidades quânticas mental e vital se modificam; desenvolvem uma propensão para respostas passadas a estímulos, processo que os psicólogos chamam de condicionamento. Chamo-o de memória quântica, pois a memória dessa propensão não está contida no objeto, como na memória comum; a memória está contida na matemática quântica a que as possibilidades modificadas obedecem.

Como resultado do condicionamento ou memória quântica, todos nós desenvolvemos uma mente individual (funcional) e um corpo vital. Assim, quando o corpo físico morre, nossa história, registrada no corpo físico (especialmente no cérebro), morre com ela, mas nosso padrão de hábitos ou propensões sobrevive na forma de memória quântica das ondas de possibilidade, modificadas pela probabilidade da mônada quântica individual.

Finalmente, a mônada quântica torna-se um modelo bem-sucedido da alma que sobrevive e reencarna. Quando a física da mônada quântica se integra à física da não localidade quântica entre encarnações correlacionadas, produzindo um modelo da alma mais completo, muitos tipos de dados relativos à sobrevivência após a morte e à reencarnação podem ser explicados, entre os quais as experiências de quase morte, o fenômeno das crianças prodígios, fobias não explicadas e canalização.

Tudo isso é bom. Entretanto, agora a alma está solidamente estabelecida na roda do karma (propensões adquiridas em vidas passadas), repetição de encarnações sem um fim à vista. A física da alma ainda é inadequada para explicar a evolução da alma rumo à libertação.

7. Na sétima vida da alma, a física da alma identifica uma lei do karma com base em dados empíricos: que só levamos algumas das propensões do passado para atuarem em uma determinada vida. São as propensões (*prarabdha*) que nos permitiriam satisfazer a agenda de aprendizado específica de certa encarnação, o que contribuiria para a evolução da alma rumo à libertação. À física da alma, acrescentamos, então, a arte de recordar nosso *prarabdha*, uma arte que, no hinduísmo, se chama *dharma*. Agora, praticamos

ativamente para lembrar as propensões que levamos para essa dada encarnação, a fim de cumprir a agenda de aprendizado, o *dharma*, desta vida em particular. Quando aprendemos as coisas conforme nossa intencionalidade, nossa vida se torna particularmente alegre. Doravante, ela – a vida – se impregna de significado, à medida que cumprimos nossa agenda de aprendizado.

Adeptos da física materialista reclamam que, "quanto mais compreendo o universo, mais ele parece sem propósito". Vejam só! Em comparação, a física da alma recupera o significado perdido.

8. Na oitava vida da alma, esta cumpre suas responsabilidades monádicas de descobertas criativas, de acordo com sua física, e se liberta da roda do karma. A alma não evolui mais e, nesse ponto, atingiu o primeiro tipo de imortalidade como anjo ou espírito-guia, a fim de ajudar outras almas que se esforçam para conquistar a libertação.

9. Na nona encarnação da alma, uma encarnação especulativa que vai além da física atual, o objetivo da alma é sua tentativa criativa de assumir um corpo físico imortal (ressurreição). Novos desenvolvimentos da física da alma nos dirão se isso envolverá um novo tipo de matéria que possa fazer representações do intelecto supramental ou um novo desenvolvimento do cérebro que possa fazer a mesma coisa.

Assim termina a saga da alma, tal como explorada neste livro.

glossário

Algoritmo: procedimento determinado por regras para se ir do passo A ao passo B.

Alma: a entidade que sobrevive à morte do corpo físico; a mônada quântica.

Arquétipo: ideia platônica que é a precursora de uma manifestação material, vital ou mental; também o símbolo junguiano dos instintos e dos processos psíquicos primordiais do inconsciente coletivo.

Aspect, Alain: físico experimental da Universidade de Paris-Sud, aclamado por um experimento de 1982, que recebeu seu nome e que estabeleceu a não localidade quântica. Esse experimento é um exemplo primoroso de metafísica experimental.

Atman: palavra sânscrita que significa "*self* cósmico superior além do ego", o *self* quântico criativo de experiência primária.

Aurobindo, Sri: visionário sábio-filósofo que nos deu a ideia da supermente. *Vide* "supermente".

Autorreferência: elo lógico de referir-se a si próprio; *vide* também "circularidade".

Bardo: palavra tibetana que significa "passagem" ou "transição".

Behaviorismo: paradigma primário da psicologia neste século, afirma que a explicação para o comportamento humano pode ser encontrada na história dos padrões de estímulo-resposta-reforço de uma pessoa.

Bhakti yoga: a yoga do amor ou devoção.

Bodhisattva: pessoa realizada (no budismo) que, em vez de optar por se fundir com a clara luz da consciência, fica no portal, ajudando as pessoas até que todos cheguem.

Bohr, Niels: físico dinamarquês, descobridor do átomo de Bohr e do princípio de complementaridade. Em sua existência, foi o mais influente porta-voz da mensagem da mecânica quântica.

Brahman: palavra sânscrita que significa consciência como base de toda a existência; Divindade ou Tao.

Campos morfogenéticos: campos de informação que, segundo Rupert Sheldrake, contêm o plano morfogenético de seres biológicos.

Caráter: tendências, padrões e repertório aprendido de contextos que definem um indivíduo.

Causalidade: princípio segundo o qual uma causa precede todo efeito.

Céu: reino arquetípico; também, reino arquetípico de características divinas.

Chakras: pontos do corpo físico onde o corpo vital está colapsado com o conglomerado celular físico correlato ou com o órgão que representa uma função do corpo vital. Também são centros de sentimento.

Ciência dentro da consciência: ciência baseada na ideia de que a consciência é a base de toda a existência. *Vide* também "ciência idealista".

Ciência idealista: ciência baseada na primazia da consciência; *vide* também "ciência dentro da consciência".

Circularidade: *vide* "autorreferência".

Complementaridade: característica de objetos quânticos possuindo aspectos opostos, como natureza de onda e natureza de partícula, dos quais podemos ver apenas uma em dado arranjo experimental. Os aspectos complementares de um objeto quântico referem-se a ondas transcendentes e partículas imanentes.

Comportamento orientado por lei: comportamento governado apenas por leis causais, como as leis da física.

Comportamento orientado por programa: comportamento governado não só por causas, mas também por propósitos, como os programas de computador.

Consciência: a base da existência (original, autocontida e constitutiva de todas as coisas), que se manifesta como o sujeito que escolhe e experimenta o que escolhe, ao pôr em colapso (de forma autorreferencial) a função de onda quântica no cérebro, em uma célula viva ou em outros conglomerados celulares.

Contexto: campo interpretativo que a consciência usa para orientar o fluxo de significado para o mundo; base causal por trás do conteúdo.

Corpo causal: consciência como base da existência; corpo sublime.

Corpo denso: o corpo físico que se manifesta externamente em nossa percepção-consciente.

Corpo mental: corpo de coisas que pertence a um mundo à parte. A mente dá significado às coisas do cérebro.

Corpo sambhogakaya: mônada quântica desencarnada, carmicamente realizada, que transcendeu o renascimento no mundo manifestado.

Corpo sublime: consciência como base da existência; fonte de toda beatitude.

Corpo sutil: conglomerado formado pelos corpos mental, vital e de temas, normalmente experimentado apenas internamente, como algo privado.

Corpo de temas: corpo supramental de temas (conteúdos) ou contextos para movimento dos corpos mental, vital e físico. *Vide* também "supramental", "intelecto".

Corpo vital: corpo de processos de vida, feito de substância vital (prana, *chi* ou *ki*), em oposição aos processos físico e mental; é um corpo separado e independente do corpo físico e do mental. É o portador dos campos morfogenéticos.

Correlação não local: relação de fase – que persiste, mesmo a distância – entre dois objetos quânticos que interagiram durante um período e depois pararam de interagir. No modelo do livro, a correlação Einstein-Podolsky-Rosen corresponde a uma influência não local potencial entre os objetos.

Córtex cerebral: segmento mais extenso e de desenvolvimento mais recente do cérebro dos mamíferos; também chamado de neocórtex.

Criatividade: descoberta de alguma coisa nova e de valor em um novo contexto ou com novo significado.

Darwin, Charles: descobridor da teoria da evolução que leva o seu nome.

Desintegração: processo segundo o qual um núcleo atômico emite radiações nocivas e muda de estado.

Determinismo: filosofia que afirma que o mundo é causal e completamente determinado pelas leis de movimento de Newton e pelas condições iniciais – as posições e velocidades iniciais dos objetos no universo do espaço-tempo.

Determinismo causal: *vide* "Determinismo".

Deus: princípio criativo por trás da totalidade de toda manifestação.

Deva: palavra sânscrita que significa "anjo".

dharma: caminho ético e criativo de descobrimentos de cada indivíduo; destino de vida criativo e individual, por assim dizer.

Dharma: consciência, toda ela, a base da existência. Escrita com "d" minúsculo, representa dever, destino criativo. No hinduísmo, deus da justiça.

Dharmakaya: no budismo, o corpo da consciência, a base da existência.

Domínio transcendental: pertencente a um reino de realidade que se localiza paradoxalmente tanto dentro quanto fora do espaço-tempo físico.

Dualismo: a ideia de que mente e cérebro pertencem a dois reinos distintos.

Efeito Hayflick: efeito descoberto por Leonard Hayflick, que diz que as células humanas só podem se reproduzir umas cinquenta vezes.

Ego: identificação com o conteúdo do roteiro de um indivíduo, em adição ao caráter.

Einstein, Albert: talvez o mais famoso físico que já existiu, descobriu as teorias da relatividade. Deu importante contribuição para a teoria quântica, inclusive as ideias básicas da dualidade onda-partícula e da probabilidade.

Energia vital: modos de movimento do corpo vital; também chamado prana, *chi* ou *ki*.

Epifenômeno: fenômeno secundário, sem eficácia causal, algo que existe em função da existência anterior de outra coisa.

EQM: abreviatura de experiência de quase morte; *vide* "experiência de quase morte".

Equilíbrio pontuado: uma teoria da evolução que diz que há sinais de pontuação – pontos e vírgulas, períodos de rápida evolução – dentro do texto da evolução darwiniana que, de resto, é contínuo.

Espaço-tempo imanente: *vide* "realidade imanente".

Estado de consciência: condição dos diversos graus de percepção-consciente dentro da consciência; temos, como exemplos, o estado de vigília, o sono profundo, o sono onírico, a hipnose, estados meditativos, e assim por diante.

Experiência de quase morte: as experiências relatadas por pessoas que foram revividas de enfartos ou de qualquer outra situação próxima da morte.

Experiência fora do corpo: experiência de pessoas que saem do corpo e, em cujo estado, relatam ter visto coisas além de sua visão local, como uma cirurgia sendo realizada em seu próprio corpo.

Experiência mística: uma experiência da consciência em sua primazia além do ego.

Experiência transcendental: experiência direta da consciência além do ego.

Experimento da fenda dupla: experimento clássico para determinar características de ondas; um feixe de luz ou elétrons, por exemplo, é dividido ao passar por duas fendas em uma tela, formando um padrão de interferência sobre uma placa fotográfica ou tela fluorescente.

Física clássica: *vide* "mecânica clássica".

Fóton: um *quantum* de luz.

Freud, Sigmund: fundador da psicanálise; segundo alguns, da psicologia moderna.

Função de onda: função matemática que representa a amplitude de onda das ondas de possibilidade quânticas; obtida como solução da equação de Schrödinger.

Genes: componentes da molécula de DNA que, segundo se acredita, são os elementos que transferem traços hereditários na reprodução; também se acredita que os genes são escolhidos ou rejeitados na evolução biológica; segundo alguns biologistas, os genes são os elementos fundamentais da existência biológica.

Gunas: qualidades da consciência para a antiga psicologia indiana, que correspondem aos impulsos psicológicos na terminologia mais moderna. São três: *sattwa* (iluminação), *rajas* (libido) e *tamas* (ignorância condicionada).

Heisenberg, Werner: físico alemão, co-descobridor da mecânica quântica. Sua descoberta da mecânica quântica é geralmente considerada como um dos eventos mais criativos na história da física.

Hierarquia entrelaçada ou emaranhada: elo entre níveis de categorias; uma hierarquia que não pode ser situada causalmente sem que se encontre uma descontinuidade. Um exemplo é o paradoxo do mentiroso: "Sou um mentiroso".

Idealismo: filosofia que afirma que os elementos fundamentais da realidade devem incluir tanto a mente quanto a matéria. Neste livro, usamos idealismo como sinônimo de idealismo monista. *Vide* "idealismo monista".

Idealismo monista: filosofia que define a consciência como a realidade primária, como a base de toda a existência. Os objetos de uma realidade empírica consensual são todos epifenômenos da consciência, que surgem das modificações da consciência. Não existe natureza do *self* à parte da consciência no sujeito ou no objeto de uma experiência consciente.

Inconsciente: neste livro, a realidade da qual se tem consciência, mas não a percepção-consciente da divisão sujeito-objeto; *vide* também "inconsciente coletivo".

Inconsciente coletivo: inconsciente unitivo — aspecto de nossa consciência que transcende tempo, espaço e cultura, mas do qual não estamos cientes. Conceito introduzido inicialmente por Jung.

Inferno: reino arquetípico da consciência, correspondente às emoções violentas.

Intelecto: corpo supramental da consciência que provê os contextos para o movimento mental, vital e físico. Hoje, o intelecto costuma se referir mais às ideias mentais dos contextos do corpo de intelecto; *vide* também "corpo de temas", "supramental".

Interferência: a interação de duas ondas incidentes na mesma região do espaço e que produz uma perturbação resultante igual à soma algébrica das perturbações individuais das respectivas ondas.

Jiva: palavra sânscrita que se refere à mônada quântica.

Jivanmukta: indivíduo que atingiu a libertação a partir do ciclo nascimento-morte-renascimento.

Jnana yoga: yoga baseada no uso do intelecto para transcender o intelecto.

Jung, Carl G.: psicólogo que fundou uma importante corrente da psicologia moderna, que leva o seu nome: ele é famoso pelo conceito do inconsciente coletivo e por seu *insight* visionário de que um dia a física e a psicologia deverão se unir.

Karma: propensões, aprendizados e condicionamentos (bons e maus) de vidas passadas, levados de uma encarnação para outra.

Karma yoga: a yoga da ação, uma yoga na qual a pessoa atua, mas abre mão do interesse pessoal pelo fruto da ação.

Ki: palavra japonesa que indica modos de movimento do corpo vital.

Koan: declaração ou pergunta paradoxal usada na tradição zen-budista para que a mente dê um salto descontínuo (quântico) de compreensão.

Kundalini: energia vital espiralada, cuja ascensão ao longo de um *nadi* que sobe paralelamente à espinha abre os chakras. *Vide* também "chakras".

Lei de conservação da energia: ideia que todo experimento científico tem comprovado até agora, ou seja, que a energia do universo material permanece constante.

Libertação: liberação do ciclo nascimento-morte-renascimento.

Livre-arbítrio: liberdade de escolha sem ser determinada por alguma coisa necessária.

Localidade: a ideia de que todas as interações ou comunicações entre objetos se dá mediante campos ou sinais que se propagam pelo espaço-tempo, obedecendo ao limite da velocidade da luz.

Macrocorpos: objetos de grande porte, como uma bola de tênis ou uma mesa.

Manas: palavra sânscrita que significa "mente".

Maslow, Abraham: fundador da psicologia transpessoal, baseada em uma estrutura monista.

Materialista: neste livro, usamos a palavra materialista para designar o realista material, uma pessoa que afirma que a matéria é a base de toda a existência.

Maya: a aparente separação entre "eu" e o mundo; também pode ser traduzida como ilusão. Segundo a teoria atual, *maya* provém da hierarquia entrelaçada da mensuração quântica.

Mecânica clássica: sistema da física baseado nas leis de movimento de Isaac Newton. Hoje, permanece aproximadamente válida para a maioria dos macroobjetos como um caso especial da mecânica quântica.

Mecânica quântica: teoria física baseada na ideia do *quantum* (uma quantidade discreta) e de saltos quânticos (uma transição descontínua), inicialmente relacionada com objetos atômicos.

Médium: pessoa capaz de se comunicar com os mortos.

Memória quântica: memória baseada na modificação do cálculo de probabilidade de equações quânticas não lineares que governam a dinâmica quântica do cérebro, da mente e do corpo vital. Em função dessa memória, é maior a probabilidade de recordação de respostas aprendidas.

Mente: *vide* "corpo mental".

Meridiano: conceito chinês que representa o caminho por onde flui o *chi*, a energia vital.

Moksha: palavra sânscrita que significa libertação do ciclo nascimento-morte-reencarnação.

Mônada: entidade que sobrevive à morte física.

Mônada quântica: uma mônada que transporta propensões vividas e contextos aprendidos entre uma encarnação e outra, por meio da memória quântica de seu corpo mental e vital.

Monismo: filosofia segundo a qual mente e cérebro pertencem à mesma realidade.

Morfogênese: criação de formas biológicas.

Morte: a retirada da superveniência da consciência — na forma de colapso das ondas de possibilidade — e da identidade consciente com os vivos.

Mudança de paradigma: mudança fundamental na cosmovisão da superteoria que rege os trabalhos científicos em determinada época.

Nadi: palavra sânscrita que significa canal para o fluxo de prana, energia vital.

Não localidade: influência ou comunicação instantânea sem qualquer troca de sinais através do espaço-tempo; uma unidade indivisa, uma inseparabilidade que transcende o espaço-tempo; *vide* também "transcendência".

Neocórtex: *vide* "córtex cerebral".

Neumann, John von: matemático que foi o primeiro a afirmar que a consciência ocasiona o colapso da função de onda quântica; ele também realizou trabalhos fundamentais para a teoria dos jogos e para a moderna teoria dos computadores.

Newton, Isaac: fundador da mecânica clássica.

Nirmanakaya: corpo manifestado da consciência, uma expressão budista.

Nirvana: palavra sânscrita que significa literalmente a extinção da chama (do desejo). É o equivalente conceitual, no budismo, da ideia hindu de *moksha*.

Núcleo: centro pesado do átomo, ao redor do qual giram os elétrons.

Onda de possibilidade: estado quântico multifacetado com relações de fase entre suas diferentes facetas (ou possibilidades). Por exemplo, um elétron que passa por uma fenda dupla torna-se uma onda de dois estados possíveis, um estado correspondente à sua passagem pela fenda um, e outro estado correspondendo à sua passagem pela fenda dois.

Ondas de matéria: objetos materiais como elétrons e átomos (e até macrocorpos) têm propriedades semelhantes à onda, segundo a mecânica quântica. Ondas de objetos materiais são chamadas ondas de matéria.

Ontologia: estudo da essência do ser ou realidade fundamental; metafísica.

Padrão de interferência: o padrão de reforço de uma perturbação de onda em alguns lugares e cancelamento em outros, produzido pela superposição de duas ou mais ondas.

Paralelismo psicofísico: a ideia de que mente e corpo pertencem a duas realidades separadas e que não interagem, nas quais as coisas acontecem em paralelo. Em outras palavras, para cada estado do cérebro, há um estado mental correspondente.

Percepção-consciente: consciência da divisão sujeito-objeto.

Percepção inconsciente: percepção sobre a qual não há percepção-consciente.

Platão: um dos movimentos idealistas originais do Ocidente.

Potentia: domínio transcendente das ondas de possibilidade da física quântica.

Prana: palavra sânscrita que significa "energia vital" (e também significa respiração e vida).

Princípio da correspondência: a ideia, descoberta por Bohr, de que, sob certas condições limitadoras (satisfeitas pela maioria dos macrocorpos sob circunstâncias comuns), a matemática quântica prevê o mesmo movimento que a matemática newtoniana clássica.

Princípio da incerteza: princípio que afirma que quantidades complementares como a quantidade de movimento e a posição de um objeto quântico não podem ser mensurados simultaneamente com precisão absoluta.

Processamento inconsciente: processamento feito pela consciência sem a presença da percepção-consciente (ou seja, sem o colapso de ondas de possibilidade).

Psicocinese: capacidade psíquica de mover coisas.

Psicologia transpessoal: escola de psicologia baseada na ideia de que nossa consciência se estende além do ego individual condicionado para incluir um aspecto unitivo e transcendente.

Quantum: feixe discreto de energia; a mais baixa denominação da energia ou de outras quantidades físicas que podem ser intercambiadas.

Radioatividade: propriedade de certos elementos químicos; a emissão espontânea de radiações nocivas enquanto seus núcleos atômicos se desintegram. A desintegração radiativa é governada por regras de probabilidade quântica.

Rajas: palavra sânscrita para a tendência à atividade, análoga à libido – um impulso psicológico cunhado por Freud.

Realidade: tudo o que existe, inclusive o que é local e não local, imanente e transcendente; em contraste, o universo do espaço-tempo se refere ao aspecto local e imanente da realidade.

Realidade imanente: designação que se dá, no idealismo monista, ao mundo comum e imanente do espaço-tempo-matéria-movimento de nossa experiência, para distingui-lo de um mundo transcendente de ideias e arquétipos; entretanto, perceba que tanto o mundo transcendente como o imanente existem na consciência, o primeiro como formas de possibilidade (ideias), o segundo como resultado de observação consciente.

Realismo: filosofia que propõe a existência de uma realidade empírica independente de observadores ou sujeitos. *Vide* também "realismo material".

Realismo material: filosofia que sustenta que existe apenas uma realidade material, que todas as coisas são feitas de matéria (e seus correlatos, energia e campos), e que a consciência é um epifenômeno da matéria.

Reducionismo: filosofia segundo a qual todos os fenômenos podem ser reduzidos à matéria em algum micronível.

Reencarnação: ideia de que se sobrevive à morte e se renasce; de que há uma continuidade de alguma essência em nós que transmigra de um nascimento para o outro.

Relacionamento de fase: relação entre as fases (condições) do movimento dos objetos, especialmente ondas.

Relatividade: a teoria da relatividade especial, descoberta por Einstein em 1905, que mudou nosso conceito de tempo; passamos do tempo newtoniano absoluto para o tempo que existe e muda em relação ao movimento.

Ressurreição: erguer-se dos mortos; termo cristão.

Rupa: palavra sânscrita que significa "forma".

Salto quântico: transição descontínua de um elétron, de uma órbita atômica para outra, sem passar pelo espaço interveniente entre órbitas.

Samadhi: experiência do *self* quântico que transcende a identidade egoica. Nesta experiência, observador e observado tendem a se fundir.

Sambhogakaya: corpo arquetípico da consciência, um termo budista.

Satori: termo zen para *samadhi* – a experiência do *self* quântico.

Sattwa: palavra sânscrita que indica criatividade, um dos impulsos psicológicos conforme a psicologia hindu.

Schrödinger, Erwin: físico austríaco, co-descobridor, com Heisenberg, da mecânica quântica. Opôs-se à interpretação probabilística durante algum tempo. Mais tarde, adotou alguns elementos da filosofia do idealismo monista.

Self: sujeito da consciência. *Vide* também "*self* individual" e "*self* quântico".

Self **individual:** o conteúdo do ego e o caráter que, juntos, definem o *self* individual.

Self **quântico:** modalidade primária do sujeito do *self* situado além do ego, onde reside a verdadeira liberdade, criatividade e não localidade da experiência humana.

Semântica: o estudo do significado.

Sheldrake, Rupert: biólogo que produziu uma das primeiras teorias idealistas da ciência, a teoria da morfogênese biológica.

Sincronicidade: coincidências não causais, mas significativas; termo empregado por Jung.

Solipsismo: filosofia segundo a qual só podemos provar a nossa própria existência.

Stevenson, Ian: o mais célebre pesquisador de casos de reencarnação em crianças.

Supermente: atividades quando a pessoa tem "controle" sobre o corpo causal da existência, inclusive as leis da física.

Supramental: corpo de consciência além da mente, que governa o movimento dos corpos mental, vital e físico. *Vide* também "corpo de temas", "intelecto".

Tamas: termo sânscrito que significa a tendência para a ação condicionada na psicologia hindu.

Teoria da mensuração quântica: a teoria que fala de como uma onda de possibilidade quântica multifacetada se reduz a uma única faceta mediante a mensuração. Conforme este autor, a mensuração só se realiza com a observação consciente de um observador dotado de percepção-consciente.

Teoria do caos: teoria de certos sistemas clássicos deterministas (chamados sistemas caóticos), cujo movimento é tão sensível às condições iniciais que não se submete à previsibilidade a longo prazo. Para os materialistas, esse caráter determinado, mas não previsível, dos sistemas caóticos torna-os uma ótima metáfora para fenômenos subjetivos.

Teosofia: doutrina de um movimento moderno iniciado em 1875, nos EUA, por Helena Blavatsky, com base em ideias místicas orientais sobre evolução e reencarnação.

Vedanta: mensagem final ou suprema dos Vedas hindus, que apareceu nos *Upanishads* e propõe a filosofia do idealismo monista.

Velocidade da luz: velocidade na qual a luz viaja, 300.000 km/s; é também a maior velocidade no espaço-tempo permitida pela natureza.

Vida: capacidade de cognição sujeito-objeto que advém da mensuração quântica autorreferencial na célula viva e em seus conglomerados.

Wilber, Ken: filósofo transpessoal, cuja volumosa obra foi fundamental para se trazer à psique ocidental a sabedoria oriental.

Yoga da morte: práticas destinadas a morrer de forma consciente.

bibliografia

ABHEDANANDA, Swami. *Life beyond death.* Hollywood, Calif.: Vedanta Press, 1944.

ALMEDER, Robert F. *Death and personal survival:* the evidence for life after death. Lanham, Md.: Rowman & Littlefield, 1992.

ANDREWS, C. S. Promoting health and well-being through a sense of connectedness. *Frontiers Perspective,* 1: 18-20, 1990.

_____. Promoting global health and well-being by individually developing a sense of connectedness. *Journal of Exceptional Human Experience.* 1994.

ASPECT, Alain, DALIBARD, Jean & ROGER, Gérard. Experimental test of bell's inequalities using time-varying analyzers. *Physical Review Letters,* 49: 1804-06, 1982.

AUROBINDO, Sri. *The synthesis of yoga.* Pondicherry, India: Sri Aurobindo Ashram, 1955.

_____. *The life divine.* Pondicherry, India: Sri Aurobindo Ashram, n.d.

_____. *Savitri.* Pondicherry, India: Sri Aurobindo Ashram, 1970.

_____. *The riddle of the world.* Pondicherry, India: Sri Aurobindo Ashram, 1989.

AYALA, F. J. The autonomy of biology as a natural science. In: BRECK, A. & YOURGRAU, W. (Ed.). *Biology, history, and natural philosophy.* New York: Plenum Press, 1972.

BACHE, Christopher M. *Lifecycles:* reincarnation and the web of life. New York: Paragon House, 1991.

_____. *Dark night, early dawn:* steps to a deep ecology of mind. Albany: State University Of New York Press, 2000.

BANERJI, Ranan B. *Beyond words.* Preprint. Philadelphia: St. Joseph's University, 1994.

BARKER, A. Trevor. *The Mahatma letters to A. P. Sinnett.* Pasadena, California: Theosophical University Press, 1975.

BASS, L. The mind of wigner's friend. *Harmathena* 112. Dublin: Dublin University Press, 1971.

_____. A quantum mechanical mind-body interaction. *Foundations of Physics,* 5: 155-72, 1975.

BECKER, Carl B. *Paranormal experience and survival of death.* Albany: State University of New York Press, 1993.

BLAVATSKY, Helena P. *The secret doctrine:* the synthesis of science, religion, and philosophy. Los Angeles: Theosophy Co., 1968. [*A doutrina secreta.* São Paulo: Pensamento, 1981.]

BLOOD, Casey. *On the relation of the mathematics of quantum mechanics to the perceived physical universe and free will.* Preprint. Camden, New Jersey: Rutgers University, 1993.

BLY, Robert. *The Kabir book:* forty-four of the ecstatic poems of Kabir. Boston: Beacon Press, 1977.

BOHM, David. *Quantum theory.* New York: Prentice-Hall, 1951.

BROWN, Courtney. *Cosmic explorers:* scientific remote viewing, extraterrestrials, and a message for mankind. New York: Dutton, 1999.

CAIRNS, J., OVERBAUGH, J. & MILLER, J. H. The origin of mutants. *Nature,* 335: 141-45, 1988.

CHOPRA, Deepak. *Quantum healing:* exploring the frontiers of mind/body medicine. New York: Bantam Books, 1989. [*A cura quântica:* o poder da mente e da consciência na busca da saúde integral. Rio de Janeiro: Best Seller, s.d.]

_____. *Ageless body, timeless mind:* the quantum alternative to growing old. New York: Harmony Books, 1993. [Corpo sem idade, mente sem fronteiras: a alternativa quântica para o envelhecimento. Rio de Janeiro : Rocco, 2012.]

CRANSTON, Sylvia L. & WILLIAMS, Carey. *Reincarnation.* 2 vols. Pasadena, California: Theosophical University Press, 1984.

DAVIES, Paul. *The cosmic blueprint:* new discoveries in nature's creative ability to order the universe. New York: Simon & Schuster, 1989.

DAWKINS, Richard. *The selfish gene.* New York: Oxford University Press, 1976. [*O gene egoísta.* São Paulo: Companhia das Letras, 2007.]

DESCARTES, René. *Tractatus de homine.* Cambridge: Harvard University Press, 1972.

DOSSEY, Larry. *Recovering the soul:* a scientific and spiritual search. New York: Bantam Books, 1989. [*Reencontro com a alma:* uma investigação científica e espiritual. São Paulo: Cultrix, 1992.]

DREXLER, K. Eric. *Engines of creation:* the coming era of nanotechnology. Garden City, New York: Anchor Press; Doubleday, 1986.

ECCLES, John C. *How the self controls its brain.* New York: Springer-Verlag, 1994.

EDELMAN, Gerald M. *Bright air, brilliant fire:* on the matter of the mind. New

York: Basicbooks, 1992.

ELDREDGE, N. & GOULD, S. J. Punctuated equilibria: an alternative to phyletic gradualism. In: SCHOPF, T. J. M. (Ed.). *Models in paleobiology*. San Francisco: Freeman; Cooper, 1972.

ETTINGER, Robert C. W. *The prospect of immortality*. Garden City, New York: Doubleday, 1964.

EVANS-WENTZ, W. Y. (Ed.). *Tibetan book of the dead*. Oxford: Oxford University Press, 1960. [*O livro tibetano dos mortos*. São Paulo: Pensamento, 1994.]

FENRICK, Peter. Private communication, 1999.

FEYNMAN, Richard P. Simulating Physics With Computers. *International Journal of Theoretical Physics*, 21: 467-88, 1981.

FISCHER, John Martin (Ed.). *The metaphysics of death*. Stanford, California: Stanford University Press, 1993.

FRAWLEY, David. *Ayurvedic healing:* a comprehensive guide. Salt Lake City, Utah: Passage Press, 1989.

GALLUP, George. *Adventures in immortality*. New York: Mcgraw-Hill, 1982.

GAULD, Alan. *Mediumship and survival:* a century of investigations. London: Heinemann, 1982. [*Mediunidade e sobrevivência*: um século de investigações. São Paulo: Pensamento, 1995.]

GOLDBERG, Bruce. *Past lives, future lives:* accounts of regression and progression through hypnosis. North Hollywood. California: Newcastle Publishing, 1982. [*Vidas passadas vidas futuras*. Lisboa: Caravela, 1996.]

_____. *Soul healing*. St. Paul, Minnesota: Llewellyn Publications, 1996. [*A cura da alma*. Lisboa: Estampa, 1999.]

GOSWAMI, Amit. *The cosmic dancers:* exploring the physics of science fiction. New York: Harper & Row, 1983.

_____. The idealistic interpretation of quantum mechanics. *Physics Essays*, 2: 385-400, 1989.

_____. Consciousness in quantum mechanics and the mind-body problem. *Journal of Mind and Behavior*, 11: 75-92, 1990.

_____. *The self-aware universe*: how consciousness creates the material world. New York: Tarcher; Putnam, 1993. [*O universo autoconsciente:* como a consciência cria o mundo material. São Paulo: Aleph, 2007.]

_____. Science within consciousness. Research Report. Sausalito, California: Institute of Noetic Sciences, 1994.

_____. Monistic idealism may provide better ontology for cognitive science: a reply to dyer. *Journal of Mind and Behavior*, 16: 135-50, 1995.

_____. Creativity and the quantum: a unified theory of creativity. *Creativity Research Journal*, 9: 47-61, 1996.

_____. Consciousness and biological order: toward a quantum theory of life and its evolution. *Integrative Physiological and Behavioral Science*, 32: 86-100, 1997.

_____. *Quantum creativity.* Cresskill, New Jersey.: Hampton Press, 1999. [*Criatividade quântica*. 3. ed. São Paulo: Aleph, 2021.]

_____. *The visionary window:* a quantum physicist's guide to enlightenment. Wheaton, III: Quest Books, 2000. [*A janela visionária:* um guia para iluminação por um físico quântico. São Paulo: Cultrix, 2003.]

_____. *The physicists' view of nature, vol. II:* the quantum revolution. New York: Kluwer Academic; Plenum, 2002.

GOSWAMI, Uma. *Yoga and mental health.* Unpublished manuscript, 2000.

GREENWELL, B. *Energies of transformation.* Saratoga, California: Shakti River Press, 1995.

GRINBERG-ZYLBERBAUM, Jacobo, DELAFLOR, M, ATTIE, L. & GOSWAMI, A. Einstein-Podolsky-Rosen paradox in the human brain: the transferred potential. *Physics Essays,* 7: 422-28, 1994.

GROF, Stanislav. *The holotropic mind:* the three levels of human consciousness and how they shape our lives. San Francisco: HarperSanFrancisco, 1992. [*A mente holotrópica:* novos conhecimentos sobre psicologia e pesquisa da consciência. 2.ed. Rio de Janeiro: Rocco, 1994.]

_____. *Books of the dead:* manuals for living and dying. London: Thames and Hudson, 1994.

_____. *The cosmic game:* explorations of the frontiers of human consciousness. Albany: State University of New York Press, 1998. [*O jogo cósmico:* explorações das fronteiras da consciência humana. São Paulo: Atheneu, 1999.]

GROSSO, Michael. *Frontiers of the soul:* exploring psychic evolution. Wheaton, III: Theosophical Publishing House, 1992.

_____. The status of survival research. *Noetic Sciences Review,* 32: 12-20, 1994.

_____. *The millennium myth:* love and death at the end of time. Wheaton, III: Theosophical Publishing House, 1995. [*O mito do milênio*: espiritualidade, amor e morte no fim dos tempos. Rio de Janeiro : Rosa dos Tempos, 1999.]

GUIRDHAM, A. *The psyche in medicine.* Jersey, UK: Neville Spearman, 1978.

HARRISON, Peter & PETERSON, Mary. *Life before birth.*1983.

HAYFLICK, L. The relative in vitro lifetime of human diploid cell strains. *Exp. Cell Res.* 37: 614-36, 1965.

HEARN, Lafcadio. *Gleanings in Buddha fields.* Boston: Houghton, Mifflin, 1897.

HELLMUTH, T., ZAJONC, A. G. & WALTHER, H. In: GREENBERGER, Daniel M. (Ed.). *New techniques and ideas in quantum measurement theory.* New York: New York Academy of Sciences, 1986.

HERBERT, Nick. *Elemental mind:* human consciousness and the new physics. New York: Dutton, 1993.

HESSE, Hermann. *Siddhartha.* London: Pan Books, 1973. [*Sidarta*. 37.ed. Rio de Janeiro: Record, 2001.]

HOBSON, J. A. Dream and the brain. In: KRIPPNER, Stanley (Ed.). *Dreamtime and dreamwork.* New York: St. Martin's Press, 1990. [*Decifrando a lingua-*

gem dos sonhos: o tempo do sonho e o trabalho com os sonhos. São Paulo: Cultrix, 1998.]

HOFSTADTER, Douglas R. *Gödel, Escher, Bach:* an eternal golden braid. New York: Basicbooks, 1979. [*Gödel, Escher, Bach*: um entrelaçamento de gênios brilhantes. Brasília: Ed. UnB, 2001.]

IMARA, M. Dying as the last stage of growth. In: KÜBLER-ROSS, E. (Ed.). *Death:* the final stage of growth. Englewood Cliffs, New Jersey: Prentice-Hall, 1975.

JAHN, R. The persistent paradox of psychic phenomena: an engineering perspective. *Proceedings of the IEEE*, 70: 135-70, 1982.

JOY, W. Brugh. *Joy's way:* a map for the transformational journey. Los Angeles: J. P. Tarcher, 1978.

JUDGE, William Quan. *The ocean of theosophy.* Pasadena, California: Theosophical University Press, 1973.

JUNG, Carl G. & PAULI, W. *The interpretation of nature and the psyche.* New York: Pantheon, 1955.

_____. *The portable Jung.* Edited by Joseph Campbell. Translated by R. F. C. Hull. New York: Viking, 1971.

KAK, S. Quantum neural computing. *Advances in Imaging and Electron Physics*, 94: 259-313, 1995.

KASON, Y. *A farthest shore.* Toronto, Canada: Harper Collins, 1994.

KORNFIELD, J. *Buddhist meditation and consciousness research.* Sausalito, California: Institute of Noetic Sciences, 1990.

KRIPPNER, Stanley (Ed.). *Dreamtime and dreamwork:* decoding the language of the night. New York: St. Martin's Press, 1990. [*Decifrando a linguagem dos sonhos*: o tempo do sonho e o trabalho com os sonhos. São Paulo: Cultrix, 1998.]

KRISHNAMURTI, Jiddu. *On living and dying.* San Francisco: HarperSanFrancisco, 1992. [*Sobre a vida e a morte.* 9.ed. São Paulo: Cultrix, 1995.]

KÜBLER-ROSS, Elisabeth (Ed.). *Death:* the final stage of growth. Englewood Cliffs, New Jersey: Prentice-Hall, 1975.

LEVINE, Stephen. *Who dies? An investigation of conscious living and conscious dying.* Garden City, New York: Anchor Press; Doubleday, 1982.

LIBET, Benjamin E., WRIGHT, E., FEINSTEIN, B. & PEARL, D. Subjective referral of the timing of a cognitive sensory experience. *Brain*, 102: 193, 1979.

LIBET, Benjamin. Unconscious cerebral initiative and the role of conscious will in voluntary action. *The Behavioral and Brain Sciences*, 8: 529-66, 1985.

LILLY, John C. *The scientist.* Los Angeles: J. P. Tarcher, 1978. [*O cientista.* Porto: Via Optima, 1998.]

LUCAS, Winafred Blake. *Regression therapy:* a handbook for professionals. Crest Park, California: Deep Forest Press, 1993.

MacGREGOR, Geddes. *Reincarnation in Christianity:* a new vision of the role of rebirth in Christian thought. Wheaton, III: Theosophical Publishing House, 1978.

MAILER, Norman. *Marilyn, a biography*. New York: Gosset & Dunlap, 1973. [*Marilyn*. Rio de Janeiro: Record, 2013.]

MAY, Rollo. *The courage to create*. New York: Norton, 1975. [*A coragem de criar*. 15.ed. Rio de Janeiro: Nova Fronteira, 2000.]

MCKENNA. Terence K. *The archaic revival*. San Francisco: HarperSanFrancisco, 1991. [*O retorno à cultura arcaica*. Rio de Janeiro: Record, 1991.]

MEEK, George W. *After we die, what then?* Columbus, Ohio: Ariel Press, 1987.

MERRELL-WOLFF, Franklin. *Franklin Merrell-Wolff's experience and philosophy*. Albany: State University Of New York Press, 1994.

MISHLOVE, Jeffrey. *The roots of consciousness*. Tulsa, Okla.: Council Oaks Books, 1993.

MITCHELL, Mark & GOSWAMI, Amit. Quantum mechanics for observer systems. *Physics Essays*, 5: 525-29, 1992.

MOODY Jr., Raymond A. *Life after life:* the investigation of a phenomenon-survival of bodily death. New York: Bantam, 1976. [*A vida depois da vida*. São Paulo: Butterfly, 2004.]

MOTOYAMA, Hiroshi. *Theories of the chakras:* bridge to higher consciousness. Wheaton, III: Theosophical Publishing House, 1981. [*Teoria dos charkas:* ponte para a consciência superior. 2.ed. São Paulo: Pensamento, 2004.]

_____. *Karma and reincarnation*. Edited and translated by Rande Brown Ouchi. New York: Avon, 1992.

MOURA, G. & DON, N. Spirit possession, Ayahuasca users, and UFO experiences: three different patterns of states of consciousness in Brazil. Abstracts of talks at the 15th International Transpersonal Association Conference, Manaus, Brazil. Mill Valley, California: International Transpersonal Association, 1996.

MOYERS, Bill. *Healing and the mind*. New York: Doubleday, 1993. [*A cura e a mente*. Rio de Janeiro: Rocco, 1995.]

MUKTANANDA, Swami. *Play of consciousness*. South Fallsburg, New York: SYDA Foundation, 1994. [*Jogo da consciência*. Rio de Janeiro: Siddha Yoga Dham Brasil, 2000.]

MURPHY, Michael. *The future of the body:* explorations into the further evolution of human nature. Los Angeles: J. P. Tarcher, 1992.

NAGENDRA, H. R. (Ed.). *New horizons in modern medicine*. Bangalore, India: Vivekananda Kendra Yoga Research Foundation, 1993.

NETHERTON, Morris & SHIFFRIN, Nancy. *Past lives therapy*. New York: Morrow, 1978.

NEUMANN, John Von. *Mathematical foundations of quantum mechanics*. Translated from the german by Robert T. Beyer. Princeton: Princeton University Press, 1955.

NIKHILANANDA, Swami (Translator). *The upanishads*. New York: Harper & Row, 1964.

NULAND, Sherwin B. *How we die:* reflections on life's final chapter. New York: A. A. Knopf, 1994. [*Como morremos*: reflexões sobre o último capítulo da vida. Rio de Janeiro: Rocco, 1995.]

OSBORNE, A. The great change. In: LEUVERINK, Mararet (Ed.). *The sages speak about life and death*. Piercy, California: Chinmaya Publications, 1995.

OSIS, Karlis & HARALDSSON, Erlendur. *At the hour of death*. New York: Avon, 1977.

PARENTE, A. *Send me your guardian angel*. San Giovani Rotondo: Our Lady of Grace Capuchin Friary, 1984.

PARISEN, Maria. *Angels and mortals:* their co-creative power. Wheaton, III: Quest, 1990.

PASRICHA, Satwant. *Claims of reincarnation:* an empirical study of cases in India. New Delhi, India: Harman Publishing House, 1990.

PELLETIER, Kenneth. *Longevity:* fulfilling our biological potential. New York: Delacorte Press, 1981.

PIAGET, Jean. *The development of thought:* equilibration of cognitive structures. New York: Viking Press, 1977.

POPPER, Karl R. & ECCLES, John C. *The self and its brain*. London: Springer-Verlag, 1976.

POSNER, Michael I & RAICHLE, Marcus. *Images of mind*. New York: Scientific American Library, 1994. [*Imagens da mente*. Porto, Portugal: Porto, 2001.]

REMEN, Rachel Naomi. *Kitchen table wisdom:* stories that heal. New York: Riverhead Books, 1996.

RING, Kenneth. *Life at death: a scientific investigation of the near-death experience*. New York: Quill, 1980.

_____. *The Omega Project:* near-death eperiences, UFO encounters, and mind at large. New York: William Morrow, 1992.

RING, Kenneth & COOPER, S. Can the blind ever see? A study of apparent vision during near-death and out-of-body experiences. Preprint. Storrs, Connecticut: University Of Connecticut, 1995.

RINPOCHE, Sogyal. *The Tibetan book of living and dying*. San Francisco: HarperSanFrancisco, 1993. [*O livro tibetano do viver e do morrer*. São Paulo: Palas Athena; Talento, 1999.]

ROBERTS, Jane. *Adventures in consciousness:* an introduction to aspect psychology. Englewood Cliffs, New Jersey: Prentice-Hall, 1975.

SABOM, Michael B. *Recollections of death:* a medical investigation. New York: Harper & Row, 1982.

SAGAN, Carl (Ed.). *Communication with extraterrestrial intelligence (CETI)*. Cambridge, Massachusetts: MIT Press, 1973.

SALTMARSH, Herbert Francis. *Evidence of personal survival from cross correspondences*. New York: Bell And Sons, 1938.

SANCIER, K. M. Medical applications of qigong and emitted qi on humans, animals, cell cultures, and plants: review of selected scientific research. *American Journal of Acupuncture*, 19: 367-77, 1991.

SCHMIDT, Helmut. PK effect on prerecorded targets. *Journal of the American Society of Psychical Research*, 70: 267-91, 1976.

_____. Observation of a psychokinetic effect under highly controlled conditions.

Journal of Parapsychology, 57: 351-72, 1993.

SEARLE, John R. Minds and brains without programs. In: BLACKMORE, C. & GRENFIELD, S. (Eds.). *Mind waves.* Oxford: Basil Blackwell, 1987.

_____. *The Rediscovery of the mind.* Cambridge, Massachusetts: MIT Press, 1992. [*A redescoberta da mente.* São Paulo: Martins Fontes, 2006.]

SEYMOUR, C. R. F. The old gods. In: PARISEN, Maria (Ed.). *Angels and mortals.* Wheaton, III: Quest, 1990.

SHELDRAKE, Rupert. *A new science of life:* the hypothesis of formative causation. Los Angeles: J. P. Tarcher, 1981. [*Uma nova ciência da vida.* São Paulo: Cultrix, 2014.]

SMITH, Norman Kemp (Translator). *Descartes philosophical writings.* New York: Modern Library, 1958.

SPERRY, Roger. *Science and moral priority:* merging mind, brain, and human values. New York: Columbia University Press, 1983. [*Ciência e prioridade moral.* Rio de Janeiro: Zahar, 1986.]

STAPP, Henry P. Mind, matter, and quantum mechanics. *Foundations of Physics,* 12: 363-98, 1982.

_____. *Mind, matter, and quantum mechanics.* New York: Springer-Verlag, 1993.

_____. *A report on the Gaudiya Vaishnave Vedanta.* San Francisco: Bhaktivedanta Institute, 1996.

STEVENSON, Ian. The evidence for survival from claimed memories of former reincarnations. The winning essay of the context in honor of William James. Privately Published, 1961.

_____. *Twenty cases suggestive of reincarnation.* Charlottesville: University Press of Virginia, 1974.

_____. Research into the evidence of man's survival after death. *Journal of Nervous and Mental Disease,* 165: 153-83, 1977.

_____. *Children who remember previous lives:* a question of reincarnation. Charlottesville: University Press Of Virginia, 1987.

STRIEBER, Whitley. *Communion:* a true story. New York: Avon, 1988. [*Comunhão.* Rio de Janeiro: Record, 1987.]

STUART, C. I. J. M., TAKAHASHY, Y & UMEZWA, M. Mixed system brain dynamics. *Foundations of Physics,* 9: 301-29, 1978.

SUGRUE, Thomas. *There is a river:* the story of Edgar Cayce. New York: Dell, 1961.

TART, Charles T. Who survives? Implications of modern consciousness research. In: DOORE, Gary (Ed.). *What survives?* Los Angeles: J. P. Tarcher, 1990. [*Quem sobrevive?* Implicações das modernas pesquisas da consciência. In: Explorações contemporâneas da vida depois da morte. São Paulo: Cultrix, 1997.]

TEILHARD DE CHARDIN, Pierre. *The future of man.* Translated from the French by Norman Denny. New York: Harper & Row, 1964. [*O futuro do homem.* São Paulo: Cultrix, s.d.]

TIPLER, Frank J. *The physics of immortality:* modern cosmology, god, and the resurrection of the dead. New York: Doubleday, 1994. [*A física da imortalidade*. Lisboa: Bizâncio, 2003.]

VARELA, Francisco J., THOMPSON, Evan & ROSCH, Eleanor. *The embodied mind:* cognitive science and human experience. Cambridge, Massachusetts: MIT Press, 1991. [*A mente incorporada*. Porto Alegre: Artmed, 2003.]

VINEY, Geoff. *Surviving death.* New York: St. Martin's Press, 1993.

WALKER, E. H. The nature of consciousness. *Mathematical Biosciences,* 7: 131-78, 1970.

WAMBACH, Helen. *Reliving past lives:* the evidence under hypnosis. New York: Harper & Row, 1978. [*Recordando vidas passadas*. 5. ed. São Paulo: Pensamento, 1997.]

_____. *Life before life.* New York: Bantam, 1979. [*Vida antes da vida*. Rio de Janeiro : Freitas Bastos, 1988.]

WATTS, Alan W. *The joyous cosmology.* New York: Pantheon Books, 1962.

WHEELER, John A. Law without law. In: _____. & ZEREK, W. (Eds.). *Quantum theory and measurement.* Princeton, New Jersey: Princeton University Press, 1983.

WHITMAN, Walt. *Leaves of grass.* New York: Arco Press, 1969. [*Folhas de relva*. Rio de Janeiro: Civilização Brasileira, 1964.]

WICKRAMSEKERA, I., KRIPPNER, S., WICKRAMSEKERA, J. & WICKRAMSEKERA II, I. On the psychophysiology of Ramtha's school of enlightenment. Preprint, 1997.

WILBER, Ken. *The atman project:* a transpersonal view of human development. Wheaton, III: Theosophical Publishing House, 1980. [*O projeto atman:* uma visão transpessoal do desenvolvimento humano. São Paulo: Cultrix, 1999.]

_____. *Up from Eden:* a transpersonal view of human evolution. Garden City, New York: Anchor Press; Doubleday, 1981. [*Éden*: queda ou ascensão?: uma visão transpessoal da evolução humana. Campinas, SP : Verus, 2010.]

_____. Death, rebirth, and meditation. In: DOORE, Gary (Ed.). *What survives?* Los Angeles: J. P. Tarcher, 1990. [*Morte, renascimento e meditação*. In: Explorações contemporâneas da vida depois da morte. São Paulo: Cultrix, 1997.]

_____. The great chain of being. *Journal of Humanistic Psychology,* 33: 52-55, 1993.

WOLF, Fred Alan. *Star wave:* mind, consciousness, and quantum physics. New York: Macmillan, 1984.

_____. *The body quantum:* the new physics of body, mind, and health. New York: Macmillan, 1986.

WOOLGER, Roger. *Other lives, other selves.* New York: Doubleday, 1988. [*As várias vidas da alma*. 6 ed. São Paulo: Cultrix, 2012.]

YOUNG, Arthur M. *The reflexive universe*: evolution of consciousness. New York: Delacorte Press, 1976.

índice remissivo

A

abduzidos por alienígenas, 272-5
acupuntura, 125-6
adição de ondas, 57
aikido (arte marcial), 126, 204
Ain Sof (corpo sublime), 23, 130
ajapa-japa (fazer e não fazer), 222
alegoria da caverna (Platão), 23
Allen, Woody, 19, 194, 235
alma, 14-6, 29, 164-5, 232, 281-5
    dos animais, 241
    e corpos sutis, 113-5
    e mônada quântica, 149-51
    e reencarnação, 11-2, 25, 77-81
    e seres desencarnados, 110-1
    imortalidade da, 19
    na metafísica budista, 35-6
    Veja também mônada; quântica, mônada
ambrosia, 250
Anandamayi Ma, 260
anandamaya (corpo sublime), 124
anima/animus, 191

animais
    e almas, 241
    e evolução, 278
anjos, 10, 89, 109-11, 160-2, 240, 266
annamaya (corpo físico), 123-4
arquétipos, 77, 174, 206
    e anjos, 160
    e EQMs, 93
    e extraterrestres, 271-2
artha (segurança), 199
arupadevas (devas sem forma), 160, 266
Aspect, Alain, 47-9, 68
Assiah (manifestação), 130-1
asuras (demônios), 36, 250
átomos
    imortalidade dos, 247
    não localidade dos, 49-50
Atziluth (pensamento puro), 130
Aurobindo, Sri, 79, 257-9, 262-3, 265, 267, 277-80
autismo, 98
Autobiografia de um iogue (Yogananda), 258, 262
avalokitesvara (arquétipo da compaixão), 160
avatara (seres supramentais), 261

B

Babaji, 262
Banerjee, Hemendranath, 96-7
Banerji, Bibhuti, 156
Banerji, Ranan, 117
Bardo Thödol (*Livro tibetano dos mortos*), 81
bardos (passagens), 35-6, 82, 85-6, 156-7, 161, 167-8, 174-7, 181
behaviorismo, 188, 195
Bhagavad Gita, 29, 222
Bhagavata Purana, 161
bhakti (devoção) yoga, 203, 206, 222
Blake, William, 130
Blavatsky, Helena, 38
bodhisattvas, 160-4, 242, 266
Bohr, Niels, 121
Bokar Rinpoche, 225
Bowker, John, 247
Briah (significado), 130-1
Brooks, Mel, 220
Buber, Martin, 63
Buda, 77, 105, 178, 189, 214, 223
buddhi (inteligência supramental), 202
budismo, 240
  e bodhisattvas, 160
  e pós-vida, 16
  e serviço, 157
  metafísica do, 35
buraco negro, 37

C

Cabala, cinco mundos na, 130
Campbell, Joseph, 200
canalização, 10, 89, 108-9, 160, 237, 240
caráter, e reencarnação, 99-101
Carmichael, Howard, 144
Catarina de Gênova, Santa, 241

causação
  ascendente, 27, 152
  descendente, 27-9, 34, 42, 46, 71
  em sistemas não vivos, 116
Cayce, Edgar, 103, 105-6
"Censo de Alucinações" (Sidgwick), 90
"Conversação" (Wilcox), 161
cérebro
  e identidade, 15
  e memória, 142-6
  e mensuração quântica, 28, 41, 44-6, 63, 151-6
  e mente, 131, 234
  e morte, 169-72
  e significado, 117
  evolução do, 266, 278-80
  não localidade no, 47-50
Céu, 14-6, 179-80, 234
chakras, 128-9, 205
chi (energia), 75, 125-8
  e tantra yoga, 204
chi kung (arte marcial), 126
chineses
  crença no pós-vida, 16
  medicina dos, 125-6
  Religião do Elixir de Ouro da Vida, 258
Chopra, Deepak, 11, 253
ciência
  base da, 9, 13, 22
  e causação ascendente, 27
  e consciência, 11, 23-5
  e reencarnação, 29, 164-6, 242-3
  ficção científica, 269-70
Cliness, David, 198-9
colapso (quântico), 27, 41, 136, 260
  Veja também quântica, mensuração
concentração, 203, 224
condicionamento, 46, 99-101, 144-5, 188, 191, 195, 251
Confúcio, 30

consciência
- cinco corpos da, 124, 132-6
- contextos da, 75-7, 80
- e a alma, 232, 282-3
- e autorreferência, 142
- e corpos sutis, 114-5, 139-40, 151
- e criatividade, 196
- e Deus, 62-3, 241
- e extraterrestres, 272-6
- e identidade, 15
- e involução/evolução, 263-7
- e matéria, 9-10, 165, 279-80
- e mensuração quântica, 27, 41-2, 47, 52-3, 59-62
- e mônada quântica, 236-7
- e morte, 63, 172-3, 210-3, 217-8, 223-5, 233-4
- e reencarnação, 82-3
- e vida, 171-2, 227-8
- luz de, 36, 81, 156, 178, 240
- primazia da, 11, 13-4

conservação de energia, lei da, 22

contextos, 75-7, 150, 227, 264
- e a mônada, 79-81
- e karma, 190-1, 198
- e corpos sutis, 135
- e criatividade, 201-2
- e equilíbrio, 188-9

corpo
- e chakras, 128-9, 206-7
- e identidade, 15, 176
- e yoga integral, 280
- e mônada quântica, 239
- imortalidade do, 34, 248-54
- morte do, 169-73

corpos sutis, 113-8, 132-40, 151, 233
- e canalização, 159
- e desejos, 234
- e memória quântica, 141-2, 144-6, 176-7
- e mensuração quântica, 155-6
- e morte, 173-4

mental, 119-22, 134-5
temático, 135, 264-6, 282-3
vital, 123-32, 204-5, 283

correlação, 28, 47-55
- e reencarnação, 166

Course in Miracles, A, 160, 162

crianças
- e morte, 240
- e reencarnação, 21, 94-9

criatividade
- e cura, 252
- e Deus, 62
- e entropia, 227-8
- e morte, 73-4, 185, 216-7
- e reencarnação, 79
- e tempo, 255
- na evolução, 131
- não localidade, 65-6
- natureza da, 32, 118-9, 201-2

cristianismo
- e reencarnação, 19, 241-2
- realidade no, 23

cura, 10, 251-2
- ióguica, 123-5

D

Dalai Lama, 30, 98, 100
Descartes, René, 22, 24, 42, 119-20
desejos, 234
determinismo, 69, 72, 165
Deus, 14, 18, 22-3
- como arquétipo, 76-7
- e alma, 281
- e prece da morte, 221
- e *self* quântico, 241
- visão de, 62-3

devayana (caminho até os deuses), 36
devoção, 203, 221
dharma (caminho correto), 199-207, 285

dharmakaya (consciência pura), 35-6
drogas
  e identidade, 15
  e recordação de vidas passadas, 89
dualismo, 24, 114, 165
  e a alma, 115, 281
  e ciência, 22
  mente/corpo, 119, 123
Ducass, C. J., 21

E

Eberhard, Philippe, 54
Edison, Thomas, 157
Ego
  e condicionamento, 145-8
  e criatividade, 196, 202-7
  e EQMs, 93
  e identidade, 15, 44-5, 84, 183, 187-90, 272
  e intenção, 55
  e morte, 185-6, 216-7
  e reencarnação, 80
  e *self* quântico, 61, 184-5,190-1
  natureza do, 187
Einstein, Albert, 37, 42, 72, 139, 270
elementos, e morte, 173-4
elétrons, experimento da fenda dupla, 38-9
emoções, 116, 133-4
  e morte, 179
entrega, 222, 225, 256
entropia, 228, 251
envelhecimento, 251, 253
epifenômenos, 9, 28, 282
equilibração, 188-9
eros, 185

espaço
  dimensões do, 270
  e não localidade, 28, 47-9
Espírito. *Veja* Deus
espiritual, trabalho, 177, 196
ética, 230, 244
Ettinger, Robert, 251
eutanásia, 238
"eu". *Veja self.*
evolução, 10, 131, 136
  e consciência, 231-35
  e o cérebro, 278-80
experiência de quase morte (EQM), 9-10, 21, 87-8,168
  aspectos da, 91-4
  e medo, 210
  e mônada quântica, 163, 175
experiência fora do corpo (EFC), 163, 174, 177
experimentos
  escolha retardada, 56-8
  fenda dupla, 38-40
  psicocinese, 59
extraterrestres, 271-6

F

fama, e imortalidade, 249
família, no pós-vida, 235
fantasmas, 233
fatas, 78
fenômeno de vozes eletrônicas (FVE), 164
física
  anomalias da, 11
  e a alma, 281-5
  leis da, 76, 116
  quântica, 9, 25-8, 38-42, 47-9, 56-8, 165
fobias, e reencarnação, 101, 157
fóton(s), 25

e não localidade, 47-8
Franklin, Benjamin, 20
Freud, Sigmund, 136
Fritz, Dr. (entidade canalizada), 109
funções de onda, 25, 38-42

G

Gabriel, Arcanjo, 159
Genes
    e imortalidade, 247-8
    e morfogênese, 117
Gilgamesh, 250, 260
Goethe, J. W. von, 20
Great God Brown, The (O'Neill), 196
Grinberg-Zylberbaum, Jacobo, 50-2, 115, 259
Grof, Stanislav, 70, 97, 223
Grosso, Michael, 18, 84, 107, 254
guias espirituais, 10, 109-11
gunas (qualidade), 195-6

H

Hades, 209-10
Hayflick, Leonard, 252-3
Heisenberg, Werner, 28, 137
Henley, William, 192
hierarquia
    emaranhada. *Veja* entrelaçada.
    entrelaçada, 36, 46, 151-6, 264
hinduísmo
    e anjos, 160
    e bardos, 36
    e crença no pós-vida, 17
hiperespaço, 270
hipnose, 99, 101
Hobbes, Thomas, 209
Houdini, Harry, 110

I

idealismo monista, 23-4
identidade. *Veja* ego; si mesmo
imortalidade, 11, 19, 33-4, 247-50, 285
    e OVNIs, 276-8
    espiritual, 254-8
    material, 247, 250-4, 282
Índia, medicina na, 123-5
Inferno, 14-7, 179, 233-4
intenção
    e correlação, 53, 55, 162
    e reencarnação, 165-6
involução, 263-4
Islã, 16, 19

J

Jacoby, Jensen (entidade canalizada), 108
Janmantarbad (Teoria da Reencarnação), 96
japoneses, crença no pós-vida, 16
Jesus, 55, 130, 221-2, 243, 260
    ressurreição de, 261-2
jivatman (*self* individual), 190
jnana (sabedoria) yoga, 203, 206, 221, 279
Johnson, Lydia, 108
Jornada nas Estrelas: a Nova Geração (televisão), 134, 261
judaísmo, 19
Judge, William, 267
Jung, Carl, 32, 58, 271
    e arquétipos, 77, 191-2, 206-7
    sobre a morte, 210

K

Kabir, 207

Kali yuga (era da ignorância), 231
kama (desejo), 199
karma, 16-8, 66-7, 149-50, 156, 181, 228-30
  e a alma, 183-4
  e criatividade, 73-4
  e dharma, 199-200
  e gunas, 195-6
  e libertação, 255-6
  yoga, 204
Karoli Baba, Neem, 258
Katsugoro, 95
Khyentse, Rinpoche, Dilgo, 168
ki (energia), 75, 126-7
  e tantra yoga, 204-5
Knight, JZ, 108-9, 159
koshas (invólucros), 138
Krishnamurthy, U. G., 280
kundalini, 127, 129, 205, 280

L

Lahiri, Shyamacharan, 258
Leary, Timothy, 251
Leibniz, Gottfried, 114
libertação, 19, 36, 160-1, 213-4, 254-7, 285
Libet, Benjamin, 188
livre-arbítrio, 184, 188, 197
Livro tibetano do viver e do morrer (Sogyal), 168
Livro tibetano dos mortos, 10, 31, 35-8, 82, 86, 167, 177-81
lokas (lugares), 36
luz
  da consciência, 36, 82, 156, 175, 178
  e fótons, 25, 48-9
  velocidade da, 42, 270

M

MacGregor, Geddes, 242
macrocorpos, 120-1, 141, 165
Mahabharata (épico indiano), 186, 250
Maharshi, Ramana, 162, 224, 226
manomaya (corpo mental), 123-5
Maomé, 159-60
matemática, e probabilidade, 26, 137
matéria
  e consciência, 42-3, 75, 264-6, 279-80
  e imortalidade, 247, 250-4, 282
  natureza quântica da, 25-7
  primazia da, 9, 22, 139-40
materialismo, 9-10, 22, 24, 244
  e causação, 27
  e paranormalidade, 276
  e reencarnação, 247
Maturana, Humberto, 64
Maxwell, Clerk, 118
McKenna, Terence, 251, 254
memória
  e experiência, 46, 61
  e reencarnação, 94-9, 141-2
  quântica, 143-9, 157, 165, 228-9, 284
mente
  e cérebro, 131, 243
  e corpo mental, 134-5
  e ego, 202
  e evolução, 264
  e ressurreição, 260-2
  e significado, 117, 165, 283
  e supermente, 257-9, 279-80
  milagres, 258-60
  natureza da, 9-10, 76, 119-22
meridianos, 125, 128
Merrell-Wolff, Franklin, 212, 224, 232, 256
metafísica, 24
  budista, 35-6

Mishra, Swarnalata, 95, 99
Moisés, 77
moksha (libertação), 17, 154, 180, 199
mônada, 77-9
 e reencarnação, 79-85, 151
mônada quântica, 12, 147-51, 163-4, 234
 desencarnada, 160, 164
 e autorreferência, 151-6
 e canalização, 158-9, 236-7
 e corpos sutis, 135-6, 176
 e dharma, 200-7
 e memória quântica, 228-9
 e reencarnação, 239
 individualização da, 165-6, 283-4
monismo, 23
Montgomery, Ruth, 103
Moody, Raymond, 88
morfogênese, 10, 117, 128, 261
morte, 13, 64, 169-73, 177-81, 232-3
 e corpos sutis, 149, 173-4, 176
 e criatividade, 30-3, 73-4, 82-3, 212-7
 e entropia 228, 251-2
 e não localidade, 167-8
 e reencarnação, 18, 83-4, 230
 e visões, 89-91
 estágios da aceitação da, 185-7
 medo da, 30, 185, 207-12
 por suicídio, 237-8
 práticas tibetanas para, 220-5
 preparação para, 217-20
 Veja também imortalidade; experiência de quase morte (EQM)
movimento, leis de, 116
Muktananda, Swami, 272
mundo material
 e consciência, 42, 75
 e mundo mental, 119-22
 natureza do, 22

N

nadis (canais), 125
não localidade, 28, 47-52, 234-5
 da energia vital, 127-9
 dos pensamentos, 122
 e criatividade, 65-6
 e EQMs, 92, 167-8
 e extraterrestres, 273-6
 e morte, 175-6
 e reencarnação, 68-74, 83-5, 166, 282-3
 e tempo, 56-8
Neumann, John von, 42
nirmanakaya (reino da experiência), 35
nirvana (extinção do desejo), 17, 86, 154, 180, 214
nirvikalpa samadhi (estado semelhante ao sono), 33, 175

O

objetos, natureza quântica dos, 26-8, 47-8, 119-20, 137-8
 experimento da fenda dupla, 38-42
 experimento da escolha retardada, 56-8
ondas de possibilidade, 26-7, 153, 166, 264, 266
 e consciência, 165
 e objetos, 40-2
 e observação, 59-61
OVNIs, 269-78

P

Padmasambhaba, 168
paralelismo psicofísico, 114

paramatman (*self* quântico), 190, 281
paranormal, 276
Parinirvana Sutra, 223
Pasricha, Satwant, 100
Patanjali, 203
Paulo, São, 243, 260
pensamentos, natureza dos, 119-22, 133
    Veja também mente
pequeno príncipe, O (Saint-Exupery, Antoine), 88
percepção-consciente de vigília, 15, 233
percepção extrassensorial (PES), 85-6, 90, 94
percepção, anomalias sobre, 11
personalidade, 187-90
    e reencarnação, 99-101
Piaget, Jean, 188-9
Picket Fences (televisão), 38, 170, 251
Pio, padre, 110, 258
pitriyana (caminho que leva ao pai), 36
Platão, 23, 76, 164
pneumatikos (corpo espiritual), 243
poltergeist, 164
possessão, 160, 237
pós-vida, crenças culturais no, 16-8
prana (energia), 75, 123, 125
    e tantra yoga, 204
pranamaya (corpo vital), 123
pranayama, 125, 204
prarabdha (propensões), 198-9, 229, 255, 284
prece, morte, 221
Pribram, Karl, 142
Priestley, J. B. 237
princípio da correspondência, 121
princípio da incerteza, 120-1, 128-9
probabilidade. *Veja* ondas de possibilidade
projeto *atman*, 184

psicocinese, 59, 164
psicológicos, impulsos, 195
purgatório, 241-2

Q

Quan Yin, 161
Quântica
    definição de, 25
    dinâmica. *Veja* quântica, dinâmica
    mecânica. *Veja* quântica, mecânica
    mensuração. *Veja* mensuração quântica
    mônada. *Veja* mônada quântica
quântica, dinâmica, 25, 150, 166
quântica, mensuração
    e consciência, 42-6, 63-4
    e os corpos sutis, 138-9, 151-6
    meditação, 201-2, 224
    médiuns, 105-9, 158-9, 236-7
quântica, mecânica, 26, 47

R

raja (real) yoga, 203
rajas (atividade), 195-6
Rajneesh, Bhagwan Shri, 126
Ramayana (épico indiano), 250
Ramtha (entidade canalizada), 108-9, 159
realidade
    criando nossa, 61
    e autorreferência, 154
    e morte, 213
    natureza da, 22-3, 121
experiência concreta, 26-28, 41-2, 266
reducionismo, 152
reencarnação, 9-11, 16-9, 179-81, 211, 235-6
    ciência da, 29-30, 166, 243-4

dados sobre, 21, 87-9, 94-101, 157-8
e a alma, 77-81, 282, 284-5
e anjos, 160-2
e bardos, 35-6
e cristianismo, 19, 241-2
e ética, 244-5
e evolução, 266-7
e fobias, 101-5
e gunas, 195-6
e karma, 156-7, 191-4, 197-9, 228-30
e medo, 101-5, 157
e mônada quântica, 149-50, 239
e não localidade, 67-74, 82-4
e talentos, 100-1, 157
na filosofia ocidental, 19-21
relatividade, teoria da, 37, 270
Religião do Elixir de Ouro da Vida, 258
religião
   e pós-vida, 13-6
   e reencarnação, 19-2
respiração
   e prana, 125
   holotrópica, 89, 97, 223
ressurreição, 11, 34, 243, 260-2, 285
Ring, Kenneth, 91-3, 272-3
Roberts, Jane, 74, 108
Rumi, 267
rupadevas (anjos), 160, 162, 266

S

sacrifício, 221-3
Sagan, Carl, 65
Sai Baba, 258
samadhi (iluminação), 175, 203, 255
sambhogakaya (mundo arquetípico), 35-6, 156, 160
samsara (mundo manifestado), 36, 161
sanskaras (hábitos), 142
sattwa (iluminação), 195-6

Satya yuga (era de ouro), 231
Schmidt, Helmut, 59-60
Schopenhauer, Arthur, 141
Schrödinger, Erwin, 144
seres desencarnados, 89, 106-9
   sobrevivência humana como, 274-5
self
   descoberta do, 200-7
   e dharma, 199-207
   e libertação, 254-7
   e mensuração quântica, 63-4, 154
   e mônada quântica, 163-4, 177
   e morte, 14-5, 233
   natureza do, 187-90
   quântico, 61-2, 146-8, 183, 214, 217, 241
   Veja também ego; mônada
Seth (entidade canalizada), 73-4, 108
sexo, 239
Shankara, 213
Sheldrake, Rupert, 10, 117, 260
Shelley, Percy Bysshe, 98
Sidarta (Hesse, Hermann), 254-5
Sidgwick, Henry, 90
simples, hierarquia, 153-4
   Veja também hierarquia entrelaçada
sincronicidade, 58, 80, 178
Sivananda, Swami, 197
Sogyal Rinpoche, 31, 168
sonhos, 84-5, 93
   e identidade, 15
Stapp, Henry, 137, 154
Stevenson, Ian, 69, 80-1, 94-5, 100-1, 108, 158, 176
suicídio, 237-8
sukhsha (sutil). *Veja* mente
supermente, 135, 202, 257-8, 266-7, 280
   e seres supramentais, 258-62, 278-9
sutratman (vida no fio), 77-8, 283
Swaroopananda, Swami, 276, 279

315

T

Tagore, Rabindranath, 185
tai chi, 126, 204
talentos, e reencarnação, 100-1, 157
tamas (preguiça), 195
tantra yoga, 204, 206
Tart, Charles, 15
tédio, 239-40
Teilhard de Chardin, 280
telepatia, 49, 55, 122
    e morte, 89-91
tempo
    e imortalidade, 254
    e não localidade, 56-8, 66, 72, 84-5
teoria, poder da, 37
teosofia, 20, 38, 77, 113, 146, 267, 274
thanatos, 185
transcendência, 23, 28
transformação, 255
transpessoal, psicologia, 196
Tukaram, 224

U

Upanishads, 113, 138, 216, 257
    sobre a libertação, 33
    sobre a morte, 225
    sobre corpos sutis, 123

V

vida
    e dharma, 199-201
    e imortalidade material, 250-4
    e measuração quântica, 63-4
    e morte, 13, 32-3, 169-73, 220
    evolução da, 131-2, 264-7
    natureza da, 9-10, 132-4
    propósito da, 79, 227
    revisão, em EQMs, 88, 93-4
visão a distância, 49, 276
visões, 89-91, 163-4, 178
vital, energia, 123-7, 129, 204-5
vitalismo, 123
vijnanamaya (corpo supramental), 124-5

W

Wambach, Helen, 98-9, 105, 176-7
Watts, Alan, 18, 65
Wheater, Nicola, 96
Whitman, Walt, 211-2
Wilber, Ken, 81, 168, 185, 191, 263
Wilcox, Ellen Wheeler, 161
Willett, Mrs. (médium), 159
Woolger, Roger, 102, 193

X

xenoglossia, 100, 159

Y

Yetzirah (formação), 130-1
yoga
    cura, 123-5
    tipos de, 203-7, 212-5, 216-7, 256, 280
Yoga Sutra (Patanjali), 203
Yogananda, Paramahansa, 262

Z

Zohar, O (Yohai, Simeon ben), 78, 113
Zoroastro, 253-4, 260